새로운 배움, 더 큰 즐거움

미래엔이 응원합니다!

사회 6·2

WRITERS

미래엔콘텐츠연구회
양지윤(죽곡초)

COPYRIGHT

인쇄일 2024년 9월 23일(1판4쇄)
발행일 2023년 5월 23일

펴낸이 신광수
펴낸곳 (주)미래엔
등록번호 제16–67호

융합콘텐츠개발실장 황은주
개발책임 이원일 **개발** 이현자, 이환희, 공햇살, 서혜린

디자인실장 손현지
디자인책임 김기욱 **디자인** 장병진

CS본부장 강윤구
제작책임 강승훈

ISBN 979-11-6841-433-4

초등학교 3학년부터 6학년까지
사회 한눈에 보기

3학년 1학기에는
우리가 살아가는 곳을 배워요.

1단원 사람들이 모여 사는 우리 고장의 모습을 살펴봐요.

2단원 옛날부터 전해 내려오는 이야기와 문화유산을 통해 고장의 역사적인 유래와 특징을 파악해요.

3단원 자동차, 버스는 옛날에는 어떤 모습이었는지, 휴대 전화가 없던 옛날에는 어떻게 소식을 전했는지 알아봐요.

3학년 2학기에는
우리가 살아가는 모습을 살펴봐요.

1단원 환경에 따라 달라지는 고장의 생활 모습을 탐구해요.

2단원 옛날 사람들이 사용한 생활 도구와 세시 풍속을 살펴보며 오늘날과 달라진 생활 모습을 비교해 봐요.

3단원 옛날과 오늘날의 혼인 풍습과 가족의 변화된 모습을 알아봐요.

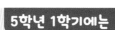

5학년 1학기에는
우리 국토, 인권 존중과 정의로운 사회를 배워요.

1단원 우리나라의 위치와 영역, 자연환경과 인문환경 등 지리적 특성을 배워요.

2단원 인권이 무엇인지 배우고, 인권 보장을 위한 헌법의 역할과 헌법에 기초하여 만들어지는 법을 알아봐요.

5학년 2학기에는
우리나라 역사와 사회의 변화를 살펴봐요.

1단원 고조선부터 조선 전기에 이르기까지 나라의 발전에 기여한 인물과 대표적인 문화유산을 살펴봐요.

2단원 조선 후기부터 일제의 침략, 광복 후 대한민국 정부의 수립과 6·25 전쟁의 원인과 과정을 탐구해요.

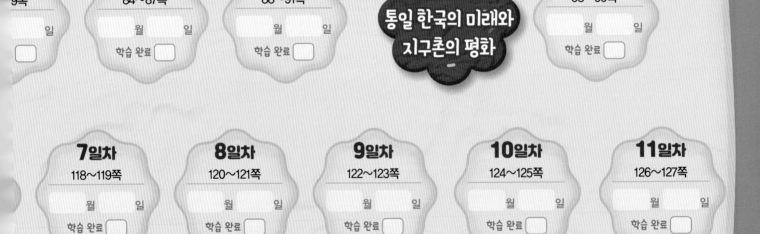

1 매일 매일 꾸준히 학습하고 싶다면 초코 학습 계획표를 사용하여 스스로 공부하는 습관을 길러 보세요!

2 매일 학습이 끝나면 ☐ 에 ✓ 표시를 하세요.

일차
19쪽
월 일
료 ☐

5일차
20~21쪽
월 일
학습 완료 ☐

6일차
22~23쪽
월 일
학습 완료 ☐

7일차
28~31쪽
월 일
학습 완료 ☐

8일차
34~35쪽
월 일
학습 완료 ☐

14일차
46~47쪽
월 일
학습 완료 ☐

15일차
52~55쪽
월 일
학습 완료 ☐

16일차
58~59쪽
월 일
학습 완료 ☐

17일차
60~61쪽
월 일
학습 완료 ☐

18일차
62~63쪽
월 일
학습 완료 ☐

일차
9쪽
일
☐

24일차
84~87쪽
월 일
학습 완료 ☐

25일차
88~91쪽
월 일
학습 완료 ☐

2 통일 한국의 미래와 지구촌의 평화

1일차
98~99쪽
월 일
학습 완료 ☐

7일차
118~119쪽
월 일
학습 완료 ☐

8일차
120~121쪽
월 일
학습 완료 ☐

9일차
122~123쪽
월 일
학습 완료 ☐

10일차
124~125쪽
월 일
학습 완료 ☐

11일차
126~127쪽
월 일
학습 완료 ☐

6일차
~145쪽
월 일
완료 ☐

17일차
146~147쪽
월 일
학습 완료 ☐

18일차
152~155쪽
월 일
학습 완료 ☐

19일차
160~163쪽
월 일
학습 완료 ☐

20일차
164~167쪽
월 일
학습 완료 ☐

사회 학습 계획표

초코가 추천하는

1
세계 여러 나라의
자연과 문화

1일차
12~13쪽

월 일
학습 완료 ☐

2일차
14~15쪽

월 일
학습 완료 ☐

3일차
16~17쪽

월 일
학습 완료 ☐

4
18~

학습 완

9일차
36~37쪽

월 일
학습 완료 ☐

10일차
38~39쪽

월 일
학습 완료 ☐

11일차
40~41쪽

월 일
학습 완료 ☐

12일차
42~43쪽

월 일
학습 완료 ☐

13일차
44~45쪽

월 일
학습 완료 ☐

19일차
64~65쪽

월 일
학습 완료 ☐

20일차
66~67쪽

월 일
학습 완료 ☐

21일차
68~69쪽

월 일
학습 완료 ☐

22일차
70~71쪽

월 일
학습 완료 ☐

23
76~

월
학습 완

2일차
100~101쪽

월 일
학습 완료 ☐

3일차
102~103쪽

월 일
학습 완료 ☐

4일차
104~105쪽

월 일
학습 완료 ☐

5일차
106~107쪽

월 일
학습 완료 ☐

6일차
112~115쪽

월 일
학습 완료 ☐

12일차
132~135쪽

월 일
학습 완료 ☐

13일차
138~139쪽

월 일
학습 완료 ☐

14일차
140~141쪽

월 일
학습 완료 ☐

15일차
142~143쪽

월 일
학습 완료 ☐

1
14

학습

초등학교 3학년부터 6학년까지 사회에서는
무엇을 배우는지 한눈에 알아보아요!

4학년 1학기에는

우리 지역의 어제와 오늘을 살펴봐요.

1단원 지도를 공부하고 우리 지역의
지리 정보를 파악해요.

2단원 우리 지역의 대표적인 문화유산과
역사적 인물을 살펴봐요.

3단원 공공 기관을 알아보고 우리 지역이
안고 있는 문제점과 그 해결 방안을
탐구해요.

4학년 2학기에는

우리 지역의 다양한 모습을 알아봐요.

1단원 촌락과 도시에서 나타나는 생활
모습의 특징과 이들 사이의 교류,
상호 관계를 탐구해요.

2단원 경제활동을 알아보고 여러 지역들
의 물자 교환과 경제적 교류를
살펴봐요.

3단원 저출산·고령화, 정보화, 세계화로
달라진 생활 모습과 다양한
문화 속 편견과 차별을 알아봐요.

6학년 1학기에는

우리나라 정치와
경제 발전을 알아봐요.

1단원 우리나라의 민주주의 발전
과정을 통해 시민의 정치 참여
중요성을 파악해요. 또 국회,
행정부, 법원 등 주요 국가 기관
의 역할을 탐구해요.

2단원 가계, 기업, 자유 경쟁 등의
뜻을 배우고, 우리나라 경제
체제의 특징과 문제점을
파악해요.

6학년 2학기에는

세계의 여러 나라를 살펴보고,
지구촌의 평화를 위한 노력을 배워요.

1단원 세계 여러 대륙 및 나라들의 지리
적 특성과 다양한 생활 모습을
살펴봐요.

2단원 남북통일을 위한 노력, 지구촌의
다양한 갈등, 지속 가능한 미래를
위한 세계 시민의 자세를 배워요.

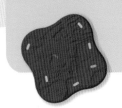

사회는
우리의 생활 모습을 배우는 과목이에요.

하지만
어려운 내용과 알 수 없는 용어가
교과서에 마구마구 나와서
무엇을 배우는지 모르는 친구들이 많이 있어요.

그런 친구들을 위해
초코 가 왔어요!

초코 는~
중요하고 꼭 알아야 하는 내용을 쉽게 정리했어요.
알쏭달쏭한 용어들도 그림으로 재미있게 이해할 수 있지요.
공부한 내용도 여러 문제를 풀면서 확인할 수 있어요.

공부가 재미있어지는 **초코** 와 함께라면
사회가 쉬워진답니다.

초등 사회의 즐거운 길잡이!
초코! 맛보러 떠나요~

구성과 특징

"책"으로
공부해요

1 문제로 개념 탄탄

교과서 중요 개념을 이미지와 표로 정리하여
쉽고 재미있게 사회 기본기를 다질 수 있어요.

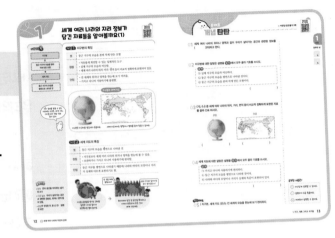

2 용어만 쏙쏙

어려운 사회 용어를 그림으로 학습하며
확실하고 완벽하게 용어를 이해할 수 있어요.

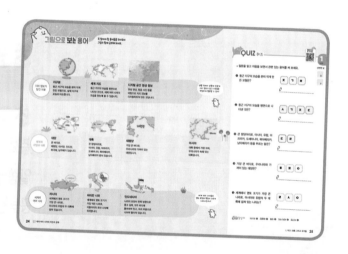

"온라인
서비스"도
활용해요

핵심이 보이는
개념 터치 마인드맵

이미지 마인드맵을 터치하고 교과서 중요
개념을 보면서 한눈에 정리해요.

3 시험도 척척

다양한 유형의 문제를 풀어보고
문제 해결력을 키우며 실력을
쌓을 수 있어요.

4 교과서도 완벽

교과서 '뚝딱뚝딱 정리하기'와
'딩동댕 단원 마무리'를 확인하고
내용을 완벽하게 정리할 수 있어요.

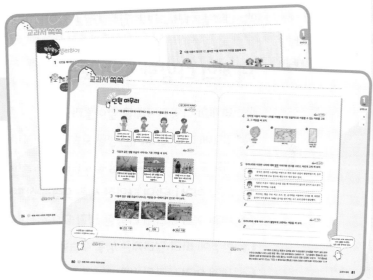

콕 짚어주는
개념 터치 추가 문제

학습한 중요 개념을 완벽하게 이해하고
있는지 문제를 터치하면서 빠르게 다시
한 번 확인해요.

재미있는
용어 터치 추가 퀴즈

그림으로 학습한 용어를 잘 이해하고
있는지 퀴즈로 풀어봐요.

차례

1 세계 여러 나라의 자연과 문화

6학년 사회 과목에서는 무엇을 배울까요?

6학년 2학기 사회에서는 '세계의 여러 나라와 지구촌의 평화를 위한 노력'을 배워요.

2 통일 한국의 미래와 지구촌의 평화

1 한반도의 미래와 통일

2 지구촌의 평화와 발전

3 지속 가능한 지구촌

세계 여러 나라의 자연과 문화

단원에 대한 학습 계획을 세우고, 공부한 내용을 얼마나 이해했는지 스스로 평가해 보세요.

☆☆☆ 자신있게 설명할 수 있어요. ☆☆ 설명하기 조금 힘들어요. ☆ 어려워서 설명할 수 없어요.

세계 여행 박람회에 많은 사람들이 참여했어.

각 나라마다 특징이 다르고, 나라 간의 관계도 다르게 나타나.

세계에는 여러 나라가 있으며, 나라마다 자연환경과 인문환경의 영향으로 사람들의 생활 모습이 다양하게 나타난다.

참일까? 거짓일까?

다음 그림 속 인물의 대화 중에서 참인 것과 거짓인 것을 찾아 번호를 써 보자.

1 지구, 대륙 그리고 국가들

이 단원을 공부하면?

○ 지구본, 세계 지도, 디지털 공간 영상 정보의 특성과 활용 방법을 알고, 이를 실생활에서 이용할 수 있습니다.

○ 세계 주요 대양과 대륙의 위치 및 특징을 살펴보고, 대륙별 주요 나라의 위치와 영토의 특징을 설명할 수 있습니다.

생각이 활짝 수민이는 친구들과 세계 지도 퍼즐을 맞추고 있습니다.

세계 지도 퍼즐을 맞추다 보니 우리나라보다 큰 나라도 있고 작은 나라도 있음을 알게 되었어!

러시아는 세계에서 영토 크기가 가장 큰 나라로 면적은 약 1,709만 ㎢(외교부, 2020년)입니다. 한반도의 면적은 약 22만 ㎢이며, 남한의 면적은 약 10만 ㎢(통계청, 2019년)입니다. 러시아의 영토 크기는 한반도의 약 78배이기 때문에 러시아의 퍼즐을 맞추기 위해서는 우리나라를 맞춘 퍼즐의 개수보다 더 많은 수의 퍼즐이 필요합니다.

세계 여러 나라의 지리 정보가 담긴 자료들을 알아볼까요(1)

개념 터치
마인드맵

이것만은 꼭!

지구본

↓

둥근 지구의 모습을 본떠
작게 만든 모형

■

세계 지도

↓

둥근 지구의 모습을
평면으로 나타낸 것

지리 정보를 찾을 수 있는
자료에는 지구본, 세계 지도,
디지털 공간 영상 정보
등이 있어.

개념1 지구본의 특징

뜻	둥근 지구의 모습을 본떠 작게 만든 모형
장점	• 자유롭게 회전할 수 있는 입체적인 도구 • 실제 지구의 모습과 비슷함. • 세계 여러 나라의 위치·거리·면적 등이 비교적 정확하게 표현되어 있음.
단점	• 전 세계의 위치나 영역을 한눈에 보기 어려움. • 가지고 다니며 사용하기에 불편함.

지구본과 세계 지도

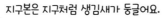

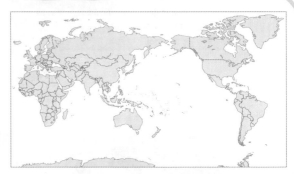

지구본은 지구처럼 생김새가 둥글어요.

세계 지도에서는 방향이나 방위를 쉽게 찾을 수 있어요.

개념2 세계 지도의 특징

뜻	둥근 지구의 모습을 평면으로 나타낸 것
장점	• 지구본보다 세계 여러 나라의 위치나 영역을 한눈에 볼 수 있음. • 보관하거나 가지고 다니며 사용하기에 편리함.
단점	둥근 지구를 평면으로 나타냈기 때문에 나라와 바다의 모양이나 거리가 실제와 다르게 표현되기도 함.

지구를 굴껍질을 벗기는 것처럼
일정한 크기로 잘라서
오른쪽처럼 펼쳐 놓아요.

→

빈 곳을 채워
맞춰야지!

실제 크기와 달라지는
곳이 생기겠구나!

위아래에 생긴 빈 공간을 확대하고
이어서 반듯하게 만든 것이
세계 지도예요.

낱말사전

★면적 면이 공간을 차지하는 넓이
의 크기

★지리 정보 우리가 살아가는 공간
과 관련된 정보로, 위치나 영역 등
이 있음.

★평면(平 평평할 평, 面 낯 면) 평평
한 표면

문제로
개념 탄탄
→ 바른답·알찬풀이 2쪽

개념 터치
추가 문제

1
단원

공부한 날

월

일

01 세계 여러 나라의 위치나 영역과 같이 우리가 살아가는 공간과 관련된 정보를 ( )(이)라고 한다.

02 지구본에 대한 알맞은 설명을 보기 에서 모두 골라 기호를 쓰시오.

> **보기**
> ㉠ 실제 지구의 모습과 비슷하다.
> ㉡ 둥근 지구의 모습을 평면으로 나타낸 것이다.
> ㉢ 둥근 지구의 모습을 본떠 작게 만든 모형이다.

( )

03 (가), (나) 중 세계 여러 나라의 위치, 거리, 면적 등이 비교적 정확하게 표현된 자료를 골라 ○표 하시오.

(가)   (나)

( )   ( )

04 세계 지도에 대한 알맞은 설명을 보기 에서 모두 골라 기호를 쓰시오.

> **보기**
> ㉠ 가지고 다니며 사용하기에 편리하다.
> ㉡ 둥근 지구의 모습을 평면으로 나타낸 것이다.
> ㉢ 나라와 바다의 모양이나 거리가 실제와 똑같이 표현되어 있다.

( )

공부한 내용은?

😊 자신있게 설명할 수 있어요.

😐 설명하기 조금 힘들어요.

☹️ 어려워서 설명할 수 없어요.

확인해요
05 (지구본, 세계 지도)은/는 전 세계의 모습을 한눈에 보기 편리하다.

2 세계 여러 나라의 지리 정보가 담긴 자료들을 알아볼까요(2)

개념 터치
마인드맵

이것만은 꼭!

디지털 공간 영상 정보

↓

위성 영상, 항공 사진 등을 바탕으로 지리 정보를 디지털화하여 만든 것

개념1 디지털 공간 영상 정보의 특징

뜻	위성 영상, 항공 사진 등을 바탕으로 지리 정보를 디지털화하여 만든 것
장점	• 종이로 된 세계 지도보다 확대와 축소가 자유로움. • 지구본이나 세계 지도에서 찾기 어려운 다양한 정보를 얻을 수 있음.
단점	• 스마트폰, 컴퓨터 등의 기기가 필요함. • 인터넷을 연결해야 다양한 기능을 이용할 수 있음.

스마트폰에서 디지털 공간 영상 정보 이용하기

㉠ 검색창에 찾고자 하는 장소를 입력하면 지도에서 위치를 찾을 수 있어요.

㉡ 이동 시간, 교통 정보, 주변 장소를 찾을 수 있어요.

㉢ 자동차, 자전거, 대중교통의 경로를 찾을 수 있어요.

㉣ 현재 내 위치를 알 수 있어요.

㉤ 지도를 확대하거나 축소할 수 있어요.

㉥ 어떤 장소의 실제 모습을 여러 각도에서 살펴볼 수 있어요.

위도와 경도를 이용하면 세계 여러 나라의 위치를 쉽게 찾을 수 있고, 그 위치를 숫자로 정확하게 나타낼 수 있어.

개념2 지구본과 세계 지도에 그어진 가상의 선

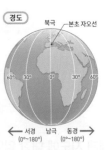

▲ 위선과 경선   ▲ 위도와 경도

위선과 경선	가로선은 위선, 세로선은 경선
위도와 경도	위선과 경선에 각각 쓰여 있는 숫자
북위와 남위	적도를 기준으로 북쪽의 위도는 북위, 남쪽의 위도는 남위
동경과 서경	본초 자오선을 기준으로 동쪽의 경도는 동경, 서쪽의 경도는 서경
북반구와 남반구	적도 위쪽의 지구는 북반구, 아래쪽의 지구는 남반구

낱말사전

★경로 지나는 길

★가상(假 거짓 가, 像 모양 상) 실제 있는 것처럼 보이지만 존재하지 않는 거짓 현상

★적도 위도의 기준이 되는 선

★본초 자오선 지구의 경도를 결정하는 데 기준이 되는 자오선으로, 영국의 그리니치 천문대를 지남.

문제로 개념 탄탄

확인해요

01 (　　　　　)을/를 이용하면 확대하거나 축소하면서 세계 여러 나라를 살펴볼 수 있다.

02 다음에서 설명하는 디지털 공간 영상 정보의 기능을 골라 기호를 쓰시오.

(1) 현재 내 위치를 알 수있다. (　　　　)

(2) 자동차, 자전거, 대중교통의 경로를 찾을 수 있다. (　　　　)

(3) 어떤 장소의 실제 모습을 여러 각도에서 살펴볼 수 있다. (　　　　)

03 ㉠~㉣에 들어갈 알맞은 말을 쓰시오.

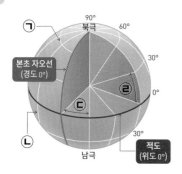

㉠: (　　　　　　　)
㉡: (　　　　　　　)
㉢: (　　　　　　　)
㉣: (　　　　　　　)

04 본초 자오선을 기준으로 북쪽의 위도를 북위, 남쪽의 위도를 남위라고 한다.

(○ , ×)

05 적도 위쪽의 지구를 (남반구 , 북반구), 아래쪽의 지구를 (남반구 , 북반구)라고 한다.

공부한 내용은?

😊 자신있게 설명할 수 있어요.

😐 설명하기 조금 힘들어요.

☹️ 어려워서 설명할 수 없어요.

3 세계 여러 나라의 지리 정보가 담긴 자료들을 활용해 볼까요

개념 터치 마인드맵

이것만은 꼭

생활 속에서 지리 정보가 담긴 자료 활용하기

↓

• 지구본: 크기나 거리를 정확히 알고 싶을 때 등
• 세계 지도: 세계 여러 나라를 한눈에 보고 싶을 때 등
• 디지털 공간 영상 정보: 찾고 싶은 장소에 대한 다양한 지리 정보를 살펴볼 때 등

개념1 생활 속에서 지구본 활용하기

생활 속에서 상황에 알맞게 적절한 자료를 활용해 보자!

❶ 나라 간의 크기를 비교할 때

❷ 도시 간의 거리를 비교적 정확하게 알고 싶을 때

❸ 특정 나라의 위치를 알고 싶을 때

❹ 나라 간의 위치 관계를 파악할 때

❺ 우리나라 반대편에 있는 나라를 알고 싶을 때

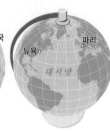

▲ 세계 지도   ▲ 지구본

• 세계 지도를 보면 영국이 우리나라보다 더 커보이지만, 지구본을 회전하면서 살펴보면 영국과 우리나라는 크기가 비슷해요. 그러므로 지구본은 나라 간의 크기를 비교할 때 효과적이에요.
• 세계 지도를 보면 뉴욕에서 파리를 갈 때 서쪽으로만 갈 수 있는 것처럼 보이지만, 지구본을 보면 뉴욕에서 파리를 갈 때 동쪽으로 가는 것이 더 가깝다는 것을 알 수 있어요. 그러므로 지구본은 도시 간의 거리를 비교적 정확하게 알고 싶을 때 활용하면 좋아요.

활동해요

지구본, 세계 지도, 디지털 공간 영상 정보를 활용하며 느낀 점을 써 보자.

예시 답안 지구본은 실제 지구의 모습과 비슷하지만 바다와 육지, 나라의 위치나 이름 등의 정보 외에 찾고 싶은 나라나 지역의 구체적인 정보를 얻기에는 어려움이 있었다.

개념2 생활 속에서 세계 지도 활용하기

❶ 세계 여러 나라를 한눈에 보고 싶을 때

❷ 여행을 계획하면서 여행할 나라의 위치를 확인하고 이동 경로를 그려볼 때

❸ 여행하면서 가지고 다니기 편리한 지도가 필요할 때

❹ 인터넷 사용이 어려울 때

개념3 생활 속에서 디지털 공간 영상 정보 활용하기 활동해요

디지털 공간 영상 정보는 찾고 싶은 장소에 대한 다양한 지리 정보를 살펴볼 때 이용하면 편리해!

❶ 가 보지 않은 곳의 실제 모습을 미리 볼 때

❷ 숙소나 주변의 식당 등 지구본이나 세계 지도에서 찾기 어려운 정보를 찾을 때

❸ 자신만의 여행 지도를 미리 만들어 보고 싶을 때

여행 경로를 표시할 때는 디지털 공간 영상 정보가 가장 적절해.

맞아. 지도를 확대하거나 축소하면서 가 보고 싶은 나라를 찾고, 경로를 표시하는 데 편리해.

낱말사전

★이동 경로 옮겨 다니면서 지나는 길

문제로
개념 탄탄

→ 바른답·알찬풀이 3쪽

개념 터치
추가 문제

1 단원

공부한 날

월

일

확인해요

01 지구본, 세계 지도, 디지털 공간 영상 정보는 특성이 서로 다르기 때문에 생활 속에서 상황에 알맞게 적절한 자료를 활용해야 한다. (○, ×)

02 다음 ( ) 안에 들어갈 알맞은 말은 어느 것입니까? ( )

> ( )이/가 생활 속에서 가장 효과적으로 쓰일 때
> • 나라 간의 크기를 비교할 때
> • 도시 간의 거리를 비교적 정확하게 알고 싶을 때

① 지구본　　　　② 세계 지도　　　　③ 위성 영상
④ 항공 사진　　　⑤ 디지털 공간 영상 정보

03 생활 속에서 세계 지도와 디지털 공간 영상 정보를 활용하기 적절한 상황을 **보기**에서 모두 골라 기호를 쓰시오.

> **보기**
> ㉠ 인터넷 사용이 어려울 때
> ㉡ 세계 여러 나라를 한눈에 보고 싶을 때
> ㉢ 가 보지 않은 곳의 실제 모습을 미리 볼 때
> ㉣ 자신만의 여행 지도를 미리 만들어 보고 싶을 때

(1) 세계 지도　　　　　　　　　( )
(2) 디지털 공간 영상 정보　　　( )

04 다음 ( ) 안에 들어갈 알맞은 말을 쓰시오.

여행 경로를 표시할 때는 ( )이/가 가장 적절해.

맞아. 지도를 확대하거나 축소하면서 가 보고 싶은 나라를 찾고, 경로를 표시하는 데 편리해.

( )

공부한 내용은?

 자신있게 설명할 수 있어요.

😐 설명하기 조금 힘들어요.

☹ 어려워서 설명할 수 없어요.

세계의 여러 대양과 대륙을 알아볼까요

개념 터치
마인드맵

이것만은 꼭!

세계의 주요 대양

↓

태평양, 대서양, 인도양,
북극해, 남극해

세계의 주요 대륙

↓

아시아, 유럽,
아프리카, 오세아니아,
북아메리카, 남아메리카

개념1 바다와 육지로 이루어진 지구

❶ 지구에서 바다의 면적은 약 70%, 육지의 면적은 약 30%를 차지한다.

❷ 전 세계를 5대양 6대륙이라고 부르기도 한다.

개념2 세계의 주요 대양 탐구해요

태평양	• 가장 큰 바다 • 아시아, 오세아니아, 북아메리카, 남아메리카 대륙 사이에 있음.
대서양	유럽, 아프리카, 북아메리카, 남아메리카 대륙 사이에 있음.
인도양	아시아, 아프리카, 오세아니아 대륙 사이에 있음.
북극해	• 북극 주변에 있는 바다로, 대부분 얼음에 덮여 있음. • 아시아, 유럽, 북아메리카 대륙에 둘러싸여 있음.
남극해	남극 대륙을 둘러싸고 있음.

우리나라와 가까이 있는 대양은 태평양이고, 우리나라가 속한 대륙은 아시아야.

개념3 세계의 주요 대륙 탐구해요

아시아	대륙 중에서 가장 크며, 세계 육지 면적의 약 30%를 차지함.
유럽	좁은 면적에 비해 나라가 많으며, 북반구에 있음.
아프리카	아시아 대륙 다음으로 크며, 북반구와 남반구에 걸쳐 있음.
오세아니아	대륙 중에서 가장 작으며, 남반구에 있음.
북아메리카	북반구에 있으며, 북쪽은 북극해와 접해 있음.
남아메리카	대부분 남반구에 있으며, 남쪽은 남극해와 접해 있음.

낱말사전

★대양(大 큰 대, 洋 큰 바다 양) 큰 바다
★대륙 큰 땅덩어리

문제로
개념 탄탄

→ 바른답·알찬풀이 3쪽

개념 터치
추가 문제

1
단원

공부한 날

월

일

01 지구에서 (바다, 육지)의 면적은 약 70%, (바다, 육지)의 면적은 약 30%를 차지한다.

02 ㉠, ㉡에 들어갈 알맞은 대륙과 대양을 쓰시오.

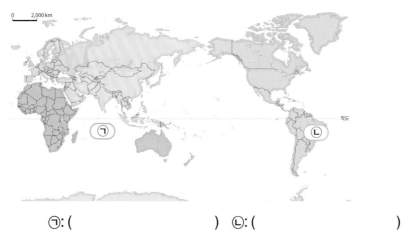

㉠: (   ) ㉡: (   )

확인해요

03 (대서양, 태평양)은 가장 큰 바다로, 우리나라와 가까이 있다.

04 ㉠, ㉡에 들어갈 알맞은 대륙을 쓰시오.

> • (㉠): 대륙 중에서 가장 크며, 세계 육지 면적의 약 30%를 차지한다.
> • (㉡): 좁은 면적에 비해 나라가 많으며, 북반구에 위치한다.

㉠: (   ) ㉡: (   )

확인해요

05 북아메리카는 (북반구, 남반구)에 속해 있고, 북쪽은 (북극해, 남극해)와 접해 있다.

공부한 내용은?

 자신있게 설명할 수 있어요.

 설명하기 조금 힘들어요.

 어려워서 설명할 수 없어요.

5 각 대륙에 있는 여러 나라를 살펴볼까요

개념 터치
마인드맵

이것만은 꼭

각 대륙에 있는 여러 나라

↓

- 아시아: 대한민국, 중국, 일본 등
- 유럽: 영국, 에스파냐, 프랑스 등
- 아프리카: 남아프리카 공화국 등
- 오세아니아: 오스트레일리아 등
- 북아메리카: 캐나다, 미국 등
- 남아메리카: 아르헨티나, 페루 등

개념1 각 대륙에 있는 여러 나라

❶ 아시아: 대한민국, 중국, 일본, 사우디아라비아 등

❷ 유럽: 영국, 에스파냐, 프랑스, 독일 등

❸ 아프리카: 이집트, 남아프리카 공화국, 케냐, 수단 등

❹ 오세아니아: 뉴질랜드, 파푸아뉴기니, 투발루, 오스트레일리아 등

❺ 북아메리카: 멕시코, 자메이카, 캐나다, 미국 등

❻ 남아메리카: 브라질, 아르헨티나, 페루, 수리남 등

개념2 각 대륙에 있는 여러 나라의 위치 설명하기 활동해요

❶ 대륙별로 나라를 찾은 뒤 지도에 표시한다.

❷ 그 나라가 북반구와 남반구 중에서 어디에 위치하는지 살펴본다.

❸ 위도와 경도의 범위를 살펴본다.

❹ 주변에 있는 대양(바다)을 살펴본다.

❺ 주변에 있는 나라를 살펴본다.

지구본, 세계 지도, 디지털 공간 영상 정보 등을 활용하여 대륙별로 여러 나라가 어디에 위치하는지 알아보자!

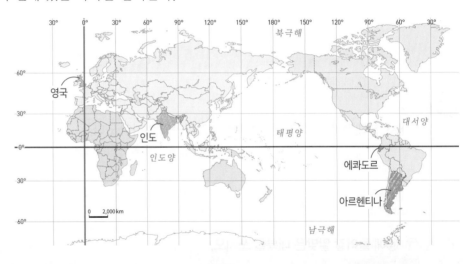

활동해요

주제를 정한 뒤 대륙별로 나라를 고르고, 그 나라의 위치를 찾아보자.

예시 답안

① 나라 이름: 에콰도르

② 위치한 대륙: 남아메리카 대륙의 북서부, 남반구와 북반구에 걸쳐 있음.

③ 위도와 경도 범위: 북위 1.7°~남위 5.3°, 서경 75°~81.5°

④ 주변에 있는 대양: 서쪽에 태평양이 있음.

⑤ 주변에 있는 나라: 남쪽에는 페루, 북쪽에는 콜롬비아가 있음.

영국

❶ 유럽 대륙의 서쪽에 위치해요.

❷ 북반구에 위치해요.

❸ 북위 49°~52°, 동경 2°~서경 8°에 위치해요.

❹ 대서양에 둘러싸여 있어요.

❺ 서쪽에는 아일랜드, 남쪽에는 프랑스가 있어요.

인도

❶ 아시아 대륙의 남쪽에 위치해요.

❷ 북반구에 위치해요.

❸ 북위 5°~38°, 동경 67°~99°에 위치해요.

❹ 동쪽과 서쪽, 남쪽에는 인도양이 있어요.

❺ 동쪽에는 미얀마와 방글라데시, 서쪽에는 파키스탄, 남쪽에는 스리랑카, 북쪽에는 중국·네팔·부탄이 있어요.

아르헨티나

❶ 남아메리카 대륙의 남쪽에 위치해요.

❷ 남반구에 위치해요.

❸ 남위 23°~55°, 서경 54°~74°에 위치해요.

❹ 동쪽에는 대서양이 있어요.

❺ 동쪽에는 우루과이, 서쪽에는 칠레, 북쪽에는 파라과이와 볼리비아, 북동쪽에는 브라질이 있어요.

공부한 날

월

일

01 영국, 에스파냐, 프랑스, 독일 등은 유럽 대륙에 위치해 있다.　　(○ , ×)

02 이집트, 남아프리카 공화국, 케냐, 사우디아라비아 등은 아프리카 대륙에 위치해 있다.　　(○ , ×)

03 각 대륙에 위치한 나라들을 바르게 연결하시오.

(1) 아시아　　　　　•　　　　　• ㉠ 대한민국, 중국, 일본 등

(2) 북아메리카 •　　　　　• ㉡ 멕시코, 자메이카, 캐나다 등

(3) 오세아니아 •　　　　　• ㉢ 뉴질랜드, 파푸아뉴기니, 투발루 등

[04~06] 지도를 보고, 물음에 답하시오.

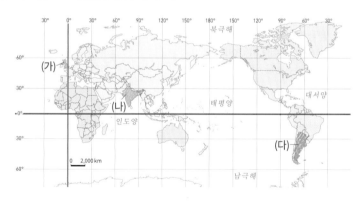

04 (가)~(다) 중 대서양에 둘러싸여 있는 나라를 골라 기호와 나라 이름을 쓰시오.

(　　　　　　　　)

05 (가)~(다) 중 남반구에 위치한 나라를 골라 기호와 나라 이름을 쓰시오.

(　　　　　　　　)

06 (가)~(다) 중 북위 5°~38°, 동경 67°~99°에 위치한 나라를 골라 기호와 나라 이름을 쓰시오.

(　　　　　　　　)

공부한 내용은?

😊 자신있게 설명할 수 있어요.

😐 설명하기 조금 힘들어요.

😣 어려워서 설명할 수 없어요.

대륙별 여러 나라의 영토 특징을 알아볼까요

세계 여러 나라의 영토 크기

↓

· 러시아: 세계에서 가장 큰 나라
· 바티칸: 세계에서 가장 작은 나라

사물이나 동물과 모양이 비슷한 나라를 찾아 연결해 보자.

예시 답안

지구본, 세계 지도, 디지털 공간 영상 등을 활용하여 위에서 찾은 나라들의 위치와 크기 등을 조사해 보자.

예시 답안 프랑스: 유럽 대륙의 서쪽에 위치함, 영토 크기는 약 68만 km², 전체적으로는 육각형에 가까운 모양, 서쪽으로는 대서양·남쪽으로는 지중해·북쪽으로는 북해와 접해 있음.

낱말사전

★ 시국(市 저자 시, 國 나라 국) 하나의 시만으로 이루어진 나라
★ 국경선 나라와 나라 사이의 경계선

개념 1 세계 여러 나라의 영토 크기

[출처: 국가 지도집, 2019 / 외교부, 2020]

대륙별로 영토가 가장 큰 나라

· 아시아: 중국
· 유럽: 러시아
· 아프리카: 알제리
· 오세아니아: 오스트레일리아
· 북아메리카: 캐나다
· 남아메리카: 브라질

① 러시아: 세계에서 영토가 가장 큰 나라, 아시아와 유럽의 두 대륙에 걸쳐 있음.

② 바티칸 시국: 세계에서 영토가 가장 작은 나라, 이탈리아 로마 시내에 위치함.

> 영토 모양은 해안선이나 주변 국가들과 맞닿아 있는 국경선에 따라 결정돼!

개념 2 세계 여러 나라의 영토 모양과 특징 활동해요

칠레

· 영토가 남북 방향으로 길고, 모양은 거꾸로 세운 지팡이를 닮았어요.
· 노르웨이, 베트남 등도 영토가 길어요.

뉴질랜드

· 영토가 모두 바다에 둘러싸여 있어요.
· 필리핀, 인도네시아도 바다에 둘러싸인 나라예요.

미국

· 영토가 여러 부분으로 나뉘어 떨어져 있어요.
· 필리핀, 인도네시아도 나뉘어 있어요.

몽골

영토가 육지에 둘러싸여 바다와 접하지 않아요.

이탈리아

· 영토의 삼면이 바다이고 다른 면은 육지에 연결된, 장화 모양의 나라예요.
· 우리나라도 삼면이 바다예요.

이집트

· 영토가 동서남북 모든 방향에서 길이가 비슷해요.
· 프랑스, 독일도 길이가 비슷해요.

문제로 개념 탄탄

→ 바른답·알찬풀이 4쪽

01 ㉠, ㉡에 들어갈 알맞은 나라를 쓰시오.

> 아프리카 대륙에서 영토 크기가 가장 큰 나라는 (㉠)이고, 남아메리카 대륙에서 영토 크기가 가장 큰 나라는 (㉡)이다.

㉠: (   )   ㉡: (   )

확인해요

02 세계에서 영토 크기가 가장 큰 나라는 러시아이다.   (○ , ×)

03 세계에서 가장 작은 나라는 바티칸 시국으로, 영국에 위치한다.   (○ , ×)

확인해요

04 (미국, 몽골)은 영토가 여러 부분으로 나뉘어 떨어져 있다.

05 여러 나라의 영토 모양의 특징을 바르게 연결하시오.

(1) 페루, 베트남   •　　　　　•㉠ 남북 방향으로 긴 나라

(2) 이집트, 프랑스   •　　　　　•㉡ 모두 바다에 둘러싸인 나라

(3) 필리핀, 뉴질랜드 •　　　　　•㉢ 모든 방향에서 길이가 비슷한 나라

06 ㉠에 들어갈 알맞은 나라 이름을 쓰시오.

> (㉠)은/는 유럽에 위치한 나라로 영토의 삼면이 바다이고 다른 면은 육지에 연결되어 있으며, 모양은 장화를 닮았다.

(   )

공부한 내용은?

 자신있게 설명할 수 있어요.

 설명하기 조금 힘들어요.

🙁 어려워서 설명할 수 없어요.

1
단원

공부한 날

월

일

그림으로 보는 용어

꼭 알아야 할 용어들을 모아모아 그림과 함께 공부해 보세요.

지리 정보가 담긴 자료

지구본
둥근 지구의 모습을 본떠 작게 만든 모형으로, 실제 지구의 모습과 비슷합니다.

세계 지도
둥근 지구의 모습을 평면으로 나타낸 것으로, 세계 여러 나라의 모습을 한눈에 볼 수 있습니다.

디지털 공간 영상 정보
위성 영상, 항공 사진 등을 바탕으로 지리 정보를 디지털화하여 만든 것입니다.

세계의 대양과 대륙

대양
큰 바다로, 태평양, 대서양, 인도양, 북극해, 남극해가 있습니다.

대륙
큰 땅덩어리로, 아시아, 유럽, 아프리카, 오세아니아, 북아메리카, 남아메리카 등이 있습니다.

태평양
가장 큰 바다로, 우리나라와 가까이 있는 대양입니다.

세계의 여러 나라

러시아
세계에서 영토 크기가 가장 큰 나라로, 아시아와 유럽의 두 대륙에 걸쳐 있습니다.

바티칸 시국
세계에서 영토 크기가 가장 작은 나라로, 이탈리아의 로마 시내에 위치합니다.

인도네시아
나라의 모양이 한쪽 방향으로 좁고 길며, 모두 바다에 둘러싸여 있고, 여러 부분으로 나뉘어 떨어져 있습니다.

QUIZ 퀴즈

● 질문을 읽고 자음을 보면서 관련 있는 용어를 써 보세요.

생활 속에서 상황에 알맞게
지리 정보가 담긴 자료들을
적절하게 활용할 수 있어!

❶ 둥근 지구의 모습을 본떠 작게 만든 모형은?

❷ 둥근 지구의 모습을 평면으로 나타낸 것은?

→우리나라

아시아
대륙 중에서 가장 크며,
우리나라가 속해 있는
대륙입니다.

❸ 큰 땅덩어리로, 아시아, 유럽, 아프리카, 오세아니아, 북아메리카, 남아메리카 등을 부르는 말은?

❹ 가장 큰 바다로, 우리나라와 가까이 있는 대양은?

세계 여러 나라들의
영토 모양과 특징이 다르게
나타나는구나!

❺ 세계에서 영토 크기가 가장 큰 나라로, 아시아와 유럽의 두 대륙에 걸쳐 있는 나라는?

답안길잡이   ❺ 러시아   ❹ 태평양   ❸ 대륙   ❷ 세계 지도   ❶ 지구본

뚝딱뚝딱 정리하기

1 빈칸을 채우면서 공부한 내용을 정리해 보자.

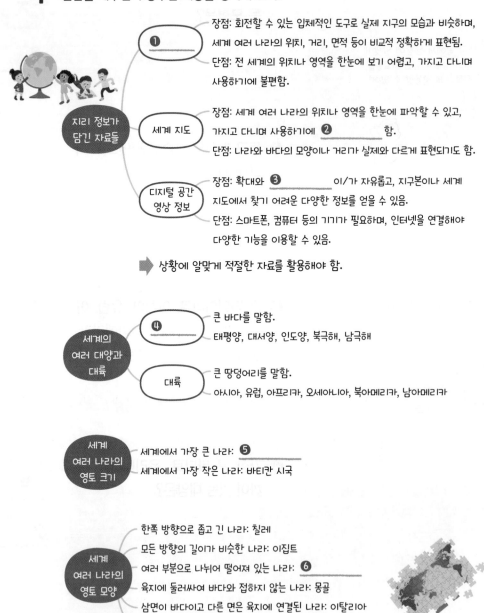

지리 정보가 담긴 자료들

❶ _____
- 장점: 회전할 수 있는 입체적인 도구로 실제 지구의 모습과 비슷하며, 세계 여러 나라의 위치, 거리, 면적 등이 비교적 정확하게 표현됨.
- 단점: 전 세계의 위치나 영역을 한눈에 보기 어렵고, 가지고 다니며 사용하기에 불편함.

세계 지도
- 장점: 세계 여러 나라의 위치나 영역을 한눈에 파악할 수 있고, 가지고 다니며 사용하기에 ❷ _____ 함.
- 단점: 나라와 바다의 모양이나 거리가 실제와 다르게 표현되기도 함.

디지털 공간 영상 정보
- 장점: 확대와 ❸ _____ 이/가 자유롭고, 지구본이나 세계 지도에서 찾기 어려운 다양한 정보를 얻을 수 있음.
- 단점: 스마트폰, 컴퓨터 등의 기기가 필요하며, 인터넷을 연결해야 다양한 기능을 이용할 수 있음.

➡ 상황에 알맞게 적절한 자료를 활용해야 함.

세계의 여러 대양과 대륙

❹ _____
- 큰 바다를 말함.
- 태평양, 대서양, 인도양, 북극해, 남극해

대륙
- 큰 땅덩어리를 말함.
- 아시아, 유럽, 아프리카, 오세아니아, 북아메리카, 남아메리카

세계 여러 나라의 영토 크기
- 세계에서 가장 큰 나라: ❺ _____
- 세계에서 가장 작은 나라: 바티칸 시국

세계 여러 나라의 영토 모양
- 한쪽 방향으로 좁고 긴 나라: 칠레
- 모든 방향의 길이가 비슷한 나라: 이집트
- 여러 부분으로 나뉘어 떨어져 있는 나라: ❻ _____
- 육지에 둘러싸여 바다와 접하지 않는 나라: 몽골
- 삼면이 바다이고 다른 면은 육지에 연결된 나라: 이탈리아
- ❼ _____ 에 둘러싸인 나라: 뉴질랜드

답안 길잡이 ❶ 지구본 ❷ 편리 ❸ 축소 ❹ 대양 ❺ 러시아 ❻ 미국 ❼ 바다

2 다음 내용이 맞으면 'O', 틀리면 'X'를 따라가며 미로를 탈출해 보자.

❷ 세계 지도는 디지털 공간 영상 정보보다 확대와 축소가 자유롭다.

❶ 지구본은 회전할 수 있으며 실제 지구의 모습과 비슷하다.

❸ 유럽은 좁은 면적에 비해 나라가 많으며, 대서양에 접해 있다.

❹ 남극해는 남극 주변에 있는 바다로 아시아, 유럽, 북아메리카 대륙에 둘러싸여 있다.

❻ 러시아는 세계에서 영토 크기가 가장 크다.

❺ 북아메리카에는 브라질, 아르헨티나 등의 나라가 있다.

❼ 이집트는 영토가 동서남북 모든 방향에서 길이가 비슷하다.

출발

도착

세계에서 영토 크기가 가장 큰 나라는 러시아로, 세계 육지 면적의 11% 이상을 차지해.

문제로
실력 쑥쑥

01 ㉠, ㉡에 들어갈 알맞은 말을 고르시오.

> • ㉠ (지구본, 세계 지도)에는 세계 여러 나라의 위치, 거리, 면적 등이 비교적 정확하게 표현되어 있다.
> • ㉡ (지구본, 세계 지도)은/는 둥근 지구를 평면으로 나타냈기 때문에 나라와 바다의 모양이나 거리가 실제와 다르게 표현되기도 한다.

중요
02 지구본에 대한 설명으로 알맞지 <u>않은</u> 것은 어느 것입니까? ( )

① 실제 지구의 모습과 비슷하다.
② 가지고 다니며 사용하기에 불편하다.
③ 자유롭게 회전할 수 있는 입체적인 도구이다.
④ 둥근 지구의 모습을 본떠 작게 만든 모형이다.
⑤ 세계 여러 나라의 위치나 영역을 한눈에 볼 수 있다.

03 다음 글에서 설명하는 것을 보기 에서 골라 기호를 쓰시오.

> 스마트폰, 컴퓨터 등의 기기에서 인터넷을 연결하면 다양한 기능을 이용할 수 있다.

> **보기**
> ㉠ 지구본
> ㉡ 세계 지도
> ㉢ 디지털 공간 영상 정보

( )

서술형
04 제시된 자료의 장점을 지구본이나 세계 지도와 비교하여 <u>두 가지</u> 쓰시오.

> **핵심 단어**   확대, 축소, 다양한 정보

....

....

[05~06] 자료를 보고, 물음에 답하시오.

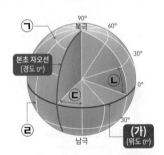

05 (가)는 무엇인지 쓰시오.

( )

중요
06 ㉠~㉢로 알맞은 것을 보기 에서 모두 골라 기호를 쓰시오.

> **보기**
> ㉠ 경도   ㉡ 위도
> ㉢ 위선   ㉣ 경선

( )

07 ㉠, ㉡이 나타내는 알맞은 말을 쓰시오.

> 세계 여러 나라의 위치를 찾을 때는 먼저 지구본이나 세계 지도에서 나라를 찾는다. 그 나라가 적도를 기준으로 북쪽에 있는지, 남쪽에 있는지 확인하고, 그 나라의 북쪽과 남쪽 끝에 가까운 선을 찾아 ㉠ 숫자를 확인한다. 그런 다음, 그 나라가 본초 자오선을 기준으로 동쪽에 있는지, 서쪽에 있는지 확인하고, 그 나라의 동쪽과 서쪽 끝에 가까운 선을 찾아 ㉡ 숫자를 확인한다.

㉠: (   ) ㉡: (   )

중요
08 ㉠, ㉡에 들어갈 알맞은 말을 고르시오.

▲ 지구본   ▲ 세계 지도

> ㉠ (지구본, 세계 지도)을/를 보면 뉴욕에서 파리를 갈 때 서쪽으로만 갈 수 있는 것처럼 보인다. 그러나 ㉡ (지구본, 세계 지도)을/를 보면 뉴욕에서 파리를 갈 때 동쪽으로 가는 것이 더 가깝다는 것을 알 수 있다.

서술형
09 생활 속에서 세계 지도를 활용하는 방법을 두 가지 쓰시오.

....

....

10 다음 (   ) 안에 들어갈 알맞은 말을 쓰시오.

> (   )은/는 세계에서 가장 큰 바다로, 아시아·오세아니아·북아메리카·남아메리카 대륙 사이에 있다.

(   )

중요
11 세계의 여러 대양과 대륙에 대한 설명으로 알맞은 것은 어느 것입니까? (   )

① 유럽은 대륙 중에서 가장 작다.

② 바다의 면적은 육지의 면적보다 작다.

③ 아프리카는 아시아 대륙 다음으로 크다.

④ 남극해는 아시아, 유럽, 북아메리카 대륙에 둘러싸여 있다.

⑤ 대서양은 아시아, 아프리카, 오세아니아 대륙 사이에 있다.

12 다음 (   ) 안에 들어갈 알맞은 말을 쓰시오.

> 우리나라와 가까이 있는 대양은 태평양이고, 우리나라가 속해 있는 대륙은 (   )이다.

(   )

13 아시아에 있는 나라가 <u>아닌</u> 것은 어느 것입니까? (   )

① 일본   ② 중국

③ 대한민국   ④ 파푸아뉴기니

⑤ 사우디아라비아

14 오세아니아 대륙에 있는 나라를 모두 고르시오.
( )

① 독일　　　　② 뉴질랜드

③ 자메이카　　④ 인도네시아

⑤ 오스트레일리아

15 다음 나라들이 위치해 있는 대륙은 어느 것입니까?
( )

> 브라질, 아르헨티나, 페루, 수리남

① 유럽　　　　② 아시아

③ 아프리카　　④ 남아메리카

⑤ 오세아니아

[중요] 16 (가) 나라의 위치에 대한 알맞은 설명은 어느 것입니까?
( )

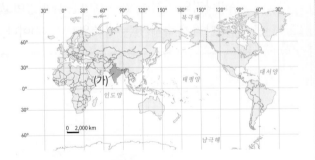

① 남반구에 위치한다.

② 적도보다 아래에 있다.

③ 대서양에 둘러싸여 있다.

④ 아시아 대륙의 북쪽에 위치한다.

⑤ 북위 5°~38°, 동경 67°~99°에 위치한다.

17 지도에 대한 알맞은 설명을 [보기]에서 골라 기호를 쓰시오.

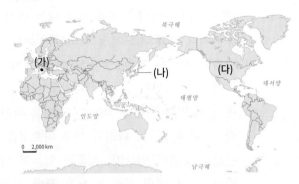

[보기]

㉠ (가)는 바티칸 시국으로, 세계에서 영토 크기가 가장 작은 나라이다.

㉡ (나)는 일본으로, 우리나라보다 영토 크기가 작다.

㉢ (다)는 미국으로, 세계에서 영토 크기가 가장 큰 나라이다.

( )

[중요] 18 각 나라의 영토 모양으로 알맞은 것은 어느 것입니까?
( )

① 몽골　　　　　　② 칠레

③ 이집트　　　　　④ 뉴질랜드

⑤ 이탈리아

특별한 서술/논술

● 자료를 보고, 물음에 답하시오.

(㉠)은/는 어떻게 결정되는 것일까?

자연적 요인	역사적 요인	위도와 경도
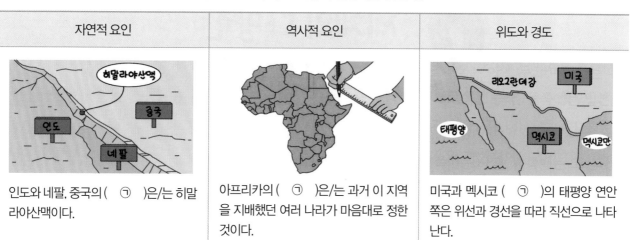		
인도와 네팔, 중국의 (㉠)은/는 히말라야산맥이다.	아프리카의 (㉠)은/는 과거 이 지역을 지배했던 여러 나라가 마음대로 정한 것이다.	미국과 멕시코 (㉠)의 태평양 연안 쪽은 위선과 경선을 따라 직선으로 나타난다.

01 ㉠에 들어갈 알맞은 말을 쓰시오.

(   )

> **힌트!**
> 나라와 나라 사이의 경계선을 뜻하는 말은 무엇일까?

02 다음 사례는 어떤 기준으로 ㉠을 결정한 것인지 위 자료에서 찾아 쓰시오.

아프리카에 있는 빅토리아 호수는 케냐와 탄자니아, 우간다 국경의 일부를 이루고 있다.

(   )에 의해 결정된 국경선

> **힌트!**
> 케냐, 탄자니아, 우간다 국경의 일부를 이루는 것은 어떤 요인에 속할까?

03 밑줄 친 부분에 들어갈 알맞은 말을 쓰시오.

미국과 멕시코의 (㉠)을/를 보면 태평양 연안 쪽은 경선과 위선을 따라 직선으로 되어 있다. 그러나 이 (㉠)이/가 리오그란데강과 만나는 곳부터는 _____

_____

_____

> **힌트!**
> 리오그란데강이 나타나는 곳부터 국경선의 모양이 어떠한지, 그리고 어디까지 연결되는지 살펴보자.
>
> **핵심 단어**
> 강, 멕시코만

2 세계의 다양한 삶의 모습

이 단원을 공부하면?

- 세계 주요 기후의 분포와 특징을 알고, 기후에 따른 사람들의 생활 모습을 알 수 있습니다.

- 의식주 생활에 특색이 있는 나라를 조사하고, 이를 통해 사람들의 생활 모습에 영향을 주는 다양한 요인을 탐구할 수 있습니다.

생각이 활짝

엄마가 외국으로 출장을 가십니다.

다른 나라를 방문할 때 그 나라의 기후를 알아야 기후에 알맞은 옷을 챙길 수 있어!

✏️ 빈칸에 들어갈 알맞은 말을 써 볼까요?

1 세계의 다양한 기후를 알아볼까요

개념 터치
마인드맵

이것만은 꼭

세계의 주요 기후

↓

한대 기후, 냉대 기후, 온대 기후, 건조 기후, 열대 기후, 고산 기후

탐구해요

고산 기후가 나타나는 지역을 지도에 표시하고 사회과 부도에서 지형의 높낮이를 확인해 보자.

예시 답안 아시아 대륙의 히말라야산맥과 시짱고원, 북아메리카 대륙의 로키산맥, 남아메리카 대륙의 안데스산맥 등 높은 산맥이나 고원에서 고산 기후가 나타난다.

위도가 같은 지역에서는 기후도 똑같이 나타나는지 이야기해 보자.

예시 답안 지도에서 위선을 따라가 보면 위도가 같아도 다른 기후가 나타난다는 것을 알 수 있다.

세계의 기후는 해당 지역의 기온과 강수량을 기준으로 구분해!

낱말사전

★기후(氣 기운 기, 候 기후 후) 한 지역에서 오랫동안 나타나는 평균적인 날씨

★강수량 비, 눈, 우박, 안개 등 일정 기간 동안 일정한 곳에서 내린 물의 총량

★분산 갈라져 흩어짐.

★고산 기후 고도가 높은 산지 지역에서 나타나는 기후

★증발량 일정한 시간 안에 액체인 물이 기체인 수증기로 변하는 양

★일교차 하루 동안 가장 높은 기온과 가장 낮은 기온의 차이

★연교차 1년 동안 가장 더운 달의 평균 기온과 가장 추운 달의 평균 기온의 차이

개념 1 지역별로 다양한 기후가 나타나는 까닭

❶ 기온, 강수량, 바람 등의 영향 때문이다.

❷ 각 지역의 위치나 지형환경이 다르기 때문이다.

❸ 지구가 기울어진 각도에 따라 위도별로 태양으로부터 받는 열이 다르기 때문이다.

위도에 따른 태양열과 기온의 차이

- 태양에서 가까운 적도 부근의 저위도 지역: 태양이 수직으로 비추어 열이 좁은 지역에 집중돼요. 열을 많이 받기 때문에 일 년 내내 더운 열대 기후가 나타나요.
- 태양에서 먼 극지방의 고위도 지역: 태양이 비스듬하게 비추어 열이 넓은 지역으로 분산돼요. 열을 적게 받기 때문에 일 년 내내 추운 한대 기후가 나타나요.

개념 2 세계의 주요 기후와 특징 탐구해요

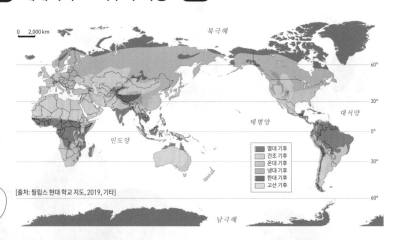
[출처: 필립스 현대 학교 지도, 2019, 기타]

열대 기후	• 적도를 중심으로 저위도 지역에 나타남. • 일 년 내내 평균 기온이 높고, 연 강수량이 많음.
건조 기후	• 주로 위도 20°~30° 일대와 바다에서 멀리 떨어진 지역에서 나타남. • 일 년 내내 내리는 비의 양이 매우 적어 나무가 자라기 어려움. • 강수량보다 증발량이 많은 편이며, 기온의 일교차가 큰 편임.
온대 기후	• 중위도 지역에 주로 나타나고, 사계절이 나타남. • 기온이 온화하며, 비가 적당히 내려 사람들이 살기에 유리함.
냉대 기후	• 북반구의 중위도와 고위도 지역에 나타나고, 사계절이 나타남. • 온대 기후보다 겨울이 춥고 길며, 기온의 연교차가 큰 편임.
한대 기후	• 고위도 지역에 주로 나타나고, 일 년 내내 평균 기온이 매우 낮음. • 대부분의 땅이 얼어 있고, 나무가 자라기 어려움.

확인해요

01 (   )은/는 한 지역에서 오랫동안 나타나는 평균적인 날씨를 말한다.

02 기온은 저위도에서 고위도로 갈수록 점차 (낮아져, 높아져) 지역별로 기후가 다르게 나타난다.

03 각 지역에 주로 나타나는 기후를 바르게 연결하시오.

(1) 고위도 지역 •   • ㉠ 열대 기후

(2) 저위도 지역 •   • ㉡ 한대 기후

확인해요

04 세계의 기후는 해당 지역의 (   )와/과 강수량을 기준으로 열대 기후, 건조 기후, 온대 기후, 냉대 기후, 한대 기후로 구분할 수 있다.

05 다음에서 설명하는 기후는 무엇입니까?   (   )

> • 일 년 내내 내리는 비의 양이 매우 적어 나무가 자라기 어렵다.
> • 강수량보다 증발량이 많은 편이며, 기온의 일교차가 큰 편이다.

① 건조 기후   ② 냉대 기후   ③ 열대 기후

④ 온대 기후   ⑤ 한대 기후

공부한 내용은?

 자신있게 설명할 수 있어요.

 설명하기 조금 힘들어요.

 어려워서 설명할 수 없어요.

06 (온대, 한대) 기후는 중위도 지역에 주로 나타나며, 기온이 온화하고 비가 적당히 내려 사람들이 살기에 유리하다.

2 기후에 따라 달라지는 생활 모습을 살펴볼까요(1)

개념 터치
마인드맵

이것만은 꼭!

열대 기후 지역의 생활 모습

↓

• 의: 간단하게 입거나 거의 입지 않음.
• 식: 화전 농업으로 얌·카사바 등을 재배함
• 주: 병충해·열기·습기 등을 피할 수 있는 고상 가옥에서 생활함.

■

건조 기후 지역의 생활 모습

↓

• 사막 지대: 오아시스 주변의 흙집에서 생활함.
• 초원 지대: 유목 생활을 하며 이동식 집에서 생활함.

나무가 많아 숲이 울창하고, 비가 많이 내려 흙 속의 영양분이 쉽게 씻겨 내려가 농사짓기에 불리하기 때문에 화전 농업을 해.

개념 1 열대 기후 지역의 생활 모습

열대 기후 지역	• 일 년 내내 비가 많이 내려 밀림을 이루는 곳 • 건기와 우기가 번갈아 나타나 초원이 넓게 펼쳐진 곳
생활 모습	• 옷은 간단하게 입거나 거의 입지 않음. • 전통적으로 화전 농업을 통해 얌·카사바 등의 농작물을 재배함. • 병충해 및 열기나 습기 등을 피하기 위해 고상 가옥에서 생활함. • 최근: 바나나·카카오·커피 등의 열대 작물을 대규모로 재배하여 수출함, 생태 관광에 대한 관심이 높아지면서 사파리 관광·전통 부족 생활 체험 등이 활발하게 이루어지고 있음.

화전 농업
숲을 태우고 만든 재로 토양에 영양분을 공급해 농작물을 기르는 방식이에요.

생태 관광
환경에 대한 피해를 최소화하면서 자연을 관찰하고 즐기는 여행이에요.

고상 가옥
집의 바닥을 땅에서부터 1~2m 정도 띄우고, 지붕과 벽은 주변의 나뭇잎이나 풀잎을 엮어 만들어요.

개념 2 건조 기후 지역의 생활 모습

건조 기후 지역	• 사막 지대: 비가 적게 내려 사막이 나타나는 곳 • 초원 지대: 약간의 비나 눈이 내려 초원이 나타나는 곳
생활 모습	• 사막 지대: 뜨거운 햇볕과 모래바람을 막기 위해 온몸을 감싸는 헐렁한 옷을 입음, 물을 쉽게 얻을 수 있는 오아시스나 하천 주변에 흙집을 짓고 농사를 지으며 살아감. • 초원 지대: 물과 풀이 있는 곳을 찾아 가축과 함께 이동하는 유목 생활을 하며 이동식 집에서 살아감.

낱말사전

★밀림(密 빽빽할 밀, 林 수풀 림) 큰 나무들이 빽빽하게 들어선 숲
★건기 기후가 건조한 시기
★우기 일 년 중 비가 많이 오는 시기
★초원 풀이 나 있는 들판
★병충해 농작물이 병과 해충으로 인하여 입은 피해
★사파리 야생 동물을 놓아기르는 자연공원에 자동차를 타고 다니며 차 안에서 구경하는 일
★사막 강수량이 적어서 식물이 자라기 힘들고 모래가 많은 지역
★오아시스 사막 가운데에 샘이 솟고 풀과 나무가 자라는 곳

사막 지대에서는 주변에서 쉽게 구할 수 있는 흙을 이용하여 흙집을 짓고 생활해요.

초원 지대에 사는 몽골의 유목민들은 이동이 편리한 게르라고 하는 이동식 집에서 생활해요.

→ 바른답·알찬풀이 8쪽

01 열대 기후 지역에서 주로 볼 수 있는 집을 골라 ○표 하시오.

(가)

(나)

(다)

(   )   (   )   (   )

02 열대 기후 지역에 사는 사람들의 전통적인 생활 모습으로 알맞은 것을 **보기**에서 골라 기호를 쓰시오.

> **보기**
> ㉠ 화전 농업을 통해 얌, 카사바 등의 농작물을 재배한다.
> ㉡ 사파리 관광, 전통 부족 생활 체험 등 생태 관광이 활발하다.
> ㉢ 바나나, 카카오, 커피 등의 열대 작물을 대규모로 재배하여 수출한다.

(   )

03 열대 기후 지역 중에는 일 년 내내 비가 많이 내려 (밀림, 초원)을 이루는 곳이 있고, 건기와 우기가 번갈아 나타나 (밀림, 초원)이 넓게 펼쳐진 곳도 있다.

확인해요

04 건조 기후 지역에서는 오아시스나 하천 주변에 (고상 가옥, 흙집)을 짓고 살기도 한다.

05 ㉠, ㉡에 들어갈 알맞은 말을 쓰시오.

> 건조 기후 지역 중에는 비가 적게 내려 (㉠)이/가 나타나는 곳이 있고, 약간의 비나 눈이 내려 (㉡)이/가 나타나는 곳도 있다.

㉠: (   )   ㉡: (   )

1 단원

공부한 날

월

일

공부한 내용은?

 자신있게 설명할 수 있어요.

 설명하기 조금 힘들어요.

 어려워서 설명할 수 없어요.

기후에 따라 달라지는 생활 모습을 살펴볼까요(2)

이것만은 꼭

기후에 따라 달라지는 생활 모습

↓

- 온대 기후 지역: 벼농사 발달, 올리브·포도 재배, 밀·보리 재배
- 냉대 기후 지역: 여름에 밀·감자·옥수수 재배, 침엽수림을 이용한 목재와 펄프 공업 발달
- 한대 기후 지역: 순록 유목, 활발한 자원 개발, 연구소나 기지 건설

그리스의 가옥

여름에 덥고 건조한 기후가 나타나는 지중해 주변의 그리스에서는 강한 햇볕 때문에 집 안이 더워지는 것을 막기 위해 집의 바깥벽을 하얗게 칠한다.

한대 기후 지역의 공통적인 생활 모습
- 의복: 동물의 가죽이나 털로 만든 옷을 입고 신발을 신는다.
- 주식: 신선한 채소가 부족해 고기는 날로 먹으며, 오래 먹기 위해 말려서 저장해 놓기도 한다.

낱말사전

★침엽수림 잎이 뾰족하고 재질이 부드러운 나무들로 이루어진 숲

★펄프 종이나 섬유를 만들기 위해 나무에서 뽑아낸 재료

★순록 사슴류 중에서 가축화된 유일한 종류

★송유관 석유 등을 다른 곳으로 보내기 위해 설치한 관

★기지 활동의 기점이 되는 근거지

개념1 온대 기후 지역의 생활 모습

❶ 일찍부터 다양한 농업이 발달하였다.

여름에 덥고 비가 많이 내리는 아시아에서는 주로 벼농사를 지어요.

여름에 덥고 건조한 지중해 주변 지역에서는 올리브나 포도를 많이 재배해요.

일 년 내내 비가 고르게 내리는 서부 유럽에서는 밀·보리 등을 재배하면서 가축을 길러요.

❷ 기후가 온화하여 사람들이 모여 살기에 유리하다.

❸ 인구가 많아 도시와 다양한 산업이 발달하였다.

개념2 냉대 기후 지역의 생활 모습

❶ 겨울이 춥고 길어 농사짓기가 어려워 여름에 밀·감자·옥수수 등을 재배한다.

❷ 침엽수림이 널리 분포하여 이를 이용한 목재와 펄프 공업이 발달하였다.

❸ 주변에서 쉽게 구할 수 있는 통나무로 집을 짓는다.

❹ 긴 겨울동안 눈이나 얼음을 이용해 축제를 열기도 한다.

▲ 침엽수림

▲ 통나무집

▲ 눈이나 얼음을 이용한 축제

개념3 한대 기후 지역의 생활 모습

❶ 짧은 여름 동안 얼음이 녹는 지역

> 한대 기후 지역에도 고상 가옥이 있어!

키 작은 풀이나 이끼류가 자라는 땅에서 순록을 기르는 유목 생활을 하기도 해요.

최근에는 석유와 천연가스 등의 자원 개발이 활발하게 이루어지고 있어요.

여름에 땅이 녹을 때 무너지는 것을 막기 위해 송유관이나 집의 기둥을 땅에 박아 바닥을 약간 띄워 지어요.

❷ 일 년 내내 눈과 얼음으로 덮여 있는 지역

- 지구의 자연환경을 연구하기 위해 여러 나라에서 연구소나 기지를 세운다.
- 우리나라는 남극 지방에 세종 과학 기지와 장보고 과학 기지, 북극 지방에 다산 과학 기지를 세웠다.

문제로 개념 탄탄

01 온대 기후 지역 중에서 여름에 덥고 비가 많이 내리는 곳에서 발달한 농업으로 알맞은 것을 **보기** 에서 골라 기호를 쓰시오.

> **보기**
>
> ㉠ 벼농사가 발달했다.
>
> ㉡ 올리브나 포도를 많이 재배한다.
>
> ㉢ 밀과 보리 등을 재배하면서 가축을 기른다.

(   )

02 다음 (   ) 안에 들어갈 알맞은 말은 어느 것입니까?   (   )

(   ) 기후가 나타나는 그리스에서는 강한 햇볕 때문에 집 안이 더워지는 것을 막기 위해 집의 바깥벽을 하얗게 칠한다.

① 여름에 덥고 건조한   ② 짧은 여름 동안 얼음이 녹는

③ 여름에 덥고 비가 많이 내리는   ④ 일 년 내내 비가 고르게 내리는

⑤ 건기와 우기가 번갈아 나타나는

확인해요

03 냉대 기후 지역에는 침엽수림이 널리 분포한다.   (○ , ×)

04 냉대 기후 지역에서 주로 볼 수 있는 집을 골라 ○표 하시오.

(가)   (나)   (다)

(   )   (   )   (   )

05 다음 (   ) 안에 들어갈 알맞은 말을 쓰시오.

> (   ) 기후 지역 중 일 년 내내 눈과 얼음으로 덮여 있는 곳에는 지구의 자연환경을 연구하기 위해 여러 나라에서 연구소나 기지를 세우고 있다.

(   )

공부한 내용은?

😊 자신있게 설명할 수 있어요.

😐 설명하기 조금 힘들어요.

😣 어려워서 설명할 수 없어요.

4 세계 여러 나라의 다양한 생활 모습을 살펴볼까요(1)

개념 터치 마인드맵

이것만은꼭

세계 여러 나라에서 다양한
생활 모습이 나타나는 까닭

↓

나라마다 자연환경과 인문환경이
서로 달라 의생활·식생활·주생활
이 다르게 나타남.

개념1 세계 여러 나라 사람들의 다양한 생활 모습

> 힌두교에서는 자르지 않고
> 꿰매지 않은 옷을 깨끗하다고
> 생각해.

❶ 인문환경의 영향을 받은 생활 모습

프랑스의 푸른곰팡이치즈

프랑스 사람들은
푸른곰팡이가 있는 치즈를
비롯하여 다양한 치즈를
생산하고 즐겨 먹어요.

가나의 켄테

가나의 켄테는 과거에
족장들이 입었던 전통 옷으로,
오늘날에는 사람들이
특별한 날에 입어요.

인도의 사리

힌두교를 믿는 인도 사람들은
자르지 않고 바느질하지 않은
길고 넓은 한 장의 천으로
몸을 휘감는 사리를 입어요.

❷ 자연환경의 영향을 받은 생활 모습

> 타이는 전국적으로 운하가 발달해서
> 옛날부터 수상 교통이 발달했기 때문에
> 수상 시장이 열리는 거야!

타이의 수상 시장

타이의 짜오프라야강 주변 지역에서는
사람들이 배를 타고 다니며
각종 음식과 물건 등을 사고팔아요.

뉴질랜드의 항이

뉴질랜드는 화산 지형이 많아
이곳의 원주민인 마오리족은 땅에서 나오는
열로 고기와 채소를 익혀 먹어요.

그린란드의 개 썰매

그린란드는 춥고 눈이 많이 내려
이곳의 사람들은 전통적으로
개 썰매를 교통수단으로 이용했어요.

페루의 갈대 집

페루의 티티카카호 주변에는 갈대로 만든
인공 섬이 많아 이곳의 사람들은
가벼운 재료인 갈대를 이용해 집을 지어요.

낱말사전

★**켄테** 어깨에서부터 늘어뜨려 입
는 가나의 전통 의상으로, 길고 폭
이 좁은 천들을 엮어 손으로 직접
짜서 만든 옷

★**사리** 인도의 전통 의상으로, 한
장의 천으로 된 옷

★**힌두교** 인도의 토착 신앙과 브라
만교가 융합한 종교

★**운하**(運 운전할 운, 河 강물 하) 배
의 운항이나 물 위에서 물건을 운
반할 때 편리하기 위해, 또는 농사
를 지을 때 필요한 물을 확보하기
위해 육지에 파 놓은 물길

★**마오리족** 뉴질랜드의 원주민

★**인공** 사람의 힘으로 자연을 가
공함.

★**조리법** 음식을 만드는 방법

개념2 세계 여러 나라에서 다양한 생활 모습이 나타나는 까닭

❶ 나라마다 지형·기후 등의 자연환경과 풍습·종교 등의 인문환경이 서로 다르다.

❷ 이에 따라 옷의 형태나 소재, 음식의 재료나 조리법, 집을 짓는 재료나 집의 모
양이 다르게 나타난다.

01 다음 (　　) 안에 들어갈 알맞은 나라를 쓰시오.

> (　　　) 사람들은 전통적으로 치즈를 즐겨 먹으며, 푸른곰팡이가 있는 치즈를 비롯하여 다양한 치즈를 생산한다.

(　　　　　　　　　　)

[02~03] 다음 글을 읽고, 물음에 답하시오.

> 힌두교를 믿는 인도 사람들은 자르지 않고 바느질하지 않은 옷을 깨끗하다고 생각하여 길고 넓은 한 장의 천으로 몸을 휘감는 옷인 (　　　)을/를 입는다.

02 위의 (　　) 안에 들어갈 알맞은 말을 쓰시오.

(　　　　　　　　　　)

03 02에서 쓴 옷을 골라 ○표 하시오.

(가)　　　　　　　　(나)　　　　　　　　(다)

(　　　　　)　　　(　　　　　)　　　(　　　　　)

04 사진과 같은 생활 모습을 주로 볼 수 있는 나라는 어느 곳입니까? (　　　)

① 가나
② 타이
③ 페루
④ 그린란드
⑤ 뉴질랜드

확인해요

05 나라마다 지형, 기후 등의 (　　　)환경과 풍습, 종교 등의 (　　　)환경이 서로 달라 사람들의 생활 모습이 다양하게 나타난다.

공부한 내용은?

 자신있게 설명할 수 있어요.

 설명하기 조금 힘들어요.

😞 어려워서 설명할 수 없어요.

5 세계 여러 나라의 다양한 생활 모습을 살펴볼까요(2)

개념 터치 마인드맵

이것만은 꼭

북극 지방의 생활 모습

↓

• 의생활: 동물의 가죽과 털로 만든 옷
• 식생활: 말려서 저장한 고기나 생선
• 주생활: 이글루

이누이트가 이글루를 만든 까닭
• 눈과 얼음을 주변에서 쉽게 구할 수 있다.
• 얼음 벽돌 사이는 얼어붙어 틈새가 전혀 없기 때문에 바람이 들어오지 않는다.
• 집의 모양이 둥글어 매서운 바람이 비껴가서 추위를 피할 수 있다.

낱말사전

★채집(採 캘 채, 集 모을 집) 널리 찾아서 얻거나 캐거나 잡아 모으는 일
★케밥 소고기, 양고기, 닭고기 등을 작게 잘라 꼬챙이에 끼워 불에 구워 먹는 요리
★지면(地 땅 지, 面 낯 면) 땅바닥

개념 1 한대 기후가 나타나는 북극 지방의 생활 모습 활동해요

❶ 북극 지방의 기후 특징: 고위도 지역에 위치하여 일 년 내내 매우 춥고, 대부분의 땅이 얼어 있다.

❷ 북극 지방의 생활 모습

캐나다 북부, 알래스카, 그린란드, 시베리아 등 북극 지방에 사는 원주민인 이누이트의 생활 모습이야.

의생활
동물의 가죽과 털로 만든 두꺼운 옷을 입고, 모자를 쓰고, 장갑을 끼고, 신발을 신어요.

식생활
농사짓기가 어려워 사냥하거나 ★채집하여 얻은 고기나 생선을 말려 저장해 놓아요.

주생활
주변에서 쉽게 구할 수 있는 눈과 얼음으로 만든 얼음집인 이글루예요.

개념 2 건조 기후 지역의 생활 모습 활동해요

의생활
온몸을 감싸는 헐렁한 옷을 입어 낮의 뜨거운 햇볕과 모래바람을 막고, 밤의 추위로부터 몸을 보호해요.

식생활
★케밥은 초원에서 양을 키우며 유목 생활을 하는 사람들이 만들어 먹기 쉬운 간편한 요리예요.

주생활
몽골의 게르는 접고 펼치기 쉬워 물과 풀이 있는 곳을 찾아 유목 생활을 하는 사람들에게 적합해요.

개념 3 열대 기후 지역의 생활 모습 활동해요

의생활
매우 덥고 습기가 많아 옷을 많이 입으면 금방 옷이 젖기 때문에 원주민들은 나뭇잎이나 풀잎으로 간단하게 옷을 만들어 입어요.

주생활
병충해나 짐승 등의 침입을 방지하고, ★지면의 열기나 습기를 피하고 바람이 잘 통하게 하기 위해 사람들은 고상 가옥을 짓고 생활해요.

문제로 개념 탄탄

01 북극 지방은 고위도 지역에 위치하여 일 년 내내 기온이 매우 낮아 춥고, 대부분의 땅이 얼어 있다. (○ , ×)

02 각 의생활이 주로 나타나는 지역을 바르게 연결하시오.

(가)

(나)

(다)

•

•

•

•

•

•

| ㉠ 북극 지방 | ㉡ 건조 기후 지역 | ㉢ 열대 기후 지역 |

03 식생활에 대한 설명으로 알맞은 것은 ○표, 알맞지 <u>않은</u> 것은 ×표 하시오.

(1) 건조 기후 지역의 초원에서 유목 생활을 하는 사람들은 만들기 쉽고 간편한 요리인 케밥을 먹는다. ( )

(2) 열대 기후 지역은 농사짓기가 어려워 이곳에 사는 사람들은 사냥하거나 채집하여 얻은 고기나 생선을 말려 저장해 놓는다. ( )

04 각 지역에 주로 나타나는 주생활로 알맞은 것을 **보기** 에서 골라 기호를 쓰시오.

보기
㉠ 눈과 얼음으로 만든 얼음집
㉡ 땅에서 바닥을 약간 띄운 집
㉢ 접고 펼치기 쉬운 이동식 집

북극 지방: ( ) 건조 기후 지역: ( ) 열대 기후 지역: ( )

공부한 내용은?

 자신있게 설명할 수 있어요.

 설명하기 조금 힘들어요.

 어려워서 설명할 수 없어요.

6 환경에 따라 달라지는 생활 모습을 조사해 볼까요

개념 터치 마인드맵

이것만은 꼭

환경에 따라 달라지는
생활 모습을 조사하는 방법

↓

주제 정하기 → 결과 예상하기 →
조사 계획 세우기 → 자료를 수집
하고 분석하기 → 결과 정리하기

0   2,000 km

대서양

▲ 말리의 위치

▲ 말리의 흙집

낱말사전

★유네스코 국제 연합 전문 기관의
하나로, 교육·과학·문화의 보급과
국제 교류 증진을 통한 국제 간의
이해와 세계 평화를 추구함.

★유산 앞 세대가 물려준 사물 또
는 문화

★등재(登 오를 등, 載 실을 재) 일정
한 사항을 책이나 문서 등에 올려
기록함.

★시가지 도시의 큰 길거리를 이루
는 지역

★사하라 사막 아프리카 북부의 대
부분 지역을 차지하며, 홍해 연안
에서 대서양 해안까지 이르는 세계
최대의 사막

개념1 환경에 따라 달라지는 생활 모습을 조사하는 방법

❶ 주제 정하기: 세계 여러 나라나 지역의 생활 모습 중 관심 있는 것 정하기

❷ 결과 예상하기: 주제로 정한 생활 모습이 나타나는 까닭 예상해 보기

❸ 조사 계획 세우기: 예상한 내용을 확인할 수 있도록 조사할 내용과 방법 정하기

❹ 자료를 수집하고 분석하기: 조사 계획에 따라 자료를 수집하고, 생활 모습에 영향
을 준 원인 찾아보기

❺ 결과 정리하기: 한 나라나 지역의 특색 있는 생활 모습에 영향을 준 원인을 정리
해 결론 내리기, 결과를 정리하여 보고서나 신문 등 다양한 자료 만들기

개념2 말리의 주생활 모습 조사하기

❶ 주제 정하기: 유네스코 세계 유산에 등재된 말리의 옛 시가지 사진을 보면서 우
리나라와 다르게 집을 흙으로 지은 까닭이 궁금해졌다.

❷ 결과 예상하기

• 주변에서 흙 이외에 다른 재료를 구하기 어려워 흙집을 만들었을 것이다.

• 집을 빨리 짓기 위해 흙집을 만들었을 것이다.

❸ 조사 계획 세우기

조사할 내용	조사 방법
말리의 위치, 지형, 기후	세계 지도, 지구본, 기후 분포도 이용
흙집의 구조나 특징	책이나 인터넷 이용
흙집에서 사는 사람들의 생활 모습	사진이나 동영상 공유 서비스 이용

❹ 자료를 수집하고 분석하기

• 말리는 아프리카 대륙의 서쪽에 위치한다.

• 말리의 북부에는 사하라 사막이 있고, 중남부 지역에는 나이저강이 흐른다.

• 말리는 건조 기후가 나타나고, 일교차가 크다.

• 흙과 여러 가지 재료를 섞어 흙집을 짓는다.

• 흙으로 만든 집은 한낮의 뜨거운 태양열과 밤의 추위를 잘 막아 준다.

❺ 결과 정리하기

• 말리는 영토의 대부분이 사하라 사막에 위치하여 흙을 구하기 쉽기 때문에
흙집을 짓게 되었고, 흙뿐만 아니라 톱밥이나 곡식의 껍질 등을 섞는다는 것
을 알게 되었다.

• 집을 빨리 짓기 위한 것이 아니라, 일교차가 큰 건조 기후 지역에서는 한낮의
뜨거운 태양열과 밤의 추위를 막아 주는 흙집이 알맞다는 것을 알게 되었다.

1
단원

공부한 날

월

일

[01~03] 보기 를 보고, 물음에 답하시오.

> **보기**
> ㉠ 주제 정하기   ㉡ 결과 예상하기
> ㉢ 결과 정리하기   ㉣ 조사 계획 세우기
> ㉤ 자료를 수집하고 분석하기

01 환경에 따라 달라지는 생활 모습을 조사할 때 가장 먼저 할 일을 보기 에서 골라 기호를 쓰시오.

(   )

02 다음 대화 장면과 관련 있는 단계를 보기 에서 골라 기호를 쓰시오.

말리에 흙집이 나타나는 까닭은 흙 이외에 다른 재료를 구하기 어려운 것은 아닐까?

집을 빨리 지으려고 흙을 이용한 것은 아닐까?

(   )

03 보고서나 신문 등 다양한 자료를 만드는 단계를 보기 에서 골라 기호를 쓰시오.

(   )

04 조사 계획 세우기 단계에서는 조사할 내용과 방법을 정하고, 모둠 내 해야 할 역할을 분담한다.

(◯ , ✕)

05 세계 여러 나라 지역의 위치와 지형을 조사하는 방법으로 알맞은 것을 보기 에서 골라 기호를 쓰시오.

> **보기**
> ㉠ 기후 분포도를 이용한다.
> ㉡ 세계 지도나 지구본에서 찾아본다.
> ㉢ 사진이나 동영상 공유 서비스 등을 검색한다.

(   )

공부한 내용은?

 자신있게 설명할 수 있어요.

 설명하기 조금 힘들어요.

 어려워서 설명할 수 없어요.

세계 여러 나라의 생활 모습을 이해하고 존중하는 태도를 알아볼까요

개념 터치
마인드맵

서로 다른 문화를 대할 때
갖추어야 할 태도

↓

세계 여러 나라의 다양한 생활 모습에는 자연환경과 인문환경에 적응한 그 나라 사람들의 지혜와 고유한 가치가 담겨 있음.

■

서로 다른 생활 모습을 이해하고 존중하려는 마음가짐이 필요함.

개념 ① 세계 여러 나라의 다양한 생활 모습 이해하기 활동해요

❶ 유럽의 에스파냐와 그리스에서는 사람들이 점심을 먹고 한두 시간 동안 낮잠을 자거나 가게 문을 닫고 쉰다.

처음 떠오른 생각	낮잠 자는 시간이 있다니 신기하다.
까닭	이 지역은 여름에 한낮의 기온이 매우 높아 사람들이 활동하기 어렵기 때문에 점심을 먹고 잠시 휴식한다.
까닭을 알고 난 뒤의 생각	한낮에 잠시 쉬면 더 열심히 일할 수 있을 것 같다.

❷ 아프리카의 케냐에서는 장례를 치를 때 음악을 틀고 춤을 추기도 한다.

처음 떠오른 생각	돌아가신 분을 생각하며 슬퍼하지 않고 춤을 춘다니 예의가 없는 것 같다.
까닭	아프리카에 사는 여러 부족은 죽음을 새로운 출발이나 여행이라고 생각한다.
까닭을 알고 난 뒤의 생각	죽음이 새로운 출발이나 여행이라고 생각하면 기쁜 마음으로 추모할 수 있을 것 같다.

❸ 이슬람교를 믿는 지역에서는 라마단 기간에 해가 떠 있는 동안 음식을 먹지 않으며, 물도 마시지 않는다.

처음 떠오른 생각	라마단 기간 동안 사람들은 배가 고프고 목이 말라 무척 힘들 것 같다.
까닭	이슬람교도들은 가난한 사람들의 고통을 함께 느끼고, 스스로 인내심을 키우기 위해 금식한다.
까닭을 알고 난 뒤의 생각	스스로 음식을 먹지 않는다는 점이 참 대단하다고 생각된다.

낱말사전

★장례 죽은 사람을 땅에 묻거나 화장하는 일의 예식

★추모 죽은 사람을 사랑하는 마음으로 간절히 생각함.

★라마단 이슬람 달력으로 아홉 번째 달, 이 기간 동안 사람들은 해가 떠 있을 때 음식을 먹지 않고 물도 마시지 않음.

★금식(禁 금할 금, 食 먹을 식) 치료나 종교 또는 그 밖의 까닭으로 일정 기간 동안 음식을 먹지 못하거나 먹지 않는 것

개념 ② 서로 다른 문화를 대할 때 갖추어야 할 태도

❶ 세계 여러 나라의 다양한 생활 모습에는 자연환경과 인문환경에 적응한 그 나라 사람들의 지혜와 고유한 가치가 담겨 있다.

❷ 서로 다른 생활 모습을 이해하고 존중하려는 마음가짐이 필요하다.

[01~02] 다음 글을 읽고, 물음에 답하시오.

> ( )에서는 사람들이 점심을 먹고 한두 시간 동안 낮잠을 자거나 가게 문을 닫고 쉰다.

01 위의 ( ) 안에 들어갈 알맞은 말을 **보기**에서 골라 기호를 쓰시오.

> **보기**
> ㉠ 아프리카의 케냐
> ㉡ 이슬람교를 믿는 지역
> ㉢ 유럽의 에스파냐와 그리스

( )

02 윗글의 생활 모습이 나타나는 까닭은 여름에 한낮의 기온이 매우 낮아 사람들이 활동하기 어렵기 때문이다. (○ , ×)

03 아프리카에 사는 여러 부족은 죽음을 새로운 출발이나 여행이라고 생각하기 때문에 장례를 치를 때 음악을 틀고 춤을 추기도 한다. (○ , ×)

04 다음 ( ) 안에 들어갈 알맞은 말을 쓰시오.

> 이슬람교도들은 가난한 사람들의 고통을 함께 느끼고, 스스로 인내심을 키우기 위해 ( ) 기간에 해가 떠 있는 동안 음식을 먹지 않으며, 물도 마시지 않는다.

( )

공부한 내용은?

 자신있게 설명할 수 있어요.

 설명하기 조금 힘들어요.

 어려워서 설명할 수 없어요.

05 세계 여러 나라 사람들의 생활 모습에는 그 나라 사람들의 지혜와 고유한 가치가 담겨 있으므로 이를 이해하고 존중해야 한다. (○ , ×)

그림으로 보는 용어

꼭 알아야 할 용어들을 모아모아 그림과 함께 공부해 보세요.

기후

한 지역에서 오랫동안 나타나는 평균적인 날씨로, 세계에는 다양한 기후가 나타납니다.

연교차

가장 더운 달의 평균 기온과 가장 추운 달의 평균 기온의 차이입니다.

일교차

하루 동안 가장 높은 기온과 가장 낮은 기온의 차이입니다.

기후에 따른 생활 모습

화전 농업

숲을 태우고 남은 재를 이용해 농작물을 기르는 열대 기후 지역의 전통적 농업 방식으로, 카사바나 얌 등을 재배합니다.

유목

물과 풀이 있는 곳을 찾아 가축과 함께 이동하는 생활 모습으로, 건조 및 한대 기후 지역에서 볼 수 있습니다.

벼농사

논에서 쌀을 재배하는 것으로, 여름에 덥고 비가 많이 내리는 아시아의 온대 기후 지역에 발달한 농업입니다.

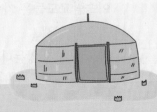

세계의 다양한 생활 모습

사리

힌두교를 믿는 인도 사람들의 전통 의상으로, 길고 넓은 한 장의 천으로 몸을 휘감아 입습니다.

이글루

얼음으로 만든 집으로, 눈과 얼음을 쉽게 구할 수 있는 한대 기후 지역에서 볼 수 있습니다.

게르

몽골의 이동식 집으로, 접고 펼치기 쉬워 유목 생활을 하는 사람들에게 적합합니다.

 **QUIZ** 퀴즈

● 질문을 읽고 자음을 보면서 관련 있는 용어를 써 보세요.

세계의 기후는 열대 기후,
건조 기후, 온대 기후, 냉대 기후,
한대 기후로 구분할 수 있어!

❶ 한 지역에서 오랫동안 나타나는
평균적인 날씨는?

❷ 물과 풀이 있는 곳을 찾아 가축
과 함께 이동하는 생활 모습은?

ㅇ ㅁ

❸ 힌두교를 믿는 인도 사람들의 전
통 의상은?

ㅅ ㄹ

침엽수림

잎이 뾰족하고 재질이 부드러운
나무들로 이루어진 숲으로,
냉대 기후 지역에
널리 분포합니다.

❹ 눈과 얼음을 쉽게 구할 수 있는
한대 기후 지역에서 볼 수 있는
집은?

ㅇ ㄱ ㄹ

열대 기후　　한대 기후

❺ 몽골의 이동식 집으로, 접고 펼
치기 쉬워 유목 생활을 하는 사
람들에게 적합한 집은?

ㄱ ㄹ

고상 가옥

땅에서 바닥을 약간 띄워 지은 집으로,
열대 기후 지역과
한대 기후 지역에서
볼 수 있습니다.

답안 길잡이　　❶ 기후　❷ 유목　❸ 사리　❹ 이글루　❺ 게르

교과서 쏙쏙

뚝딱뚝딱 정리하기

1 빈칸을 채우면서 공부한 내용을 정리해 보자.

세계의 기후

- **열대 기후**
  - ❶ _____ 을/를 중심으로 저위도 지역에 널리 나타남.
  - 일 년 내내 기온이 높고, 연 강수량이 많음.
- **건조 기후**
  - 주로 위도 20°~30° 일대와 바다에서 멀리 떨어진 지역에서 나타남.
  - 일 년 내내 내리는 비의 양이 매우 적음.
- **온대 기후**
  - 중위도 지역에 주로 나타남.
  - 사계절이 나타남.
- **❷ _____**
  - 북반구의 중위도와 고위도 지역에 나타남.
  - 온대 기후보다 겨울이 춥고 길며, 기온의 연교차가 큰 편임.
- **한대 기후**
  - 고위도 지역에 주로 나타남.
  - 일 년 내내 평균 기온이 매우 낮아 대부분의 땅이 얼어 있음.

기후에 따른 사람들의 생활 모습

- **열대 기후**
  - 전통적으로 ❸ _____ 을/를 통해 얌, 카사바 등을 재배함.
  - 바나나, 카카오, 커피 등을 대규모로 재배하여 수출함.
  - 병충해 및 열기와 습기를 피하기 위해 ❹ _____ 가옥을 지음.
- **건조 기후**
  - 사막 지대에서는 오아시스나 하천 주변에 ❺ _____ 집을 짓고 삶.
  - 초원 지대에서는 물과 풀이 있는 곳을 찾아 가축과 함께 이동하는 ❻ _____ 생활을 하며, 이동식 집에서 생활함.
- **온대 기후**
  - 일찍부터 다양한 농업이 발달함.
  - 인구가 많아 도시와 다양한 산업이 발달함.
- **냉대 기후**
  - 여름에는 밀, 감자, 옥수수 등을 재배함.
  - 침엽수림을 이용한 목재와 펄프 공업이 발달함.
- **한대 기후**
  - 짧은 여름 동안 얼음이 녹는 지역에서는 순록을 유목함.
  - 일 년 내내 눈과 얼음으로 덮여 있는 지역에는 지구의 자연환경을 연구하기 위해 여러 나라에서 연구소나 기지를 세우고 있음.

세계 여러 나라의 다양한 생활 모습

지형, ❼ _____ 등의 자연환경과 풍습, 종교 등의 인문환경에 따라 사람들의 생활 모습이 다양하게 나타남. → 서로 다른 생활 모습을 이해하고 ❽ _____ 해야 함.

2 다음 가로 열쇠와 세로 열쇠를 이용해 십자말풀이를 완성해 보자.

● 가로 열쇠

❶ □□ □□ 지역에서는 화전 농업을 통해
얌, 카사바 등을 재배한다. **G** 39쪽

❸ 한대 기후는 □□□ 지역에 주로 나타나며,
일 년 내내 평균 기온이 매우 낮아 대부분의
땅이 얼어 있다. **G** 35쪽

❺ □□, 강수량, 바람 등에 따라 세계에는
지역별로 다양한 기후가 나타난다. **G** 34쪽

❻ 냉대 기후 지역에는 잎이 뾰족하고 재질이
부드러운 □□□□이/가 널리 분포해 있다.
G 42쪽

❽ □□□이/가 나타나는 온대 기후 지역에
서는 일찍부터 다양한 농업이 발달하였다.
G 35쪽, 41쪽

● 세로 열쇠

❷ 한 지역에서 오랫동안 나타나는 평균적인
날씨를 □□(이)라고 한다. **G** 34쪽

❹ □□□□은/는 매우 높은 산지 지역에서
나타나는 기후이다. **G** 35쪽

❼ 건조 기후 지역은 □□□보다 증발량이
많은 편이다. **G** 35쪽

❾ 힌두교를 믿는 인도 사람들은 자르지 않고
바느질하지 않은 옷을 깨끗하다고 생각하여
길고 넓은 한 장의 천으로 몸을 휘감는
□□(이)라는 옷을 입는다. **G** 44쪽

건조 기후 지역 중에는
사막이 나타나는 곳도 있고,
초원이 나타나는 곳도 있어!

답안 길잡이

[세로 열쇠] ❷ 기후 ❹ 고산 기후 ❼ 강수량 ❾ 사리

[가로 열쇠] ❶ 열대 기후 ❸ 극지방 ❺ 기온 ❻ 침엽수림 ❽ 사계절

01 다음 ( ) 안에 공통으로 들어갈 알맞은 말을 쓰시오.

> ( )은/는 한 지역에서 오랫동안 나타나는 평균적인 날씨를 말한다. 기온, 강수량, 바람 등에 따라 세계에는 지역별로 다양한 ( )이/가 나타난다. 또한 각 지역의 위치나 지형 환경에 따라 ( )이/가 다르게 나타나기도 한다.

( )

중요
02 ㉠, ㉡에 들어갈 알맞은 말을 골라 ○표 하시오.

> • 태양에서 가까운 적도 부근의 ㉠ (고, 저) 위도 지역은 태양이 수직으로 비추어 열이 좁은 지역에 집중된다.
> • 태양에서 먼 극지방의 ㉡ (고, 저)위도 지역은 태양이 비스듬하게 비추어 열이 넓은 지역으로 분산된다.

03 위도에 따라 주로 나타나는 기후로 알맞은 것은 어느 것입니까? ( )

	저위도	중위도	고위도
①	건조 기후	냉대 기후	열대 기후
②	건조 기후	냉대 기후	온대 기후
③	냉대 기후	한대 기후	온대 기후
④	열대 기후	온대 기후	한대 기후
⑤	열대 기후	한대 기후	건조 기후

서술형
04 그림에 나타난 열대 기후 지역의 전통 농업 방식과 그 특징을 쓰시오.

핵심 단어 숲, 재, 카사바, 얌

....
....

[05~06] 그림을 보고, 물음에 답하시오.

(가)

(나)

05 (가), (나)를 주로 볼 수 있는 기후 지역을 쓰시오.

( ) 기후 지역

06 (가), (나)의 주생활 모습이 주로 나타나는 지역에 대한 알맞은 설명을 모두 고르시오. ( )

① (가)는 이동식 집인 게르이다.
② (가) 지역은 약간의 비나 눈이 내려 사막이 나타난다.
③ (나)는 오아시스 주변의 흙집이다.
④ (나)에 사는 사람들은 주로 유목 생활을 한다.
⑤ (나) 지역은 비가 적게 내려 초원이 나타난다.

07 여름에 덥고 건조한 온대 기후 지역에서 발달한 농업으로 알맞은 것을 **보기** 에서 골라 기호를 쓰시오.

> **보기**
> ㉠ 벼농사를 많이 짓는다.
> ㉡ 올리브나 포도를 많이 재배한다.
> ㉢ 밀과 보리 등을 재배하면서 가축을 기른다.

( )

중요
08 냉대 기후 지역의 생활 모습에 대한 설명으로 알맞지 <u>않은</u> 것은 어느 것입니까? ( )

① 여름에 밀, 감자, 옥수수 등을 재배한다.
② 겨울이 춥고 길기 때문에 농사짓기가 어렵다.
③ 침엽수림을 이용한 목재와 펄프 공업이 발달했다.
④ 주변에서 쉽게 구할 수 있는 통나무로 집을 짓는다.
⑤ 지구의 자연환경을 연구하기 위해 연구소나 기지를 세우고 있다.

서술형
09 사진과 같은 모습이 나타나는 기후 지역의 특징과 생활 모습을 쓰시오.

> **핵심 단어**   짧은 여름, 순록, 유목

....

....

[10~12] 사진을 보고, 물음에 답하시오.

(가)   (나)

(다)   (라)

중요
10 (가)~(다)에 대한 알맞은 설명을 **보기** 에서 골라 기호를 쓰시오.

> **보기**
> ㉠ (가)는 힌두교를 믿는 인도 사람들이 입는 옷이다.
> ㉡ (나)는 가나의 전통 옷으로, 오늘날에는 사람들이 특별한 날에 입는다.
> ㉢ (다)는 춥고 눈이 많이 내리는 곳에서 전통적으로 이용하는 교통수단이다.

( )

11 (가) 사진에 나타난 옷의 이름을 쓰시오.

( )

12 다음 ( ) 안에 들어갈 알맞은 말을 쓰시오.

> (라)는 뉴질랜드에서 볼 수 있는 ( )(으)로, 이 지역에 사는 마오리족은 화산 지형이 많은 자연환경을 이용하여 땅에서 나오는 열로 고기와 채소를 익혀 먹는다.

( )

중요
13 북극 지방에 대한 설명으로 알맞지 <u>않은</u> 것은 어느 것입니까? ( )

① 일 년 내내 매우 춥다.

② 한대 기후가 나타난다.

③ 대부분의 땅이 얼어 있다.

④ 주로 저위도 지역에 위치한다.

⑤ 캐나다 북부, 알래스카, 그린란드, 시베리아 등이 속한다.

14 북극 지방의 생활 모습으로 알맞은 것을 **보기** 에서 모두 골라 기호를 쓰시오.

보기

㉠ 양고기 케밥을 만들어 먹는다.

㉡ 눈과 얼음으로 만든 이글루에 산다.

㉢ 동물의 가죽과 털로 만든 옷을 입는다.

( )

서술형
15 몽골 사람들이 사진과 같은 집에서 생활하는 까닭을 쓰시오.

핵심 단어   게르, 유목

....

....

16 환경에 따라 달라지는 생활 모습을 조사하는 방법을 순서대로 쓰시오.

㉠ 주제 정하기

㉡ 결과 예상하기

㉢ 결과 정리하기

㉣ 조사 계획 세우기

㉤ 자료를 수집하고 분석하기

(→ → → →)

[17~18] 다음 글을 읽고, 물음에 답하시오.

⑺ 장례를 치를 때 음악을 틀고 춤을 추기도 한다.

⑻ 사람들이 점심을 먹고 한두 시간 동안 낮잠을 자거나 가게 문을 닫고 쉰다.

⑼ 라마단 기간에 해가 떠 있는 동안 음식을 먹지 않으며 물도 마시지 않는다.

중요
17 (가)~(다) 생활 모습에 대한 설명으로 알맞은 것을 모두 고르시오. ( )

① ⑺의 생활 모습이 나타나는 나라의 사람들은 대부분 힌두교를 믿는다.

② ⑻는 아프리카의 케냐에서 볼 수 있는 생활 모습이다.

③ ⑼는 유럽의 영국과 프랑스에서 주로 나타나는 생활 모습이다.

④ ⑺~⑼는 그 나라의 자연환경과 인문환경에 적응한 생활 모습이다.

⑤ ⑺~⑼와 같이 서로 다른 문화를 대할 때 이를 이해하고 존중하려는 마음가짐이 필요하다.

18 (다) 생활 모습이 나타나는 곳의 사람들이 믿는 종교를 쓰시오.

( )

→ 바른답·알찬풀이 13쪽

특별한 서술/논술

● 자료를 보고, 물음에 답하시오.

(가)　　　　　　　　　(나)

(개), (내) 모두 땅에서 집의 바닥을 띄워 지은 (　　　　　)이다. 그러나 나타나는 지역의 특성이 달라 집을 짓는 재료나 집의 모양이 다르게 나타난다.

01 위의 (　　) 안에 들어갈 알맞은 말을 쓰시오.

(　　　　　　　　　　　)

힌트!
(가), (나) 집의 형태에서 공통적인 부분을 찾아보자.

02 ㉠, ㉡에 들어갈 알맞은 말을 쓰시오.

- (개)는 일 년 내내 평균 기온이 높고, 연 강수량이 많은 (　㉠　) 기후 지역에서 볼 수 있는 집이다.
- (내)는 일 년 내내 평균 기온이 매우 낮아 대부분의 땅이 얼어 있고, 나무가 자라기 어려운 (　㉡　) 기후 지역에서 볼 수 있는 집이다.

㉠: (　　　　　　) ㉡: (　　　　　　)

힌트!
저위도에서 고위도로 갈수록 기후가 다르게 나타난다는 것을 알면 (가), (나)의 집이 어떤 기후에서 나타나는지 알 수 있어!

03 (가), (나)와 같은 집을 지은 까닭을 쓰시오.

(가): _____

_____

(나): _____

_____

힌트!
집이 나타나는 지역의 자연환경이 어떠한지 살펴보면 각각의 집의 모양이 나타나는 까닭을 알 수 있어!

핵심 단어
병충해, 여름

3 우리나라와 가까운 나라들

이 단원을 공부하면?

- 우리나라와 이웃한 나라들의 자연환경과 인문환경을 알고, 서로 교류하는 모습을 조사할 수 있습니다.
- 우리나라와 관계 깊은 나라들의 지리적 특성을 조사하고, 상호 의존 관계를 탐구할 수 있습니다.

 생각이 활짝

지수는 마을 도서관의 휴게실에서 친구들과 이야기를 나누고 있습니다.

우리나라는 지리적으로 가까운 이웃 나라뿐만 아니라 멀리 떨어진 세계 여러 나라와도 밀접한 관계를 맺으며 교류하고 있어.

우리나라에서 만든 물건도 많은데……
왜 다른 나라에서 물건을 사 오는 걸까?

✏️ 친구들이 궁금해하는 것에 답해 볼까요?

예 우리나라의 기술과 자본, 노동력 등을 이용하여 다른 나라에 물건이나 서비스를 팔고, 우리나라에 부족하거나 없는 물건이나 서비스를 사 올 수 있기 때문이다.

이웃 나라의 자연환경과 인문환경을 알아볼까요(1)

개념 터치
마인드맵

이것만은 꼭

우리나라와 이웃한 나라의 위치

↓

• 우리나라의 서쪽: 중국
• 우리나라의 동쪽: 일본
• 우리나라의 북쪽: 러시아

↓

중국의 자연환경과 인문환경

↓

• 영토가 넓어 다양한 기후와 지형이 나타남.
• 세계에서 인구가 가장 많은 나라
• 풍부한 노동력을 바탕으로 하여 여러 산업이 발달함.

개념 1 우리나라와 이웃한 나라의 위치

이웃 나라는 어디에 있을까?

• 우리나라의 서쪽에는 중국, 동쪽에는 일본, 북쪽에는 러시아가 위치해 있어요.
• 우리나라와 중국, 일본, 러시아는 이웃 나라이지만 자연환경과 인문환경이 많이 달라요.

> 지구본, 세계 지도, 사진, 영상 자료 등을 활용하여 이웃 나라의 자연환경과 인문환경을 알아보자!

개념 2 중국의 자연환경과 인문환경

자연환경	• 영토 크기: 한반도 전체 크기의 약 44배 • 기후: 영토가 넓어 남북에 따른 위도의 차이가 크기 때문에 지역에 따라 다양한 기후가 나타남. • 지형: 사막·고원·평야 등 다양한 지형이 나타남, 동쪽보다 서쪽의 지형이 더 높음.
인문환경	• 인구: 세계에서 인구가 가장 많은 나라 • 산업: 풍부한 노동력을 바탕으로 하여 여러 산업이 발달함. • 도시: 동부 지역 바닷가에 주요 항구와 대도시가 자리 잡고 있음.

> 북쪽에는 사막, 서쪽에는 고원과 산지, 동쪽 해안가에는 평야가 발달해 있고, 황허강과 창장강(양쯔강) 등의 긴 강이 있어.

베이징

중국의 수도예요.

낱말사전

★이웃 나란히 또는 가까이 있어서 경계가 서로 붙어 있음.

★고원(高 높을 고, 原 근원 원) 보통 해발 고도 600m 이상에 있는 넓은 벌판

시짱(티베트)고원

세계에서 가장 높은 고원으로, 세계의 지붕이라고 불려요.

고비 사막

중국과 몽골에 걸쳐 있으며, 동부 아시아에서 가장 커요.

상하이

동부 해안 지역에 위치한 대표적인 경제 중심지예요.

확인해요

01 우리나라의 서쪽에는 (중국, 일본), 동쪽에는 (중국, 일본), 북쪽에는 러시아가 있다.

02 중국의 자연환경에 대한 알맞은 설명을 **보기**에서 모두 골라 기호를 쓰시오.

> **보기**
> ㉠ 서쪽보다 동쪽의 지형이 더 높다.
> ㉡ 사막, 고원, 평야 등 다양한 지형이 나타난다.
> ㉢ 중국의 영토 크기는 한반도 전체 크기의 약 44배이다.
> ㉣ 영토가 넓어 동서에 따른 경도의 차이가 크기 때문에 지역에 따라 다양한 기후가 나타난다.

(   )

03 중국은 세계에서 (   )이/가 가장 많은 나라로, 풍부한 노동력을 바탕으로 하여 여러 산업이 발달하였다.

04 (   ) 고원은 세계에서 가장 높은 고원으로, 세계의 지붕이라고 불린다.

05 다음 (   ) 안에 들어갈 알맞은 말을 쓰시오.

(   )은/는 중국의 동부 해안 지역에 위치한 도시로, 대표적인 경제 중심지이다.

(   )

공부한 내용은?

 자신있게 설명할 수 있어요.

 설명하기 조금 힘들어요.

 어려워서 설명할 수 없어요.

1 단원

공부한 날

월

일

이웃 나라의 자연환경과 인문환경을 알아볼까요(2)

개념 터치
마인드맵

개념1 일본의 자연환경과 인문환경

화산 활동의 영향으로 온천이 발달했어.

자연환경	• 영토 크기: 한반도 전체 크기의 약 1.7배 • 기후: 영토가 남북으로 길어 남쪽과 북쪽의 기후 차이가 나타남, 섬나라이기 때문에 습하고 비와 눈이 많이 내림. • 지형: 네 개의 큰 섬과 수많은 작은 섬들로 이루어짐, 영토 대부분이 산지이며, 화산 활동이 활발하고 지진이 자주 발생함.
인문환경	• 산업: 원료를 수입 및 가공하여 물건을 만드는 제조업이 발달함. • 도시: 태평양 연안을 따라 주요 도시와 공업 지역이 발달함.

삿포로

눈이 많이 내려 눈을 이용한 관광 산업이 발달했어요.

후지산

일본에서 가장 높은 산이며, 화산 활동으로 만들어졌어요.

도쿄

일본의 수도예요.

개념2 러시아의 자연환경과 인문환경

자연환경	• 영토 크기: 세계에서 영토가 가장 넓음, 한반도 전체 크기의 약 78배 • 기후: 위도가 높아 냉대 기후가 넓게 나타남. • 지형: 동부는 고원과 산악 지대, 서부는 평원이 펼쳐져 있음.
인문환경	• 인구: 대부분의 인구가 서부 지역에 집중함. • 산업: 풍부한 천연자원을 바탕으로 하여 산업이 발달함.

모스크바

러시아의 수도예요.

러시아의 영토는 아시아와 유럽 대륙에 걸쳐 있어.

시베리아 지역

석탄, 석유, 천연가스 등의 천연자원이 풍부해요.

우랄산맥

유럽과 아시아의 지리적 경계를 이루어요.

오미야콘

사람이 사는 곳 중에서 가장 추운 곳이에요.

문제로
개념 탄탄

➜ 바른답·알찬풀이 14쪽

개념 터치
추가문제

1
단원

공부한 날

월

일

01 일본에 대한 알맞은 설명을 보기 에서 골라 기호를 쓰시오.

보기
ㄱ 영토가 동서로 길다.
ㄴ 화산 활동이 활발하고 지진이 자주 발생한다.
ㄷ 세 개의 큰 섬과 수많은 작은 섬들로 이루어져 있다.

(   )

02 다음 (   ) 안에 들어갈 알맞은 말을 쓰시오.

일본은 원료 수입과 제품 수출에 유리한 (   ) 연안을 따라 주요 도시와 공업 지역이 발달하였다.

(   )

03 세계에서 영토가 가장 넓은 나라는 (   )이다.

04 러시아에 대한 설명으로 알맞은 것은 ○표 , 알맞지 않은 것은 ×표 하시오.

(1) 위도가 높아 냉대 기후가 넓게 나타난다. (   )
(2) 대부분의 인구가 동부 지역에 집중해 있다. (   )
(3) 풍부한 천연자원을 바탕으로 하여 산업이 발달하였다. (   )

05 러시아의 (   )은/는 사람이 사는 곳 중에서 가장 추운 곳이다.

공부한 내용은?

😊 자신있게 설명할 수 있어요.

😐 설명하기 조금 힘들어요.

😞 어려워서 설명할 수 없어요.

3 우리나라와 이웃 나라의 생활 모습을 비교해 볼까요(1)

개념 터치
마인드맵

이것만은 꼭

우리나라·중국·일본의 생활 모습

↓

· 문자: 한자를 공통으로 사용하지만 나라마다 한자의 모양이 다름.
· 젓가락: 나라마다 재료나 모양이 다름.
· 전통 옷: 나라마다 고유한 특성과 생활 양식에 따라 다름.
· 난방 시설: 나라마다 전통 집 구조의 차이가 있음.

개념 1 우리나라와 이웃 나라의 생활 모습이 비슷하거나 다른 까닭

❶ 비슷한 까닭: 지리적으로 가깝고 기후가 비슷하여 오래전부터 활발하게 교류하며 밀접한 관계를 유지해 왔기 때문에 비슷한 점이 많다.

❷ 다른 까닭: 나라마다 자연환경·역사적 배경·사람들의 생각 등이 다르기 때문에 비슷한 문화 속에서 다른 생활 모습이 나타나기도 한다.

개념 2 우리나라·중국·일본의 생활 모습

문자

우리나라

고유의 글자인 한글을 쓰며, 한자를 함께 사용해요.

한자를 공통으로 사용해.

중국

한자를 간단하게 변형하여 사용해요.

일본

한자의 일부를 변형하여 한자와 함께 사용해요.

젓가락

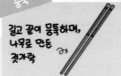

우리나라

중국과 일본에 비해 납작하며, 금속으로 만든 젓가락

절인 음식을 먹을 때 젓가락에 국물이 스며들지 않아요.

찰기가 많은 쌀밥을 먹기 위해 사용해.

중국

길고 끝이 뭉툭하며, 나무로 만든 젓가락

음식을 한가운데 두고 먹기 편하며, 뜨겁고 기름진 음식을 집을 때 미끄러지지 않아요.

일본

끝이 뾰족하며, 나무로 만든 젓가락

생선 요리가 많아서 가시를 발라서 먹을 때 편리해요.

전통 옷

우리나라-한복

윗옷은 저고리, 아래옷은 치마나 바지를 입어요.

중국-치파오

몸에 꼭 맞는 원피스 형태로 여자들이 입어요.

일본-기모노

길이는 발목까지 내려오며, 소매는 길고 넓어요.

난방 시설

우리나라-온돌방

방바닥에 온돌을 깔아 방을 데웠어요.

중국-침대방

침대 밑에 난방 시설을 하여 침대를 데웠어요.

일본-다다미방

방바닥에 다다미를 깔고 화로를 놓았어요.

탐구해요

우리나라와 비슷하면서 서로 다른 중국, 일본 문화의 특징에는 또 어떤 것이 있는지 조사해 보자.

예시 답안

· 비슷한 점: 새해에 어른들께 세배를 드리고 세뱃돈을 받음.
· 다른 점: 우리나라는 직접 돈을 건네받거나 흰 봉투에 담긴 세뱃돈을 받음, 중국은 빨간 봉투에 담긴 세뱃돈을 받음, 일본은 작은 봉투에 담긴 세뱃돈을 받음.

낱말사전

★교류 문화나 사상 등이 서로 통함.
★변형(變 변할 변, 形 형상 형) 모양이나 형태가 달라짐.
★다다미 짚을 넣어 두껍게 만든 돗자리
★화로 불씨를 보존하거나 난방을 위해 숯불을 담아 놓는 그릇

→ 바른답·알찬풀이 14쪽

문제로 개념 탄탄

 확인해요

01 중국과 일본은 언어, 의식주, 풍습 등에서 우리나라와 비슷한 점이 거의 없다.

(○ , ×)

02 그림의 문자가 나타나는 국가를 바르게 연결하시오.

(가)   (나)   (다)

•   •   •

•   •   •

┌─────────────┐   ┌─────────────┐   ┌─────────────┐
│ ㉠ 일본   │   │ ㉡ 중국   │   │ ㉢ 우리나라 │
└─────────────┘   └─────────────┘   └─────────────┘

03 다음 (   ) 안에 공통으로 들어갈 알맞은 말을 쓰시오.

> 우리나라와 중국, 일본은 식사를 할 때 찰기가 많은 쌀밥을 먹기 위해
> (   )을/를 사용하였으며, 나라마다 (   )의 재료나 모양이 다르다.

(   )

04 ㉠, ㉡에 들어갈 알맞은 말을 쓰시오.

 우리나라의 전통 옷인 (㉠)은/는 윗옷으로
는 (㉡), 아래옷으로는 치마나 바지를 입
는다.

㉠: (   ) ㉡: (   )

공부한 내용은?

😊 자신있게 설명할 수 있어요.

😐 설명하기 조금 힘들어요.

😞 어려워서 설명할 수 없어요.

05 중국은 침대 밑에 난방 시설을 하여 침대를 데웠다.   (○ , ×)

우리나라와 이웃 나라의 생활 모습을 비교해 볼까요(2)

개념 터치
마인드맵

러시아의 생활 모습

↓

대·소문자가 있음, 코스 요리 문화,
사라판, 이즈바

↓

우리나라와 이웃 나라의 새해맞이

↓

우리나라의 설날, 중국의 춘절, 일
본의 오쇼가츠, 러시아의 노비 고트

❓ 이웃 나라에도 우리나라의 추석
과 같은 의미를 지닌 날이 있는지 찾
아보자.

예시 답안

• 중국: 음력 8월 15일 '중추절'에 전
통 과자인 월병을 먹으며, 달에 제
사를 지낸다.

• 일본: 양력 8월 15일 '오봉'에 채소
위주의 음식을 먹으며, 조상들에
게 제사를 지낸다.

• 러시아: 양력 9월 21일 '오세니니'
라는 추수감사절에 가족, 이웃들
과 음식을 나누어 먹는다.

> 새해맞이 풍습은 나라마다 다르지만,
> 행운을 빌며 새로운 한 해를 맞이하는
> 마음은 비슷해.

낱말사전

★**코스 요리** 미리 짜인 순서에 따
라 차례로 나오는 요리

★**찬합**(饌 반찬 찬, 盒 합 합) 층층이
포갤 수 있는 서너 개의 그릇을 한
벌로 하여 만든 음식 그릇

★**추수감사절** 기독교 신자들이 한
해에 한 번씩 가을 곡식을 거둔 뒤
하나님께 감사 예배를 올리는 날

개념 1 러시아의 생활 모습

❶ 영토의 대부분이 아시아에 속한다.

❷ 사람들은 유럽에 가까운 서부 지역에 많이 모여 살기 때문에
언어나 음식 문화 등의 생활 모습이 유럽과 비슷하다.

> 빵을 주로 먹고,
> 식사할 때
> 포크·칼·숟가락을
> 이용해.

문자

알파벳처럼 대문자와 소문자가 있고,
그리스 문자의 영향을 받았어요.

식생활

따뜻한 음식이 식지 않도록 차례로 음식을 내서
먹는 코스 요리 문화가 발달했어요.

전통 옷

사라판은 소매가 없으며 치마가 가슴 부분까지
이어져 있는 형태로, 여자들이 입어요.

전통 집

추위를 막기 위해 이즈바라고 부르는
통나무집을 지어 생활했어요.

개념 2 우리나라와 이웃 나라의 새해맞이

우리나라 '설날'

나이와 복을 삼킨다는 의미로 '떡국'을 먹어요.
긴 가래떡은 장수를, 썬 떡은
돈과 비슷해서 부를 나타내요.

중국 '춘절'

복이 몸속으로 들어온다는 의미로 '쟈오쯔'를 먹어요.
만두 속에 들어가는 대추는 자식을, 두부와 배추는
무사고를, 땅콩은 행운을 나타내요.

일본 '오쇼가츠'

찬합에 조린 음식을 담아 만든
'오세치'를 먹어요. 연근, 새우 등의
다양한 재료는 희망, 장수 등을 나타내요.

러시아 '노비 고트'

돼지 뼈를 곤 뒤 국물을 식혀서
묵처럼 만든 '홀로데츠'를 먹어요.
기름진 돼지고기는 행운을 나타내요.

확인해요

01 러시아는 언어나 음식 문화 등의 생활 모습이 (아시아, 유럽)와/과 비슷하다.

02 러시아의 식생활 모습에 대한 알맞은 설명을 **보기** 에서 모두 골라 기호를 쓰시오.

> **보기**
> ㉠ 쌀을 주로 먹는다.
> ㉡ 코스 요리 문화가 발달하였다.
> ㉢ 포크, 칼, 숟가락을 이용하여 식사를 한다.

(   )

03 러시아의 전통 옷인 (   )은/는 소매가 없으며 치마가 가슴 부분까지 이어져 있는 형태로, 여자들이 입는다.

04 우리나라와 이웃 나라의 새해맞이 풍습과 행운을 빌며 새로운 한 해를 맞이하는 마음은 모두 비슷하다. (○ , ×)

05 이웃 나라의 새해를 맞이하는 날과 새해 음식을 바르게 연결하시오.

(가) 춘절	(나) 오쇼가츠	(다) 노비 고트
•	•	•
•	•	•
㉠	㉡	㉢

▲ 오세치   ▲ 자오쯔   ▲ 홀로데츠

1
단원

공부한 날

월

일

공부한 내용은?

😊 자신있게 설명할 수 있어요.

😐 설명하기 조금 힘들어요.

☹️ 어려워서 설명할 수 없어요.

5 우리나라와 이웃 나라의 교류 모습을 조사해 볼까요

개념 터치 마인드맵

이것만은 꼭

우리나라와 이웃 나라들과의 교류 사례

↓

- 중국: 판다 공동 연구
- 일본: 만화 영화 공동 제작
- 러시아: 우리나라의 식품 수출

활동해요

신문이나 뉴스, 인터넷에서 우리나라와 이웃 나라가 교류하는 사례를 찾아보자.

예시 답안

- 중국: 우리나라 가수들이 중국에서 공연을 한다.
- 일본: 우리나라의 영화관에서 일본에서 만든 만화 영화를 볼 수 있다.
- 중국·일본: 2002년부터 매년 우리나라, 중국, 일본의 어린이들이 모여 서로의 문화를 소개하고 함께 그림책을 만든다.

우리나라와 이웃 나라 교류하거나 함께 문제를 해결하는 사례를 보고 느낀 점을 써 보자.

예시 답안
우리나라는 환경, 경제 등의 문제를 이웃 나라와 함께 해결하려고 노력하고 있으므로, 이웃 나라와 좋은 관계를 유지하며 함께 발전하면 좋겠다.

낱말사전

★현황 현재의 상황

★무역(貿 바꿀 무, 易 바꿀 역) 지역이나 국가 간에 서로 물건을 사고 팔거나 교환하는 일

★방영 텔레비전으로 방송을 하는 일

★논의 어떤 문제에 대하여 서로 의견을 내어 토의함.

★보전 온전하게 보호하여 유지함.

개념 1 우리나라와 이웃 나라들과의 교류 현황

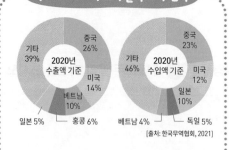

우리나라의 주요 수출국과 수입국

2020년 수출액 기준
기타 39%
중국 26%
미국 14%
베트남 10%
홍콩 6%
일본 5%

2020년 수입액 기준
기타 46%
중국 23%
미국 12%
일본 10%
독일 5%
베트남 4%

[출처: 한국무역협회, 2021]

- 우리나라는 중국에 수출을 가장 많이 해요.
- 중국과 일본은 우리나라 무역 규모에서 큰 비중을 차지해요.

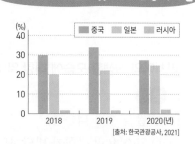

우리나라에 오는 이웃 나라 관광객 비율

(%)
40
30
20
10
0

■ 중국 ■ 일본 ■ 러시아

2018   2019   2020(년)

[출처: 한국관광공사, 2021]

- 중국에서 여행객들이 가장 많이 와요.
- 일본에서는 두 번째로 여행객이 많이 오고, 점점 늘어나고 있어요.

개념 2 우리나라와 이웃 나라들과의 교류 사례 활동해요

❶ 우리나라는 이웃 나라와 긴밀하게 영향을 주고받으며 다양한 분야에서 활발하게 교류하고 있다.

중국은 우리나라에 한 쌍의 판다를 선물하여 함께 연구해요.

우리나라와 일본은 함께 만든 만화 영화를 텔레비전에서 각각 방영했어요.

러시아의 슈퍼마켓에서 우리나라 라면 등의 식품과 농산물을 쉽게 찾아볼 수 있어요.

❷ 우리나라와 이웃 나라는 여러 문제를 해결하려고 함께 노력하고 있다.

동북아시아의 환경 문제를 논의하기 위해 한·중·일 환경 장관이 모여 회의를 해요.

우리나라와 중국, 러시아가 모여 코로나바이러스 감염증-19 이후 경제 협력 방안을 논의해요.

우리나라와 중국, 일본, 러시아가 멸종 위기종인 점박이물범의 보전 대책을 논의해요.

개념 3 우리나라와 이웃 나라들이 협력하는 까닭

❶ 지리적으로 가까워 한 나라의 문제가 이웃 나라에 영향을 미치거나 함께 발전할 수 있다.

❷ 따라서 이웃 나라와 서로 이해하고 협력하는 태도가 필요하다.

1
단원

공부한 날

월

일

확인해요

01 우리나라와 이웃 나라는 다양한 분야에서 활발하게 (　　　　)하고 있다.

[02~03] 그래프를 보고, 물음에 답하시오.

(가)

▲ 우리나라의 주요 수출국

(나)

▲ 우리나라의 주요 수입국

[출처: 한국무역협회, 2021]

02 (가) 그래프를 보고, 우리나라가 수출을 가장 많이 하는 나라를 찾아 쓰시오.

(　　　　　　　　　　　)

03 (나) 그래프를 보면, 우리나라의 주요 수입국에는 중국, 미국, (　　　　), 독일, 베트남 등이 있다.

04 그래프에 대한 알맞은 설명을 보기에서 모두 골라 기호를 쓰시오.

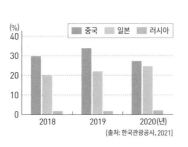

▲ 우리나라에 오는 이웃 나라 관광객 비율

[출처: 한국관광공사, 2021]

보기

㉠ 중국에서 여행객들이 가장 많이 온다.

㉡ 일본 관광객 비율은 점점 줄어들고 있다.

㉢ 세 나라 중 러시아에서 우리나라로 오는 관광객 비율이 가장 낮다.

(　　　　　　　　　　　)

공부한 내용은?

 자신있게 설명할 수 있어요.

 설명하기 조금 힘들어요.

 어려워서 설명할 수 없어요.

확인해요

05 우리나라와 이웃 나라가 공동으로 노력해야 하는 문제를 대할 때에는 서로 이해하고 협력하는 태도가 필요하다.　　　　　　　　(○ , ×)

6 우리나라와 관계 깊은 나라를 알아볼까요

개념 터치
마인드맵

우리나라와 관계 깊은 나라

↓

• 경제적: 사우디아라비아
• 정치적: 미국
• 문화적: 브라질

우리나라와 밀접한 관계를 맺고 있는 나라에 대해 조사해 보자.

예시 답안 베트남
• 위치: 아시아 대륙의 남부
• 영토 크기: 약 33.1만 km²
• 자연환경: 주로 열대 기후가 나타남, 남북 방향으로 산맥이 이어져 있음, 북부·남부의 넓은 평야에서 벼를 많이 재배함, 세계적인 쌀 수출국
• 인문환경: 노동력이 풍부하여 경공업 발달, 관광 산업 발달
• 우리나라와의 관계: 우리나라 기업이 베트남에 공장을 세우고 베트남 사람들과 함께 일을 함.

다른 모둠들의 발표를 들으면서 새롭게 알게 된 점이나 느낀 점을 써 보자.

예시 답안
• 정치, 경제, 문화, 역사, 환경 등 다양한 분야에서 우리나라와 긴밀한 관계를 맺고 있는 나라들이 많다는 것을 알게 되었다.
• 우리나라와 역사적으로 관계가 깊은 나라에 가 보고 싶다.

낱말사전

★교민 다른 나라에 살고 있는 우리나라 사람

★외교(外 바깥 외, 交 사귈 교) 다른 나라와 정치적·경제적·문화적 관계를 맺는 일

★분지 해발 고도가 더 높은 지형으로 둘러싸인 평지

★한류 우리나라의 대중문화 요소가 외국에서 유행하는 현상

개념 1 경제적으로 관계 깊은 사우디아라비아

> 사우디아라비아는 우리나라가 원유를 수입하는 대표적인 나라야.

자연환경	• 아시아 대륙의 서남부에 위치, 영토 크기가 한반도의 약 10배 • 주로 건조 기후가 나타남.
인문환경	• 인구는 우리나라의 2/3 정도이고, 국민 대부분이 이슬람교도임. • 세계적인 원유 생산국, 원유 수출로 경제가 빠르게 성장함.
우리나라와의 관계	• 1970년대: 우리나라가 도로, 항만 건설 등에 참여하였음. • 오늘날: 우리나라가 사우디아라비아에 자동차, 전자 제품 등을 수출하며 여러 분야에서 경제 협력을 강화하고 있음.

개념 2 정치적으로 관계 깊은 미국

> 미국과 우리나라는 정치·경제·문화 등 여러 방면에서 밀접한 관련을 맺고 있어.

자연환경	• 북아메리카 대륙에 위치 • 영토 크기가 매우 크며, 한 나라 안에서 기후와 지형이 다양함. • 서부에는 높은 산맥, 중서부에는 대평원이 있음.
인문환경	• 중국과 인도에 이어 세 번째로 인구가 많음. • 다인종·다민족 국가, 우리나라 교민이 가장 많이 사는 나라 • 대평원에서 주로 밀, 옥수수 등을 대규모로 재배함. • 풍부한 자원과 다양한 산업을 바탕으로 하여 세계 경제를 이끎.
우리나라와의 관계	• 1882년에 공식적인 첫 외교를 맺은 이후, 상호 신뢰와 공통의 이해관계 등을 바탕으로 오랫동안 협력함. • 우리나라의 경제가 성장하고 과학 기술이 발달하면서 우주·에너지·보건 등의 분야에서 더욱 긴밀한 관계로 발전하고 있음.

개념 3 문화적으로 관계 깊은 브라질

> 브라질은 남반구에 위치하여 우리나라와 계절이 반대야!

자연환경	• 남아메리카 대륙의 동쪽에 위치, 영토는 전체적으로 평탄함. • 아마존강이 흐르는 분지 지역에 세계 최대의 열대 우림 분포 • 대부분의 지역에서 열대 기후가 나타남.
인문환경	• 다인종 국가, 남아메리카에서 유일하게 포르투갈어 사용 • 천연자원이 매우 풍부함. • 세계적인 농업 국가, 커피·옥수수·소고기 등을 주로 수출함.
우리나라와의 관계	• 1959년에 남아메리카에 있는 나라 중 처음으로 외교를 맺음. • 교민들이 의류업·식품업 등을 하며 브라질 경제를 뒷받침함. • 최근: 우리나라 기업의 진출이 늘어남, 한류 문화가 인기를 얻음.

문제로 개념 탄탄

확인해요

01 우리나라와 관계 깊은 나라들의 자연환경과 인문환경 등을 알면 우리나라와 여러 나라 사이의 관계를 더욱 깊이 이해할 수 있다. (○ , ×)

02 이웃하고 있지 않지만 우리나라와 밀접한 관계를 맺고 있는 나라들을 **보기**에서 모두 골라 기호를 쓰시오.

> **보기**
> ㉠ 미국   ㉡ 일본   ㉢ 중국
> ㉣ 러시아   ㉤ 브라질   ㉥ 사우디아라비아

( )

[03~04] 자료를 보고, 물음에 답하시오.

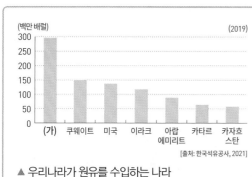

(백만 배럴)   (2019)
300
250
200
150
100
50
0
(가) 쿠웨이트 미국 이라크 아랍에미리트 카타르 카자흐스탄
[출처: 한국석유공사, 2021]

▲ 우리나라가 원유를 수입하는 나라

우리나라는 원유가 거의 생산되지 않기 때문에 다른 나라에서 원유를 수입하고 있다. (가)는 세계적인 원유 생산국으로, 우리나라가 원유를 수입하는 대표적인 나라이다.

03 (가) 나라의 이름을 쓰시오.

( )

04 (가) 나라에 대한 알맞은 설명을 **보기**에서 모두 골라 기호를 쓰시오.

> **보기**
> ㉠ 북아메리카 대륙에 위치한다.
> ㉡ 국민의 대부분이 이슬람교를 믿고 있다.
> ㉢ 우리나라 교민이 가장 많이 사는 나라이다.
> ㉣ 오늘날에는 우리나라가 자동차, 전자 제품 등을 수출하고 있다.

( )

05 브라질에 대한 설명으로 알맞지 <u>않은</u> 것은 어느 것입니까? ( )

① 다인종 국가이다.   ② 포르투갈어를 사용한다.
③ 천연자원이 매우 풍부하다.   ④ 우리나라와 계절이 반대이다.
⑤ 북아메리카 대륙의 동쪽에 위치한다.

공부한 내용은?

😊 자신있게 설명할 수 있어요.

😐 설명하기 조금 힘들어요.

😟 어려워서 설명할 수 없어요.

우리나라와 세계 여러 나라의 교류 모습을 살펴볼까요

개념 터치 마인드맵

이것만은 꼭

| 우리나라와 세계 여러 나라의 교류 모습 |

↓

• 독일: 문화적 교류
• 케냐: 경제적 교류
• 타이완: 경제·문화적 교류
• 오스트레일리아: 경제·문화적 교류
• 멕시코: 경제적 교류
• 칠레: 경제적 교류

우리나라와 세계 여러 나라는 경제·문화적으로 교류하면서 서로에게 미치는 영향력이 더욱 커지고 있어.

개념 1 우리나라와 세계 여러 나라의 교류 모습

❶ 나라마다 자연환경·생산 기술·문화 등이 다르기 때문에 서로에게 필요한 물건이나 서비스를 주고받으며 살아간다.

❷ 교통·통신 기술의 발달로 물자 이동이 편리해지고 교류가 늘면서 세계 여러 나라는 더욱 긴밀한 관계를 맺고 있다.

전시회를 통한 문화적 교류

커피콩·플라스틱 제품의 수출입을 통한 경제적 교류

음식을 통한 경제·문화적 교류

여행을 통한 경제·문화적 교류

멕시코의 광물성 기름과 우리나라의 전자 제품 수출입을 통한 경제적 교류

칠레의 구리 제품과 우리나라의 건설 기술력 수출입을 통한 경제적 교류

개념 2 우리나라와 세계 여러 나라의 상호 의존 관계 활동해요

❶ 우리나라와 다른 나라가 교류하면 필요한 물건이나 서비스를 주고받으며 경제적으로 발전할 수 있고, 각 나라의 문화를 이해할 기회가 늘어난다.

❷ 우리나라와 다른 나라의 개인·기업·국가 간 교류 사례

개인	• 우리나라 학생들이 외국에서, 외국 학생들이 우리나라에서 공부함. • 우리나라 사람들이 다른 나라로 여행이나 봉사 활동을 감.
기업	• 우리나라 기업이 외국에 건물을 짓고, 외국 기업이 우리나라에서 가구를 판매함. • 우리나라의 전자 기업과 미국의 패션 기업이 협력하여 스마트폰을 만듦.
국가	• 우리나라가 외국의 유적 복원 정비 사업에 참여하고, 외국 선수들이 우리나라가 개최한 국제 대회에 참가함. • 우리나라가 자연재해로 피해를 입은 다른 나라에 구호 물품을 보냄.

낱말사전

★수출입 수출과 수입을 아울러 이르는 말

★광물성 기름 원유를 정제하는 과정에서 만들어지는 부산물

★구리 전기와 열의 전도성이 뛰어난 붉은색의 금속 원소

★상호 의존 서로가 서로에게 의지하여 존재함.

★유적 남아 있는 자취로, 건축물이나 역사적 사건이 벌어졌던 곳이나 고분 등을 이름.

★복원 원래대로 회복함.

★정비 흐트러진 체계를 정리하여 제대로 갖춤.

★구호(救 구원할 구, 護 보호할 호) 재해나 재난 등으로 어려움에 처한 사람을 도와 보호함.

확인해요

01 우리나라와 세계 여러 나라는 나라마다 ( )와/과 생산 기술, 문화 등이 달라 서로 필요한 도움을 주고받으며 발전하고 있다.

02 세계 여러 나라는 교통·통신 기술의 발달로 물자 이동이 편리해지고 교류가 줄어들면서 더욱 긴밀한 관계를 맺고 있다.　　　　　　　　　　　　　(○ , ×)

03 우리나라와 세계 여러 나라의 교류 모습에 대해 바르게 말한 친구의 이름을 쓰시오.

우리나라에서 타이완의 밀크티를 팔고, 타이완에서 우리나라의 떡볶이를 파는 것은 음식을 통한 경제·문화적 교류야.

다인

우리나라에서 케냐의 커피콩을 수입하고, 케냐로 우리나라의 플라스틱 제품을 수출하는 것은 정치적 교류야.

세영

( )

04 우리나라와 다른 나라가 교류하면 좋은 점을 **보기**에서 모두 골라 기호를 쓰시오.

보기
㉠ 각 나라의 문화를 이해할 기회가 늘어난다.
㉡ 필요한 물건이나 서비스를 주고받을 수 있다.
㉢ 활발하게 교류하면서 서로에게 미치는 영향력이 줄어든다.

( )

05 우리나라와 다른 나라의 국가 간 교류 사례를 **보기**에서 모두 골라 기호를 쓰시오.

보기
㉠ 우리나라 기업이 외국에 건물을 짓는다.
㉡ 우리나라가 외국의 유적 복원 정비 사업에 참여한다.
㉢ 우리나라가 자연재해로 피해를 입은 다른 나라에 구호 물품을 보낸다.

( )

공부한 내용은?

 자신있게 설명할 수 있어요.

설명하기 조금 힘들어요.

어려워서 설명할 수 없어요.

그림으로 보는 용어

꼭 알아야 할 용어들을 모아모아
그림과 함께 공부해 보세요.

이웃 나라의 자연환경

고원
보통 해발 고도 600m
이상에 있는
넓은 벌판입니다.

후지산
일본에서 가장 높은 산이며,
화산 활동으로
만들어졌습니다.

우랄산맥
러시아의 서쪽에서
남북으로 길게 뻗은 산맥으로,
유럽과 아시아의 지리적 경계입니다.

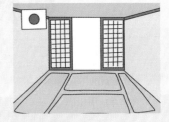

이웃 나라의 인문환경

치파오
중국의 전통 옷이며,
몸에 꼭 맞는 원피스 형태로
여자들이 입습니다.

기모노
일본의 전통 옷으로,
길이는 발목까지 내려오며,
소매는 길고 넓습니다.

다다미방
짚을 넣어 두껍게 만든 돗자리인
다다미를 방바닥에 깔고
화로를 놓아 만든
일본의 난방 시설입니다.

세계 여러 나라와의 교류

교류
문화나 사상 등이
서로 통하는 것입니다.

무역
지역이나 국가 간에
서로 물건을 사고팔거나
교환하는 일입니다.

한류
우리나라의 대중문화 요소가
외국에서 유행하는
현상입니다.

 **QUIZ** 퀴즈

공부한 날

월

일

● 질문을 읽고 자음을 보면서 관련 있는 용어를 써 보세요.

❶ 보통 해발 고도 600m 이상에 있는 넓은 벌판은?

 ㄱ ㅇ

이웃 나라에는 다양한 자연환경과 인문환경이 나타나는구나.

❷ 일본에서 가장 높은 산이며, 화산 활동으로 만들어진 것은?

 ㅎ ㅈ ㅅ

이즈바
러시아의 전통 집으로, 추위를 막기 위해 지은 통나무집입니다.

❸ 중국의 전통 옷이며, 몸에 꼭 맞는 원피스 형태로 여자들이 입는 것은?

  ㅊ ㅍ ㅇ

❹ 러시아의 전통 집으로, 추위를 막기 위해 지은 통나무집은?

 ㅇ ㅈ ㅂ

우리나라는 세계 여러 나라와 서로 도움을 주고받는 상호 의존 관계에 있어.

❺ 우리나라의 대중문화 요소가 외국에서 유행하는 현상은?

 ㅎ ㄹ

답안길잡이   ❶ 고원 ❷ 후지산 ❸ 치파오 ❹ 이즈바 ❺ 한류

뚝딱뚝딱 정리하기

1 빈칸을 채우면서 공부한 내용을 정리해 보자.

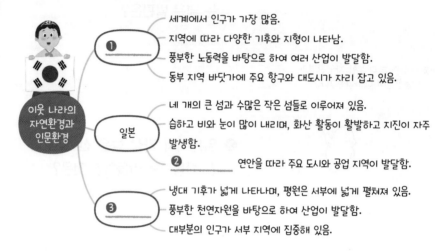

이웃 나라의 자연환경과 인문환경

❶ _____
- 세계에서 인구가 가장 많음.
- 지역에 따라 다양한 기후와 지형이 나타남.
- 풍부한 노동력을 바탕으로 하여 여러 산업이 발달함.
- 동부 지역 바닷가에 주요 항구와 대도시가 자리 잡고 있음.

일본
- 네 개의 큰 섬과 수많은 작은 섬들로 이루어져 있음.
- 습하고 비와 눈이 많이 내리며, 화산 활동이 활발하고 지진이 자주 발생함.
- ❷ _____ 연안을 따라 주요 도시와 공업 지역이 발달함.

❸ _____
- 냉대 기후가 넓게 나타나며, 평원은 서부에 넓게 펼쳐져 있음.
- 풍부한 천연자원을 바탕으로 하여 산업이 발달함.
- 대부분의 인구가 서부 지역에 집중해 있음.

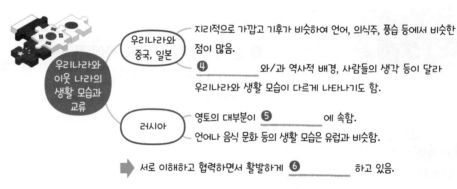

우리나라와 이웃 나라의 생활 모습과 교류

우리나라와 중국, 일본
- 지리적으로 가깝고 기후가 비슷하여 언어, 의식주, 풍습 등에서 비슷한 점이 많음.
- ❹ _____ 와/과 역사적 배경, 사람들의 생각 등이 달라 우리나라와 생활 모습이 다르게 나타나기도 함.

러시아
- 영토의 대부분이 ❺ _____ 에 속함.
- 언어나 음식 문화 등의 생활 모습은 유럽과 비슷함.

➡ 서로 이해하고 협력하면서 활발하게 ❻ _____ 하고 있음.

우리나라와 관계 깊은 나라들

사우디아라비아	❼ _____	브라질
• 세계적인 원유 생산국임. • 우리나라가 원유를 수입하는 대표적인 나라임. • 우리나라는 자동차, 전자 제품 등을 수출함.	• 우리나라와 정치, 경제, 문화 등 여러 방면에서 밀접한 관계를 맺고 있음. • 우리나라 교민이 가장 많이 사는 나라임.	• 교민들은 다양한 일을 하며 경제를 뒷받침하고 있음. • 최근 드라마, 대중가요 등의 ❽ _____ 문화가 큰 인기를 얻음.

➡ 우리나라와 세계 여러 나라는 정치·경제·문화적으로 활발하게 교류하고 함께 발전하면서 서로에게 미치는 영향력이 더욱 커지고 있음.

우리나라 주변에는 중국·일본·러시아가 있구나.

답안길잡이 ❶ 중국 ❷ 태평양 ❸ 러시아 ❹ 언어 ❺ 아시아 ❻ 교류 ❼ 미국 ❽ 한류

2 다음 활동 방법을 보고 암호 찾기 활동을 해 보자.

활동 방법

❶ 단서의 (   ) 안에 정답을 쓴다.

❷ 정답과 일치하는 암호를 찾는다.

❸ 찾은 암호에 맞추어 문장을 완성하고, 그 예시 답안을 쓴다.

단서

❶ 우리나라와 이웃한 나라 중에서 (   )은/는 우리나라의 서쪽에 위치해 있다.

❷ 중국은 (   ) 지역 바닷가에 주요 항구와 대도시가 자리 잡고 있다.

❸ 일본은 화산이 많고 (   )이/가 자주 발생한다.

❹ 러시아는 위도가 높아 (   ) 기후가 널리 나타난다.

❺ 우리나라와 중국, 일본 사람들은 음식을 먹을 때 숟가락과 함께 (   )을/를 사용한다.

❻ 러시아는 언어나 음식 문화 등의 생활 모습이 (   )와/과 비슷하다.

❼ 우리나라와 이웃 나라는 여러 문제를 해결하기 위해 서로 이해하고 (   )하고 있다.

❽ 우리나라에서 원유를 가장 많이 수입하는 나라는 (   )이다.

❾ 우리나라 교민이 가장 많이 사는 나라인 (   )은/는 우리나라와 여러 방면에서 밀접한 관련을 맺고 있다.

❿ 우리나라와 세계 여러 나라는 활발하게 (   )하며 긴밀한 관계를 맺고 있다.

암호

정답	중국	지진	동부	교류	냉대	사우디 아라비아	협력	젓가락	유럽	미국
암호	교	하	류	지	는	한	를	사	례	가

문장 우리나라와 세계 여러 나라가 _____ 써 보자.

예시 답안

_____

_____

이웃 나라와 협력하는 태도를 지녀야 해.

문제로 실력 쑥쑥

중요
01 ㉠~㉢에 들어갈 알맞은 나라를 쓰시오.

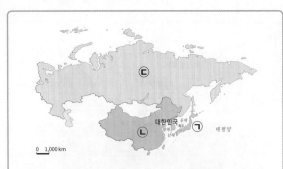

우리나라의 동쪽에는 (㉠), 우리나라의 서쪽에는 (㉡), 우리나라의 북쪽에는 (㉢)이/가 위치해 있다.

㉠: (   )   ㉡: (   )
㉢: (   )

02 ㉠에 들어갈 알맞은 말을 쓰시오.

지도의 (㉠)은/는 중국과 몽골에 걸쳐 있으며, 동부 아시아에서 가장 큰 사막이다.

(   )

중요
03 중국에 대한 설명으로 알맞지 않은 것은 어느 것입니까? (   )

① 중국의 수도는 상하이이다.
② 세계에서 인구가 가장 많은 나라이다.
③ 영토가 한반도 전체 크기의 약 44배이다.
④ 영토가 넓어 지역에 따라 다양한 기후가 나타난다.
⑤ 풍부한 노동력을 바탕으로 하여 여러 산업이 발달하였다.

서술형
04 일본의 주요 도시와 공업 지역이 태평양 연안을 따라 발달한 까닭을 쓰시오.

핵심 단어   제조업, 원료 수입, 제품 수출

....

....

05 ㉠, ㉡에 들어갈 알맞은 말에 ○표 하시오.

위 지도를 보면, 러시아의 ㉠ (서부, 동부)는 주로 고원과 산악 지대이며, ㉡ (서부, 동부)는 평원이 넓게 펼쳐져 있다.

06 러시아에 대해 잘못 말한 친구를 골라 이름을 쓰시오.

미정: 러시아의 시베리아 지역에는 천연자원이 풍부해.
은우: 러시아는 위도가 낮기 때문에 냉대 기후가 넓게 나타나.
지호: 러시아는 세계에서 영토가 가장 넓은 나라로, 한반도 전체 크기의 약 78배야.

(   )

중요

07 우리나라, 중국, 일본 문화의 비슷한 점으로 알맞지 않은 것은 어느 것입니까? ( )

① 한자를 사용한다.

② 식사할 때 젓가락을 사용한다.

③ 새해맞이 음식으로 떡국을 먹는다.

④ 겨울 추위에 대비한 난방 시설이 있다.

⑤ 고유한 특성과 생활 양식에 맞는 전통 옷이 있다.

[08~09] 그림을 보고, 물음에 답하시오.

(가)   (나)   (다)

 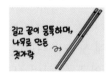 

08 (가)~(다) 중 밑줄 친 부분에 들어갈 젓가락을 골라 기호를 쓰시오.

> 우리나라에서는 주로 _____ 모양의 젓가락을 사용한다. 왜냐하면 김치처럼 절인 음식을 먹을 때 젓가락에 국물이 스며들지 않기 때문이다.

( )

서술형

09 일본 사람들이 사용하는 젓가락을 골라 기호를 쓰고, 이를 사용하는 까닭을 쓰시오.

핵심 단어   생선, 가시

....

....

중요

10 ㉠, ㉡에 공통으로 들어갈 알맞은 말을 쓰시오.

> 러시아는 영토의 대부분이 (㉠)에 속한다. 그러나 사람들은 (㉡)에 가까운 서부 지역에 많이 모여 살기 때문에 언어나 음식 문화 등의 생활 모습은 (㉡)와/과 비슷하다.

㉠: ( )   ㉡: ( )

11 이웃 나라에서 새해를 맞이하는 날을 부르는 이름으로 알맞은 것을 **보기** 에서 모두 골라 기호를 쓰시오.

> **보기**
> ㉠ 일본의 오봉   ㉡ 중국의 춘절
> ㉢ 중국의 중추절   ㉣ 일본의 오쇼가츠
> ㉤ 러시아의 오세니니   ㉥ 러시아의 노비 고트

( )

12 우리나라와 이웃 나라가 여러 문제를 해결하기 위해 함께 노력하는 사례를 **보기** 에서 골라 기호를 쓰시오.

> **보기**
> ㉠ 우리나라와 일본이 함께 만화 영화를 만든다.
> ㉡ 중국이 우리나라에 판다를 보내 함께 연구한다.
> ㉢ 우리나라·중국·러시아가 모여 코로나바이러스감염증-19 이후 경제 협력 방안을 논의한다.

( )

1 단원

공부한 날

월

일

13 우리나라와 이웃 나라가 공동의 문제를 해결하기 위해 가져야 할 바람직한 태도는 어느 것입니까?
( )

① 우리의 입장만 주장한다.
② 우리가 필요할 때만 대화한다.
③ 서로 이해하고 꾸준히 협력한다.
④ 다른 나라의 문제는 신경 쓰지 않는다.
⑤ 이웃 나라가 문제를 해결할 때까지 기다린다.

14 ㉠, ㉡에 들어갈 알맞은 말은 어느 것입니까? ( )

오늘날에는 우리나라가 사우디아라비아에 (㉠)을/를 수출하고, 사우디아라비아가 우리나라에 (㉡)을/를 수출하며 경제 협력을 강화하고 있다.

	㉠	㉡		㉠	㉡
①	자동차	밀	②	자동차	원유
③	천연가스	원유	④	천연가스	커피
⑤	전자 제품	옥수수			

중요
15 우리나라와 세계 여러 나라 간의 상호 의존 관계를 보여 주는 사례로 알맞지 <u>않은</u> 것은 어느 것입니까?
( )

① 외국 학생들이 우리나라에서 공부한다.
② 우리나라 기업이 외국에 건물을 짓는다.
③ 우리나라에서 만든 음식을 전국적으로 판매한다.
④ 외국 선수들이 우리나라가 개최한 국제 대회에 참가한다.
⑤ 우리나라의 전자 기업과 미국의 패션 기업이 협력하여 스마트폰을 만든다.

16 다음 ( ) 안에 들어갈 알맞은 나라를 쓰시오.

( )은/는 남아메리카에 있는 나라로는 처음으로 우리나라와 외교를 맺은 이후 지금까지 관계를 이어 오고 있다. 최근에는 드라마·대중가요 등의 한류 문화가 큰 인기를 얻고 있다.

( )

중요
17 우리나라와 관계 깊은 나라에 대한 알맞은 설명을 보기에서 모두 골라 기호를 쓰시오.

보기
㉠ 미국은 우주·에너지·보건 등의 분야에서 우리나라와 더욱 긴밀한 관계로 발전하고 있다.
㉡ 브라질에 사는 우리나라 교민들은 의류업과 식품업 등을 하며 브라질 경제를 뒷받침하고 있다.
㉢ 1970년대 사우디아라비아의 건설 기업이 우리나라에 진출하여 도로, 항만 건설 등에 참여하였다.

( )

서술형
18 밑줄 친 부분에 들어갈 알맞은 말을 쓰시오.

세계 여러 나라는 나라마다 자연환경과 생산 기술, 문화 등이 다르기 때문에 서로에게 필요한 물건이나 서비스를 주고받으며 살아간다. 특히 _____ 때문에 교류가 늘면서 더욱 긴밀한 관계를 맺고 있다.

핵심 단어   교통·통신, 물자 이동

특별한 서술/논술

• 자료를 보고, 물음에 답하시오.

우리나라와 세계 여러 나라의 (㉠) 관계

(가)

▲ 외국 기업이 우리나라에서 가구를 판매한다.

(나)

▲ 우리나라 사람들이 다른 나라로 여행을 간다.

(다)

▲ 우리나라가 자연재해로 피해를 입은 다른 나라에 구호 물품을 보낸다.

01 ㉠에 들어갈 알맞은 말을 쓰시오. ●─────

( )

힌트!
서로가 서로에게 의지하여 존재한다는 의미가 담긴 단어는 무엇일까?

02 (가)~(다)를 구분하여 알맞게 쓰시오. ●─────

우리나라와 세계 여러 나라는 개인·기업·국가 간에 활발하게 교류하며 발전하고 있다.

개인 간 교류 사례	기업 간 교류 사례	국가 간 교류 사례

힌트!
개인·기업·국가 간 교류를 기준으로 (가)~(다)를 구분해 보자.

03 우리나라와 다른 나라가 교류하면 좋은 점을 쓰시오. ●─────

_____

_____

_____

힌트!
세계 여러 나라와 ㉠ 관계를 맺으면 좋은 점을 생각해 보자.

핵심 단어
물건, 서비스, 문화

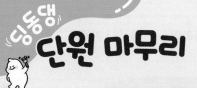

단원 마무리

도움이 필요하면 확인해요
21~27쪽

1 다음 중에서 바르게 이야기하고 있는 친구의 이름을 모두 써 보자. (   )

수빈
오세아니아는 다섯 개의 대륙 중에서 가장 작으며, 남반구에 있어.

지우
이집트, 남아프리카 공화국, 나이지리아는 남아메리카 대륙에 있어.

하은
세계에서 가장 작은 나라는 바티칸 시국으로 이탈리아의 로마 시내에 있어.

민재
뉴질랜드는 영토가 육지에 둘러싸여 바다와 접하지 않아.

39~47쪽

2 다음과 같은 생활 모습이 나타나는 기후 지역을 써 보자.

① 전통적으로 화전 농업을 통해 얌, 카사바 등의 농작물을 재배한다.

(   )

② 몽골에서는 유목 생활을 하며, 게르라는 이동식 집에서 생활한다.

(   )

③ 추위를 이겨 내기 위해 동물의 털과 가죽으로 만든 옷을 입는다.

(   )

44~51쪽

3 다음과 같은 생활 모습이 나타나는 까닭을 ㉮~㉰에서 골라 선으로 이어 보자.

① 기니의 켄테

② 뉴질랜드의 항이

③ 말리의 흙집

㉮ 건조 기후   ㉯ 전통   ㉰ 화산 지형

자연환경과 인문환경은 나라마다 다양하게 나타나.

답안길잡이 1 수빈, 하은 2 ① 열대 기후 ② 건조 기후 ③ 한대 기후 3 ① - ㉯, ② - ㉰, ③ - ㉮

4 인터넷 사용이 어려운 나라를 여행할 때 가장 효율적으로 이용할 수 있는 자료를 고르고, 그 까닭을 써 보자.

🚗 14~16쪽

가
지구본

나
세계 지도

다
디지털 공간
영상 정보

✏️ _____

_____

🚗 59~64쪽

5 우리나라와 이웃한 나라에 대해 **잘못** 이야기한 친구를 고르고, 바르게 고쳐 써 보자.

 건우
　　중국은 풍부한 노동력을 바탕으로 하여 여러 산업이 발달하였으며, 동부 지역 바닷가에 주요 항구와 대도시가 자리 잡고 있어.

 은서
　　일본은 뜨겁고 기름진 음식을 집을 때 미끄러지지 않도록 길이가 길고 끝이 뭉툭한 젓가락을 사용해.

 윤재
　　러시아는 빵을 주로 먹고 포크, 칼, 숟가락을 이용하여 식사를 해. 따뜻한 음식이 식지 않도록 차례로 음식을 내서 먹는 코스 요리 문화가 발달했어.

✏️ _____

_____

🚗 74~76쪽

6 우리나라와 세계 여러 나라가 활발하게 교류하는 까닭을 써 보자.

✏️ _____

_____

우리나라와 세계 여러나라는
서로 도움을 주고받는
상호 의존 관계에 있어.

답안 길잡이

4 ⑷, 세계 지도는 세계 여러 나라의 위치나 영역을 한곳에 볼 수 있고, 가지고 다니며 사용하기에 편리합니다. **5** 은서, 일본은 생선 요리가 많아 가시를 편하게 바를 때 끝이 뾰족한 젓가락을 사용합니다. **6** 나라마다 자연환경과 인문환경이 달라 생산하는 물건이나 서비스가 다르기 때문에 교류를 통해 부족하거나 없는 것을 얻을 수 있습니다.

교류 기념우표 만들기

우리나라는 국가 간 관계와 친밀함을 나타내기 위해 수교* 기념우표를 만들어 해당 나라와 함께 발행하기도 한다. 각 나라의 자연환경 및 인문환경이 잘 드러나도록 교류 기념우표를 만들어 보자.

*수교 나라와 나라 사이에 관계를 맺는 일.

활동 방법

❶ 우리나라와 관계 깊은 나라를 생각해 본다.
❷ 그 나라의 자연환경과 인문환경을 찾아본다.
❸ 그 나라의 자연환경 및 인문환경이 잘 드러나게 그림을 그린다.
❹ 그 나라의 지리 정보를 간단하게 쓴다.

예시

우표 제목: **우리나라와 사우디아라비아 교류 기념우표**

대한민국 - 사우디아라비아 수교 58주년   20○○년

470

나라 이름 사우디아라비아

위치 아시아 대륙의 서쪽에 위치한다. 동쪽에는 페르시아만, 서쪽에는 홍해가 있다.

교류 모습 우리나라는 사우디아라비아에서 원유를 수입한다. 최근에는 우리나라의 대중가요, 드라마 등 한류 문화가 사우디아라비아에서 큰 인기를 얻고 있다.

안녕하세요?

마르하반?
(안녕하세요.)

우표 제목:

그림을 그려 보자.

나라 이름

_____

위치

_____

교류 모습

_____

_____

_____

_____

답안 길잡이

예시답안 우리나라 베트남에 수많은 사람들이 베트남 관광과 사업을 위해 가고 있습니다.

[우표 제목] 우리나라 곳곳에서 베트남 음식과 물건 등을 쉽게 볼 수 있습니다. 베트남 사람들 음식과 물건을 쉽게 구할 수 있습니다.

[나라 이름] 베트남 [위치] 아시아 대륙의 동남쪽에 위치하고 상징합니다.

01 다음 ( ) 안에 들어갈 알맞은 말을 쓰시오.

( )의 특징

• 뜻: 둥근 지구의 모습을 본떠 작게 만든 모형
• 장점: 실제 지구의 모습과 비슷함.
• 단점: 가지고 다니며 사용하기 불편함.

( )

02 ㉠에 들어갈 알맞은 말을 쓰시오.

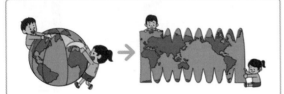

세계 지도는 지구를 귤껍질을 벗기는 것처럼 일정한 크기로 잘라서 펼친 후, 위아래에 생긴 빈 공간을 확대하고 이어서 만든다. 둥근 지구를 평면으로 나타냈기 때문에 _____㉠_____ 단점이 생긴다.

....

....

03 지리 정보가 담긴 자료의 활용으로 알맞은 것을 보기 에서 골라 기호를 쓰시오.

보기

㉠ 세계 여러 나라를 한눈에 보기 위해 지구본을 이용한다.
㉡ 도시 간의 거리 등을 정확하게 파악하기 위해 세계 지도를 이용한다.
㉢ 이동 시간, 교통 정보 등 다양한 지리 정보를 조사하기 위해 디지털 공간 영상 정보를 이용한다.

( )

04 지도에 대한 설명으로 알맞지 <u>않은</u> 것은 어느 것입니까? ( )

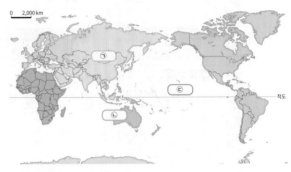

▲ 세계의 주요 대양과 대륙

① ㉠은 가장 큰 대륙으로, 아시아이다.
② ㉡은 가장 작은 대륙으로, 오세아니아이다.
③ ㉢은 가장 큰 바다로, 태평양이다.
④ 우리나라가 속해 있는 대륙은 ㉠이고, 우리나라와 가까이 있는 대양은 ㉢이다.
⑤ 지구에서 바다의 면적은 약 30%, 육지의 면적은 약 70%를 차지한다.

05 다음에서 설명하는 나라를 지도에서 골라 기호와 나라 이름을 쓰시오.

• 유럽 대륙의 서쪽에 위치한다.
• 북반구에 위치한다.
• 북위 49°~52°, 동경 2°~서경 8°에 위치한다.
• 대서양에 둘러싸여 있다.

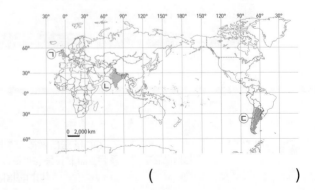

( )

→ 바른답·알찬풀이 19쪽

06 세계 여러 나라의 영토에 대한 설명으로 알맞지 <u>않은</u> 것은 어느 것입니까? ( )

① 우리나라의 영토 크기는 세계에서 85번째이다.

② 우리나라의 영토 모양은 씩씩한 호랑이를 닮았다.

③ 세계에서 영토 크기가 가장 큰 나라는 러시아이다.

④ 영토 모양은 해안선이나 국경선에 따라 결정된다.

⑤ 세계에서 영토 크기가 가장 작은 나라는 이탈리아이다.

07 다음 ( ) 안에 들어갈 알맞은 나라는 어느 것입니까? ( )

> 우리나라와 ( )은/는 삼면이 바다이고 다른 면은 육지에 연결된 반도 국가이다.

① 몽골   ② 미국   ③ 칠레
④ 이집트   ⑤ 이탈리아

08 ㉠에 들어갈 알맞은 말을 쓰시오.

적도 부근에서는 태양열이 좁은 지역에 집중되어 열을 많이 받아 더운 열대 기후가 나타나지만, 극지방으로 갈수록 _____㉠_____.

09 다음 ( ) 안에 들어갈 알맞은 말을 <u>두 가지</u> 쓰시오.

> 세계의 기후는 해당 지역의 ( )을/를 기준으로 열대 기후, 건조 기후, 온대 기후, 냉대 기후, 한대 기후로 구분할 수 있다.

(,)

[10~11] 세계의 기후 분포 지도를 보고, 물음에 답하시오.

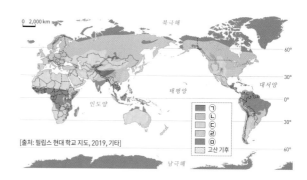

[출처: 필립스 현대 학교 지도, 2019, 기타]

10 ㉠~㉤ 지역에 나타나는 기후로 알맞은 것은 어느 것입니까? ( )

① ㉠-냉대 기후   ② ㉡-한대 기후
③ ㉢-열대 기후   ④ ㉣-온대 기후
⑤ ㉤-건조 기후

11 ㉠~㉤ 지역의 기후 특징으로 알맞지 <u>않은</u> 것은 어느 것입니까? ( )

① ㉠-일 년 내내 평균 기온이 매우 낮다.

② ㉡-기온의 연교차가 크다.

③ ㉢-증발량보다 강수량이 많다.

④ ㉣-기온이 온화하다.

⑤ ㉤-일 년 내내 평균 기온이 높고, 연 강수량이 많다.

[12~14] 사진을 보고, 물음에 답하시오.

(가) (나)

(다) (라)

(마)

12 (가)~(마)에 나타난 집을 부르는 말로 알맞은 것은 어느 것입니까? ( )

① (가) - 게르
② (나) - 흙집
③ (다) - 이글루
④ (라) - 통나무집
⑤ (마) - 고상 가옥

13 (가)~(마)에 나타난 집을 지은 까닭으로 알맞은 것을 모두 고르시오. ( )

① (가) - 유목 생활을 하기 위해
② (나) - 땅이 얼었다 녹기 때문에
③ (다) - 흙을 구하기 쉽기 때문에
④ (라) - 벌레나 해충을 피하기 위해
⑤ (마) - 얼음이나 눈을 구하기 쉽기 때문에

14 (가)~(마) 중 건조 기후 지역에서 볼 수 있는 집의 형태를 모두 골라 기호를 쓰시오.

( )

15 다음과 같은 생활 모습을 볼 수 있는 지역의 기후는 무엇입니까? ( )

> 북극 지방은 일 년 내내 매우 춥고, 대부분의 땅이 얼어 있다. 신선한 채소를 구하기 어렵기 때문에 날고기나 날생선을 먹으며, 고기나 생선을 말려서 저장해 놓기도 한다.

① 건조 기후 ② 냉대 기후 ③ 열대 기후
④ 온대 기후 ⑤ 한대 기후

16 ㉠에 들어갈 알맞은 말을 쓰시오.

> 세계 여러 나라 사람의 생활 모습이 다양하게 나타나는 까닭은 ㉠ 때문이다. 이에 따라 옷의 형태나 소재, 음식의 재료나 조리법, 집을 짓는 재료나 집의 모양이 다르게 나타난다.

_____

_____

17 다음 글을 보고 대화한 내용 중 잘못된 태도를 지닌 친구를 골라 이름을 쓰시오.

> 유럽의 에스파냐와 그리스에서는 사람들이 점심을 먹고 한두 시간 동안 낮잠을 자거나 가게 문을 닫고 쉰다.

> 인규: 일하다가 낮잠을 자다니 게으른 사람들이네.
> 시은: 이 지역은 여름에 한낮의 기온이 매우 높기 때문에 사람들이 활동하기 어려워.
> 하온: 그렇구나, 한낮에 잠시 쉬면 더 열심히 일할 수 있겠구나!

( )

18 러시아에 대한 알맞은 설명은 어느 것입니까?
( )

① 동부는 주로 고원과 산악 지대이다.

② 세계에서 인구가 가장 많은 나라이다.

③ 화산 활동이 활발하고 지진이 자주 발생한다.

④ 풍부한 노동력을 바탕으로 하여 여러 산업이
발달하였다.

⑤ 태평양 연안을 따라 주요 도시와 공업 지역
이 발달하였다.

19 ㉠에 들어갈 알맞은 말을 쓰시오.

> 우리나라와 이웃한 나라인 중국과 일본은
> _____ ㉠ _____ 때문에 언어, 의식주,
> 풍습 등에서 우리나라와 비슷한 점이 많다.

....

....

20 ㉠, ㉡에 들어갈 알맞은 말을 쓰시오.

> 우리나라·중국·일본은 겨울 추위에 대비한
> 난방 시설이 발달하였으나, 나라마다 전통
> 집 구조에 차이가 있다. 우리나라는 방바닥
> 에 (㉠)을/를 깔아 방을 데우고, 중국
> 은 침대 밑에 난방 시설을 설치하여 침대를
> 데우며, 일본은 방바닥에 (㉡)을/를
> 깔고 화로를 놓는다.

㉠: ( ) ㉡: ( )

21 다음 ( ) 안에 들어갈 알맞은 말을 쓰시오.

> 〈러시아의 식생활〉
>
> 러시아는 따뜻한 음식이 식지 않도록 차례
> 로 음식을 내서 먹는 ( ) 문화가 발달하
> 였다.

( )

22 다음은 우리나라와 세계 여러 나라의 교류 중 어느
분야의 교류 모습입니까? ( )

> 우리나라와 중국, 일본, 러시아는 멸종 위기
> 종인 점박이물범을 보호하기 위해 점박이물
> 범에 대한 연구 결과를 발표하고, 점박이물
> 범 보전 대책을 논의하였다.

① 경제 ② 문화 ③ 정치

④ 환경 ⑤ 스포츠

23 우리나라와 다른 나라의 개인·기업·국가 간 교류 사
례로 알맞은 것을 **보기** 에서 골라 기호를 쓰시오.

> **보기**
> ㉠ 외국 학생들이 우리나라에서 공부한다.
> ㉡ 우리나라 기업이 외국에 건물을 짓는다.
> ㉢ 우리나라가 외국의 유적 복원 정비 사업
> 에 참여한다.

개인: ( ) 기업: ( )
국가: ( )

01 지리 정보가 담긴 자료 중 세계 지도의 장점을 [보기] 에서 모두 골라 기호를 쓰시오.

보기

㉠ 가지고 다니며 사용하기에 편리하다.

㉡ 세계 여러 나라의 위치나 영역을 한눈에 볼 수 있다.

㉢ 확대와 축소가 자유롭고, 다양한 정보를 얻을 수 있다.

㉣ 세계 여러 나라의 위치, 거리, 면적 등이 비교적 정확하게 표현되어 있다.

(   )

02 ㉠에 들어갈 알맞은 말을 쓰시오.

디지털 공간 영상 정보를 활용하면 지구본이나 세계 지도에서 찾기 어려운 다양한 정보를 얻을 수 있다는 장점이 있다. 그러나   ㉠   단점이 있다.

....

....

03 다음 (   ) 안에 들어갈 알맞은 말을 왼쪽 그림에서 찾아 **두 가지** 쓰시오.

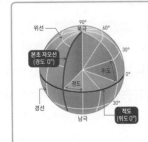

(   )을/를 이용하면 세계 여러 나라의 위치를 쉽게 찾을 수 있으며, 그 위치를 숫자로 정확하게 나타낼 수 있다.

(,   )

04 ㉠, ㉡에 들어갈 알맞은 말을 쓰시오.

• 세계의 주요 대양: 태평양, (㉠), 인도양, 북극해, 남극해

• 세계의 주요 대륙: 아시아, 유럽, 아프리카, (㉡), 북아메리카, 남아메리카

㉠: (   )   ㉡: (   )

[05~06] 지도를 보고, 물음에 답하시오.

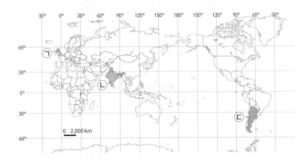

05 ㉠~㉢ 나라에 대한 설명으로 알맞지 **않은** 것은 어느 것입니까? (   )

① ㉠은 유럽의 서쪽에 위치한 영국이다.

② ㉡은 아시아의 남쪽에 위치한 인도이다.

③ ㉢은 남아메리카의 남쪽에 위치한 아르헨티나이다.

④ ㉠은 대서양, ㉡은 태평양, ㉢은 인도양과 접해 있다.

⑤ ㉠, ㉡은 북반구에 위치하고, ㉢은 남반구에 위치한다.

06 (가), (나)에 위치한 나라를 위 지도에서 골라 기호를 쓰시오.

• (가): 북위 5°~38°, 동경 67°~99°에 위치함.

• (나): 남위 23°~55°, 서경 54°~74°에 위치함.

(가): (   ) (나): (   )

07 다음 (   ) 안에 들어갈 알맞은 나라를 쓰시오.

아프리카의 북쪽에 위치한 (   )은/는 동서남북 모든 방향에서 영토의 길이가 비슷하다.

(   )

08 ㉠~㉢에 들어갈 알맞은 말은 어느 것입니까?

(   )

세계의 기후는 저위도에서 고위도로 갈수록 열대 기후, 건조 기후, (㉠) 기후, (㉡) 기후, (㉢) 기후 순으로 나타난다.

	㉠	㉡	㉢
①	냉대	온대	한대
②	냉대	한대	온대
③	온대	냉대	한대
④	온대	한대	냉대
⑤	한대	온대	냉대

09 그림의 생활 모습을 볼 수 있는 기후 지역은 어디입니까?

(   )

▲ 화전 농업   ▲ 밀림과 고상 가옥

① 건조 기후   ② 냉대 기후
③ 열대 기후   ④ 온대 기후
⑤ 한대 기후

[10~12] 그림을 보고, 물음에 답하시오.

(가)   (나)

10 위 그림의 생활 모습을 볼 수 있는 기후 지역을 쓰시오.

(   ) 기후 지역

11 위 그림의 생활 모습이 나타나는 기후 지역에 대한 설명으로 알맞은 것을 보기에서 골라 기호를 쓰시오.

보기

㉠ 비가 적게 내려 사막이 나타난다.
㉡ 짧은 여름 동안 풀이나 이끼가 자란다.
㉢ 약간의 비나 눈이 내려 초원이 나타난다.
㉣ 일 년 내내 비가 많이 내려 밀림을 이룬다.

(가): (   )   (나): (   )

12 ㉠에 들어갈 알맞은 말을 쓰시오.

(가) 생활 모습이 나타나는 곳에서는 오아시스나 하천 주변에 흙집을 짓고 농사를 짓는다. (나) 생활 모습이 나타나는 곳에서는
                    ㉠

13 냉대 기후 지역의 생활 모습에 대한 알맞은 설명을 **보기**에서 모두 골라 기호를 쓰시오.

> **보기**
>
> ㉠ 여름에 밀, 감자, 옥수수 등을 재배한다.
> ㉡ 짧은 여름 동안 풀이나 이끼가 자라 순록을 키운다.
> ㉢ 침엽수림을 이용하여 목재와 펄프 공업이 발달했다.
> ㉣ 눈과 얼음으로 덮여 있는 지역에 연구소나 기지를 세워 자연환경을 연구한다.

( )

14 ㉠에 들어갈 알맞은 말을 쓰시오.

> 한대 기후 지역 중 짧은 여름 동안 얼음이 녹는 곳에서는 여름에 땅이 녹을 때 무너지는 것을 막기 위해 _____㉠_____.

....

....

15 다음 ( ) 안에 들어갈 알맞은 나라를 쓰시오.

힌두교를 믿는 ( ) 사람들은 자르지 않고 바느질하지 않은 옷을 깨끗하다고 생각하여, 길고 넓은 한 장의 천으로 몸을 휘감는 사리를 입는다.

( )

16 북극 지방의 생활 모습으로 알맞은 것을 **보기**에서 모두 골라 기호를 쓰시오.

> **보기**
>
> ㉠ 게르   ㉡ 이글루
> ㉢ 말린 생선   ㉣ 헐렁한 옷

( )

17 세계 여러 나라의 생활 모습을 조사하는 방법을 잘못 말한 친구를 골라 이름을 쓰시오.

> 민재: 말리의 위치는 세계 지도와 지구본에서 찾아보자.
> 혜린: 지형은 세계 지도에서 확인해 볼게.
> 윤희: 기후는 지구본에서 찾아볼게.
> 하나: 흙집의 구조나 특징은 책을 찾아보거나 인터넷을 검색해 보면 돼.
> 승원: 흙집에 사는 사람들의 생활 모습은 사진이나 영상 자료를 보면 되겠다.

( )

18 다음 글을 보고 대화한 내용 중 올바른 태도를 지닌 친구를 골라 이름을 쓰시오.

> 아프리카와 케냐 사람들은 장례를 치를 때 음악을 틀고 춤을 추기도 한다.

> 서윤: 돌아가신 분을 생각하며 슬퍼하지 않고 춤을 추다니 예의가 없네.
> 지영: 죽음이 새로운 출발이나 여행이라고 생각하면 기쁜 마음으로 추모할 수 있을 것 같아.

( )

→ 바른답·알찬풀이 21쪽

19 우리나라의 이웃 나라에 대한 설명으로 알맞지 <u>않은</u> 것은 어느 것입니까? ( )

① 중국은 세계에서 인구가 가장 많은 나라이다.

② 일본은 섬나라이기 때문에 습하고 비와 눈이 많이 내린다.

③ 러시아는 풍부한 천연자원을 바탕으로 하여 산업이 발달하였다.

④ 일본은 원료를 수입 및 가공하여 물건을 만드는 제조업이 발달하였다.

⑤ 러시아는 영토의 대부분이 유럽에 속하지만, 생활 모습은 아시아와 비슷하다.

20 우리나라와 중국, 일본 문화를 비교한 내용으로 알맞지 <u>않은</u> 것을 보기 에서 골라 기호를 쓰시오.

> 보기
> ㉠ 한자를 사용한다.
> ㉡ 젓가락을 사용한다.
> ㉢ 전통 옷의 모양이 비슷하다.
> ㉣ 전통 집에 난방 시설이 발달하였다.

( )

21 우리나라와 세계 여러 나라가 문화적으로 교류하는 모습을 보기 에서 골라 기호를 쓰시오.

> 보기
> ㉠ 우리나라에서 독일의 보물 전시회가 열리고, 독일에서 우리나라 화가의 전시회가 열린다.
> ㉡ 우리나라에서 칠레의 구리 제품을 수입하고, 칠레로 우리나라의 건설 기술력을 수출한다.
> ㉢ 우리나라에서 멕시코의 광물성 기름을 수입하고, 멕시코로 우리나라의 전자 제품을 수출한다.

( )

22 그래프에 대한 알맞은 설명을 보기 에서 골라 기호를 쓰시오.

기타 39% / 중국 26% / 미국 14% / 베트남 10% / 홍콩 6% / 일본 5% / 2020년 수출액 기준

기타 46% / 중국 23% / 미국 12% / 일본 10% / 베트남 4% / 독일 5% / 2020년 수입액 기준

[출처: 한국무역협회, 2021]

▲ 우리나라의 주요 수출국과 주요 수입국

> 보기
> ㉠ 우리나라는 홍콩에 수출을 가장 많이 한다.
> ㉡ 우리나라는 베트남과 경제적으로 교류하고 있다.
> ㉢ 우리나라의 무역 규모에서 가장 큰 비중을 차지하는 나라는 일본이다.

( )

23 미국에 대해 <u>잘못</u> 말한 친구를 골라 이름을 쓰시오.

> 지현: 북아메리카 대륙에 위치해 있어.
> 혜원: 우리나라 교민이 가장 많이 사는 나라야.
> 현주: 우리나라와는 최근에 교류하기 시작했어.

( )

24 ㉠에 들어갈 알맞은 말을 쓰시오.

> 세계 여러 나라는 나라마다 ㉠ 때문에 서로에게 필요한 물건이나 서비스를 주고받으며 살아간다.

통일 한국의 미래와 지구촌의 평화

단원에 대한 학습 계획을 세우고, 공부한 내용을 얼마나 이해했는지 스스로 평가해 보세요.

☆☆☆ 자신있게 설명할 수 있어요.   ☆☆ 설명하기 조금 힘들어요.   ☆ 어려워서 설명할 수 없어요.

교과서 쏙쏙

그림의 모습은
지구촌 곳곳에서
살아가는 사람들의
의견을 보여 주고 있어.

제시된 의견의 옳고
그름을 판단하면서
단원에서 배울 내용을
짐작해 보자.

우리의 미래에는 수많은 위험과 어려움이 다가올 수 있다. 이를 극복하고
바람직한 통일 한국의 미래와 지구촌의 평화를 위해
세계 시민 의식을 길러야 한다.

바람직할까? 바람직하지 못할까?

다음 그림 속 대화 중에서 바람직한 것과 바람
직하지 못한 것을 찾아 번호를 써 보자.

❶ 개인도 지구촌 평화를 위해
얼마든지 중요한 역할을 할 수
있단다.

❷ 국가 간의 갈등은 미국과 같은
강대국이 나서야만 해결할
수 있다니까.

✏️ 바람직한 것

✏️ 바람직하지 못한 것

1 한반도의 미래와 통일

이 단원을 공부하면?

다양한 자료를 통해 우리 땅 독도를 살펴보고, 독도를 지키려는 사람들의 노력을 이해할 수 있습니다.

남북통일을 위한 노력을 살펴보고, 지구촌 평화에 기여하는 통일 한국의 미래 모습을 그려 볼 수 있습니다.

생각이 활짝

6·25 전쟁 때 헤어진 이산가족이 65년 만에 만나는 모습입니다.

오빠! 이게 얼마 만이에요. 살아 있었네요.

다시는 너를 못 보는 줄 알았어.

남한과 북한의 이산가족이 서로 만나 감격의 기쁨을 나누며 통일이 되어 다시 만나자고 다짐하는 모습이에요.

✏️ 두 분이 약속을 지킬 수 있게 우리가 할 수 있는 일에는 무엇이 있을까요?

우리 땅 독도를 알아볼까요

개념 터치 마인드맵

이것만은 꼭

독도의 중요성
↓
군사 및 해상 교통의 중심지로서 중요한 위치에 있음.
↓
독도의 가치
↓
• 생태계의 보고로서 천연기념물로 지정됨. • 독도 주변 바다는 조경 수역을 형성하며, 바다 밑에는 미래 에너지인 가스 하이드레이트가 묻혀 있음.

탐구해요

독도의 다양한 모습을 살펴보고, 짝에게 독도를 소개해 보자.

예시 답안 독도는 울릉도, 제주도보다 훨씬 오래된 화산섬이야. 독도는 서도와 동도 두 개의 큰 섬과 주위에 재미난 이름을 가진 크고 작은 바위섬으로 이루어져 있어. 독도에 가면 우리 지역에서는 볼 수 없는 여러 가지 동식물을 만날 수 있다고 해.

낱말사전

★**물골** 서도의 북서쪽 해안에서 물이 흘러나오는 장소

★**접안 시설** 배를 대어 사람과 짐이 땅으로 오르내릴 수 있도록 만들어 놓은 곳

★**서식(棲 깃들일 서, 息 숨쉴 식)** 생물 따위가 일정한 곳에 자리를 잡고 삶.

★**보고(寶 보배 보, 庫 곳집 고)** 귀중한 것이 간직되어 있는 곳

★**조경 수역** 차가운 바닷물과 따뜻한 바닷물이 만나는 곳

★**가스 하이드레이트** 천연가스와 물이 결합된 고체 상태의 물질로, 불을 붙이면 타는 성질이 있음.

개념 1 독도의 위치와 중요성

❶ 위치

> 독도는 북위 37°, 동경 132° 근처에 있어.

- 우리나라에서 가장 동쪽에 있는 영토이다.
- 울릉도에서 동남쪽으로 약 87.4km 떨어져 있다.
- 독도에서 울릉도까지의 거리가 일본 오키섬보다 더 가깝다.
- 두 개의 큰 섬(서도, 동도)과 주위에 89개의 바위섬으로 이루어져 있다.

❷ 중요성: 동해에 자리 잡고 있어 군사 및 해상 교통의 중심지로서 중요한 위치에 있다.

개념 2 독도의 인문환경

❶ 행정 구역: 경상북도 울릉군

❷ 거주민: 우리나라 주민, 등대 관리인, 독도 경비대원

❸ 주민 생활 시설: 물을 얻을 수 있는 물골, 주민 숙소, 등대, 접안 시설 등

❹ 경비 활동을 위한 시설: 경비대원 숙소

▲ 독도의 여러 시설

개념 3 독도의 자연환경과 가치

> 괭이갈매기는 독도에서 집단으로 번식하는 새야.

자연환경	지형	경사가 급한 화산섬으로, 대부분 암석으로 이루어져 있으며 독특한 지형과 경관이 나타남.  ▲ 코끼리바위　▲ 탕건봉　▲ 천장굴　▲ 독립문바위
	기후	동해의 영향으로 기온이 온화하고, 겨울에 눈이 많이 내림.
독도의 가치		• 괭이갈매기, 섬기린초 등 다양한 동식물이 서식하는 생태계의 보고로, 우리나라는 독도를 천연기념물로 지정해 보호하고 있음. • 주변 바다는 조경 수역을 형성하여 다양한 해양 생물이 살고 있음. • 독도 바다 밑에 미래 에너지로 주목받는 가스 하이드레이트가 묻혀 있음. ▲ 괭이갈매기　▲ 섬기린초　▲ 살오징어　▲ 도화새우

→ 바른답·알찬풀이 23쪽

문제로 개념 탄탄

확인해요

01 독도는 우리나라에서 가장 (   )에 있는 영토이다.

02 독도가 중요한 까닭으로 알맞은 것을 **보기**에서 골라 기호를 쓰시오.

> **보기**
> ㉠ 종교적으로 중요한 위치에 있다.
> ㉡ 해상 교통의 중심지로서 중요한 위치에 있다.
> ㉢ 우리나라의 전체 영토에서 차지하는 비율이 높다.

(   )

03 독도에 대한 설명으로 알맞지 <u>않은</u> 것은 어느 것입니까? (   )

① 다양한 동식물이 서식하는 생태계의 보고이다.
② 주민 생활 시설과 경비 활동을 위한 시설이 있다.
③ 우리나라 울릉도보다 일본 오키섬에 더 가까이 있다.
④ 화산 활동으로 만들어진 섬으로 대부분 암석으로 이루어져 있다.
⑤ 두 개의 큰 섬과 수십 개의 크고 작은 바위섬으로 이루어져 있다.

04 다음 (   ) 안에 들어갈 내용으로 알맞지 <u>않은</u> 것은 어느 것입니까?
(   )

> 대부분 암석으로 이루어져 있는 독도에서는 (   ) 등 다양한 모양의 봉우리와 바위들을 찾아볼 수 있다.

① 탕건봉   ② 사자바위   ③ 독립문바위
④ 한반도바위   ⑤ 코끼리바위

확인해요

05 우리나라는 독도를 (   )(으)로 지정해 보호하고 있다.

2단원

공부한 날

월

일

공부한 내용은?

 자신있게 설명할 수 있어요.

 설명하기 조금 힘들어요.

 어려워서 설명할 수 없어요.

독도와 관련된 역사적 자료를 살펴볼까요

개념 터치 마인드맵

독도가 나타나 있는 역사적 자료

↓

옛 지도: 「팔도총도」, 「조선왕국전도」, 「동국대지도」, 「삼국접양지도」

↓

옛 기록: 「세종실록지리지」, 「대한 제국 칙령 제41호」, 「SCAPIN(연합국 최고 사령관 각서) 제677호」 및 관련 지도

↓

알 수 있는 사실: 독도가 우리나라의 영토였다는 것을 분명히 알 수 있음.

독도가 실제와 달리 울릉도의 서쪽에 그려진 지도가 있다면, 당시에 다르게 그려진 이유가 무엇일지 친구들과 토의해 보자.

예시 답안 「팔도총도」, 「조선왕국전도」에는 독도가 울릉도의 서쪽에 그려져 있다. 이는 당시에 독도가 울릉도 근처의 섬이라는 것은 알았지만, 실제 위치를 정확하게 알지 못했기 때문인 것으로 보인다.

옛 지도들을 통해 공통으로 알 수 있는 사실을 써 보자.

예시 답안 독도는 옛날부터 우리나라의 영토였다.

낱말사전

★ 우산도 독도의 옛 이름

★ 칙령 임금이 내린 명령

★ 부속(部 나눌 부, 屬 무리 속) 어떤 부류나 부문에 속함.

★ 관할 일정한 권한을 가지고 통제하거나 지배함. 또는 그런 지배가 미치는 범위

개념1 독도가 나타나 있는 옛 지도 탐구해요

「팔도총도」 (1531년)	「조선왕국전도」 (1737년)	「동국대지도」 (18세기)	「삼국접양지도」 (1785년)
	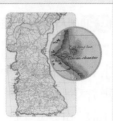		
현재 남아 있는 우리나라의 옛 지도 중에서 우산도가 그려진 가장 오래된 지도임. 독도가 울릉도의 서쪽에 그려져 있음.	프랑스인이 만든 우리나라 지도로 우(于)를 천(千)으로 잘못 읽어 우산도가 천산도로 표기되었음. 독도가 울릉도의 서쪽에 그려져 있음.	우리나라의 옛 지도 중 하나로 우산도를 찾아볼 수 있음.	일본인이 만든 일본과 주변 나라 지도로 죽도(竹島, 당시 일본이 울릉도를 부른 이름)와 그 옆의 섬이 조선의 것이라고 표기되었음.

개념2 독도가 나타나 있는 옛 기록

> 1905년 러일 전쟁 때 일본이 독도를 강제로 편입하였다가, 제2차 세계 대전이 끝난 후 독도를 한국의 영토로 반환했어.

「세종실록지리지」 (1454년)	"우산(지금의 독도)과 무릉(지금의 울릉도), 두 섬이 울진현의 정동쪽 바다에 있다. 두 섬은 거리가 멀지 않아 날씨가 맑으면 서로 바라볼 수 있다." → 울릉도와 독도가 강원도 울진현에 속한 두 섬이라고 기록하고 있음.	
「대한 제국 칙령 제41호」(1900년)	"울릉도를 울도라고 이름을 고쳐 강원도에 부속하고 …… 구역은 울릉전도와 죽도(지금의 대섬), 석도(지금의 독도)를 관할할 것." → 독도가 강원도에 속하는 우리의 영토라고 쓰여 있음.	
「SCAPIN(연합국 최고 사령관 각서) 제677호」 및 관련 지도(1946년)	"(일본의 영역에서) 제외되는 것은 울릉도, 리앙쿠르암(지금의 독도), 제주도 등이다." → 독도가 일본의 영역에서 제외된다는 내용과 함께 지도에 독도가 한국의 영토로 표시되어 있음.	

➔ 바른답·알찬풀이 23쪽

개념 터치 추가 문제

01 (「팔도총도」, 「동국대지도」, 「조선왕국전도」)는 현재 남아 있는 우리나라의 옛 지도 중에서 독도가 그려진 가장 오래된 지도이다.

02 옛 지도에 표기된 독도의 이름으로 알맞은 것을 바르게 연결하시오.

(1) 「팔도총도」 •   • ㉠ 천산도

(2) 「조선왕국전도」 •   • ㉡ 우산도

03 독도가 실제와 달리 울릉도의 서쪽에 그려진 옛 지도를 모두 고르시오.

( )

① 「팔도총도」 ② 「동국대지도」 ③ 「대동여지도」
④ 「조선왕국전도」 ⑤ 「삼국접양지도」

04 다음과 같은 내용이 기록되어 있는 자료에 ○표 하시오.

> 우산(지금의 독도)과 무릉(지금의 울릉도), 두 섬이 울진현의 정동쪽 바다에 있다. 두 섬은 거리가 멀지 않아 날씨가 맑으면 서로 바라볼 수 있다.

(1) 『세종실록지리지』 ( )
(2) 「대한 제국 칙령 제41호」 ( )
(3) 「SCAPIN(연합국 최고 사령관 각서) 제677호」 ( )

확인해요

05 옛 지도와 옛 기록에는 독도가 우리나라의 영토라는 사실이 나타나 있다.
(○ , ×)

2 단원

공부한 날
월
일

공부한 내용은?
- 자신있게 설명할 수 있어요.
- 설명하기 조금 힘들어요.
- 어려워서 설명할 수 없어요.

3 독도를 지키려는 노력을 알아볼까요

개념 터치
마인드맵

독도를 지키려는 노력
↓
조선 시대: 안용복은 일본에 끌려가서도 울릉도와 독도가 조선의 땅임을 주장했고, 일본은 「도해 금지령」을 내림.
↓
오늘날: 우리 국민, 정부, 민간단체가 독도를 지키려고 다양한 노력을 하고 있음.

활동해요

독도를 홍보하는 자료에 어떤 내용을 넣고 싶은지 써 보자.

예시 답안 독도의 자연환경, 독도의 역사, 독도를 지키려는 노력 등을 소개하고 싶다.

우리나라 정부는 예전에 독도에 많이 살았던 강치라는 바다사자의 멸종과 같은 사례가 다시는 발생하지 않도록 독도의 동식물을 조사해 관리하고 있어.

낱말사전

★도해(渡 건널 도, 海 바다 해) 바다를 건넘.

★파견(派 물갈래 파, 遣 보낼 견) 일정한 일을 주어 사람을 보냄.

★반크 인터넷에서 우리나라와 관련된 잘못된 사실을 찾아 바르게 알리는 활동을 하는 민간단체

개념1 조선 시대 때 독도를 지키려는 노력

안용복이 한 일 (조선 숙종 때)

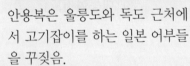

울릉도와 독도는 우리 땅이오!

안용복은 울릉도와 독도 근처에서 고기잡이를 하는 일본 어부들을 꾸짖음.
→ 일본 어부들이 안용복을 일본으로 끌고 감.
→ 안용복은 일본에서도 울릉도와 독도가 조선의 땅임을 당당하게 주장함.

울릉도·독도 「도해 금지령」(1696년)

일본에 문서를 보내시오.

일본인의 울릉도와 독도에 대한 접근을 금지함.

▲ 울릉도·독도 「도해 금지령」

안용복이 풀려나 조선으로 돌아오자, 이 일이 조정에 알려짐.
→ 조정에서는 울릉도와 독도가 조선의 땅임을 분명히 하는 문서를 일본에 보냄.
→ 일본은 울릉도와 독도가 조선의 땅임을 인정하고, 울릉도와 독도에 일본 어부들이 드나들지 못하도록 「도해 금지령」을 내림.

개념2 오늘날 독도를 지키려는 노력

❶ 우리나라가 공식적으로 파견한 독도 경비대가 독도 해안 경계를 하고 있다.

❷ 독도 경비대원을 포함한 약 40명의 한국인이 거주하며 독도를 지키고 있다.

❸ 정부와 민간단체는 독도의 역사를 올바르게 소개하고, 독도의 생태계를 보호·보전하기 위해 노력하고 있다.

▲ 근무 중인 독도 경비대원

▲ 사이버 외교 사절단 반크의 독도 방문

01 조선 숙종 때, 일본에 끌려가서도 울릉도와 독도가 조선의 땅임을 당당하게 주장한 인물은 누구입니까? ( )

① 이이   ② 이황   ③ 안용복

④ 장영실   ⑤ 정약용

2
단원

공부한 날

월

일

02 1696년 일본은 울릉도와 독도가 조선의 땅임을 인정하고, 울릉도와 독도에 일본 어부들이 드나들지 못하도록 하는 「도해 금지령」을 내렸다. (◯ , ✕)

03 오늘날 독도를 지키기 위한 노력으로 알맞지 <u>않은</u> 것은 어느 것입니까?

( )

① 독도 경비대는 독도의 해안 경계를 하고 있다.

② 정부는 독도의 동식물을 조사해 관리하고 있다.

③ 정부와 민간단체는 독도의 역사를 올바르게 소개하고 있다.

④ 정부는 사람들의 관심을 끌기 위해 독도에 많은 놀이 시설을 짓고 있다.

⑤ 민간단체는 독도의 환경을 보호하기 위한 활동에 적극적으로 참여하고 있다.

04 다음 ( ) 안에 들어갈 알맞은 말을 쓰시오.

> 사이버 외교 사절단 ( )은/는 인터넷에서 우리나라와 관련된 잘못된 사실을 찾아 바르게 알리는 활동을 하는 민간단체로, 인터넷에서 독도가 우리나라의 영토라는 것을 널리 알리고 있다.

( )

공부한 내용은?

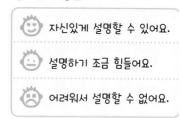

😊 자신있게 설명할 수 있어요.

😐 설명하기 조금 힘들어요.

😞 어려워서 설명할 수 없어요.

확인해요

05 오늘날 정부와 민간단체는 독도의 역사를 올바르게 소개하고, 독도의 생태계를 보호하기 위해 노력하고 있다. (◯ , ✕)

4 남북통일이 필요한 까닭을 생각해 볼까요

개념 터치
마인드맵

남북 분단으로 겪는 어려움

↓

• 전쟁에 대한 두려움
• 이산가족의 고통
• 언어와 문화의 차이
• 과도한 국방비 지출

■

남북통일의 필요성

↓

• 새로운 민족 공동체 건설
• 남북 분단의 어려움 해결
• 국방비를 줄여 다른 분야에 사용
• 남한의 기술과 북한의 자원을 이용한 제품의 생산과 수출로 많은 이익을 얻음.

탐구해요

각각의 입장에서 남북통일이 필요한 까닭을 말해 보자.

예시 답안

남한 주민	"북한에 있는 고구려, 고려의 문화유산을 실제로 본다면 멋질 거예요."
이산가족	"북한에 있는 가족도 만나 보고, 고향에도 가 보고 싶어요."
북한 주민	"국방비를 줄이면 빈곤으로 고통받는 아이들을 도울 수 있어요."

낱말사전

★고착(固 굳을 고, 着 붙을 착) 어떤 상황이나 현상이 굳어져 변하지 않음.

★이산가족 분단이나 전쟁 등으로 만날 수 없거나 소식을 모르는 가족

★공유 두 사람 이상이 공동으로 소유함.

★국방비 국가가 외국의 침략에 대비 태세를 갖추고 국토를 방위하는 데에 쓰는 비용

★손실(損 덜 손, 失 잃을 실) 잃어버리거나 모자라서 손해를 봄.

개념 1 남북 분단으로 겪는 어려움

❶ 우리나라는 광복 이후 남한에서 대한민국 정부가 수립되었고, 북한에서 별도의 정권이 세워지면서 우리나라의 분단이 시작되었다. → 이후에 6·25 전쟁을 겪으면서 분단이 더욱 고착화되었다.

❷ 남북 분단으로 인한 여러 가지 어려움

남한과 북한의 갈등으로 다시 전쟁이 일어날 수 있다는 두려움이 있어요.

이산가족들이 고향에 못 가거나, 가족을 만날 수 없는 아픔이 있어요.

물고기떡 = 어묵

같은 언어를 사용하고 같은 문화를 공유했지만, 분단으로 언어와 문화가 달라져 혼란을 겪고 있어요.

분단으로 남한과 북한이 사용하는 국방비가 많아 경제적으로 큰 손실이 있어요.

개념 2 남북통일의 필요성 탐구해요

❶ 새로운 민족 공동체를 건설할 수 있다.

❷ 남북 분단으로 겪는 여러 가지 어려움을 해결할 수 있다.

❸ 과도한 국방비를 줄여 복지, 문화, 경제 분야에 사용할 수 있다.

❹ 남한의 기술과 북한의 자원을 이용하여 경쟁력 있는 제품을 만들어 수출하면 많은 이익을 얻을 수 있다.

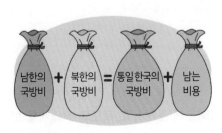

남한의 국방비 + 북한의 국방비 = 통일 한국의 국방비 + 남는 비용

▲ 과도한 국방비를 줄여 다른 분야에 사용

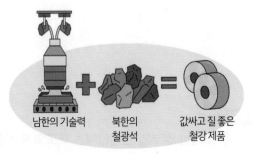

남한의 기술력 + 북한의 철광석 = 값싸고 질 좋은 철강 제품

▲ 남한의 기술과 북한의 자원을 이용한 제품 생산

확인해요

01 우리나라는 (   ) 전쟁을 겪으면서 분단이 더욱 고착화되었다.

02 남북 분단으로 겪는 어려움으로 알맞지 <u>않은</u> 것은 어느 것입니까?　(   )

① 경제적으로 큰 손실이 있다.

② 이산가족들이 고통을 겪고 있다.

③ 다시 전쟁이 일어날 수 있다는 두려움이 있다.

④ 남한과 북한은 소규모의 국방비를 지출하고 있다.

⑤ 남한과 북한의 언어와 문화가 달라져 혼란을 겪고 있다.

확인해요

03 남북 분단으로 겪는 어려움을 해결하기 위해서라도 (   )은/는 필요하다.

04 다음 (   ) 안에 들어갈 알맞은 말을 쓰시오.

> 남북통일이 되면 과도한 (   )을/를 줄여 남는 비용을 복지, 문화, 경제 분야에 사용할 수 있어 국민의 삶의 질을 높일 수 있다.

(   )

05 남북통일이 되면 남한의 풍부한 지하자원과 북한의 우수한 기술력을 이용하여 경쟁력 있는 제품을 만들 수 있다.　(○ , ×)

2 단원

공부한 날

월

일

공부한 내용은?

😊 자신있게 설명할 수 있어요.

😐 설명하기 조금 힘들어요.

😞 어려워서 설명할 수 없어요.

남북통일을 위한 다양한 노력을 알아보고, 통일 한국의 미래 모습을 그려 볼까요

이것만은 꼭

남북통일을 위한 다양한 노력

↓

- 1970~1980년대: 「7·4 남북 공동 성명」 발표, 이산가족 상봉 등
- 1990년대: 「남북 기본 합의서」 채택, 남북 탁구 단일팀 구성, 소 떼 방북, 금강산 관광 사업 등
- 2000년대: 「6·15 남북 공동 선언」 발표, 개성 공단 가동 등
- 2010년 이후: 정치, 경제, 문화 등의 분야에서 교류와 협력 추진

> 통일 한국은 지금보다 삶의 터전이 넓어지고, 여러 분야에서 발전하여 살기 좋은 나라가 될 거야.

낱말사전

★개성 공단 「6·15 남북 공동 선언」 이후 남측의 자본과 기술, 북측의 토지와 인력을 결합하여 만든 공업 단지

★판문점 남북한 군사 분계선이 걸쳐 있는 지역으로 1953년 7월 27일에 휴전 협정을 맺은 곳임.

★비무장 지대 군사 활동이 금지되는 지역으로, 남과 북의 무력 충돌을 막으려고 만듦.

★반도국 삼면이 바다로 둘러싸이고 한 면은 육지에 이어진 땅으로 되어 있는 나라

★지구촌(地 땅 지, 球 공 구, 村 마을 촌) 지구 전체를 한 마을처럼 여겨 이르는 말

개념 1 남북통일을 위한 다양한 노력

1970~1980년대	• 「7·4 남북 공동 성명」(1972년) 발표: 남북이 통일의 3대 원칙(자주, 평화, 민족 대단결)에 합의하고 성명을 발표함. • 1980년대: 1985년 이산가족 상봉이 처음 이루어짐.
1990년대	• 「남북 기본 합의서」(1991년)를 채택하여 남북은 평화 통일을 위해 함께 노력하기로 뜻을 모았으며, 민간 교류를 시작함. • 민간 교류: 남북 탁구 단일팀(1991년) 구성, 소 떼 방북(1998년), 금강산 관광 사업(1998~2008년) 등
2000년대	• 남북 정상들의 만남: 2000년(「6·15 남북 공동 선언」 발표), 2007년에 남북 정상이 만나 남북 관계 발전을 위해 노력할 것을 선언함. • 교류의 확대: 시드니 올림픽 남북 선수 공동 입장(2000년), 개성 공단 가동(2004~2016년), 개성 만월대 남북 공동 발굴 사업(2007~2018년)
2010년 이후~	정치, 경제, 문화 등의 분야에서 남북 간 교류와 협력이 계속되고 있음.

▲ 씨름을 남북 공동 유네스코 문화유산으로 등재 (2018년)　▲ 판문점에서 만난 남북 정상(2018년)　▲ 남북 예술단 합동 공연(2018년)

개념 2 통일 한국의 미래 모습 활동해요

통일 이후 한국의 모습	• 새로운 직업과 일자리가 늘어나 경제가 발전할 것임. • 비무장 지대를 비롯하여 백두산, 금강산, 제주도 등 남과 북을 자유롭게 다닐 수 있음. • 반도국의 장점이 살아나 대륙과 해양을 연결하는 물류와 교통의 중심지로 성장할 것임.
지구촌 평화에 기여하는 통일 한국	• 남한과 북한의 전쟁 가능성이 없어짐. • 동아시아의 긴장감을 해소하여 세계 평화와 인류 발전에 기여할 수 있음. • 통일의 과정을 전 세계에 보여 주어 많은 사람에게 지구촌 평화의 중요성을 알릴 수 있음.

확인해요

01 1972년 남북은 통일 원칙에 합의하여 (   )을/를 발표하였다.

02 1990년대에 남북통일을 위한 노력으로 알맞은 것에 ○표 하시오.

(1) 「남북 기본 합의서」 채택   (   )

(2) 「7·4 남북 공동 성명」 발표   (   )

(3) 「6·15 남북 공동 선언」 발표   (   )

03 남북통일을 위한 다음과 같은 노력이 이루어졌던 시기는 언제입니까? (   )

> • 개성 공단 가동
> • 개성 만월대 남북 공동 발굴 사업
> • 시드니 올림픽 남북 선수 공동 입장

① 1970년대   ② 1980년대   ③ 1990년대

④ 2000년대   ⑤ 2010년 이후

04 통일 한국은 지금보다 삶의 터전이 넓어지고, 여러 분야에서 발전하여 살기 좋은 나라가 될 것이다.   (○ , ×)

05 통일 한국의 미래 모습으로 알맞지 **않은** 것은 어느 것입니까? (   )

① 동아시아의 긴장감을 해소할 수 있다.

② 주변의 나라들이 안심하고 살 수 있다.

③ 지구촌 평화의 중요성을 알리는 나라가 될 수 있다.

④ 세계 평화와 인류 발전에 기여하는 나라가 될 수 있다.

⑤ 비무장 지대를 제외하고 자유롭게 남과 북을 다닐 수 있다.

2 단원

공부한 날

월

일

공부한 내용은?

😊 자신있게 설명할 수 있어요.

😐 설명하기 조금 힘들어요.

😫 어려워서 설명할 수 없어요.

그림으로 보는 용어

꼭 알아야 할 용어들을 모아모아 그림과 함께 공부해 보세요.

독도에는 서도와 동도라는 두 개의 큰 섬이 있어.

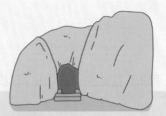

우리 땅 독도

독도
우리나라의 가장 동쪽에 있는 영토로 군사 및 해상 교통의 중심지로서 중요한 위치에 있습니다.

물골
독도 서도의 북서쪽 해안에서 물이 흘러나오는 동굴로, 식수로 사용할 수 있는 샘이 있어 물골이라고 합니다.

조경 수역
차가운 바닷물과 따뜻한 바닷물이 만나는 곳으로 다양한 종류의 물고기들이 모여 좋은 어장을 형성합니다.

울릉도와 독도는 우리 땅이오!

독도를 지키려는 노력

안용복
조선 숙종 때, 일본 어부들에 의해 일본으로 끌려가서도 울릉도와 독도가 조선의 땅임을 당당하게 주장한 인물입니다.

울릉도·독도「도해 금지령」
일본이 울릉도와 독도가 조선 땅임을 인정하고, 일본인의 울릉도와 독도에 대한 접근을 금지한 명령입니다.

반크
1999년에 만들어졌으며, 인터넷에서 우리나라를 바르게 알리는 활동을 하는 민간단체로서 독도 지키기 활동도 하고 있습니다.

남북통일과 통일 한국의 미래

6·25 전쟁
1950년 6월 25일 북한군이 우리나라를 침공함으로써 일어난 전쟁으로 이후 분단이 고착화되었습니다.

이산가족
분단이나 전쟁, 자연재해 등으로 인해 이리저리 흩어져서 만날 수 없거나 서로 소식을 알지 못하는 가족을 말합니다.

만월대
개성시 송악산 남쪽 기슭에 있는 고려의 왕궁 터로 궁전은 불타서 없어졌고, 현재는 계단이나 초석 등이 남아 있습니다.

「팔도총도」

현재 남아 있는 우리나라 지도 중에서 우산도가 그려진 가장 오래된 지도로, 독도가 울릉도의 서쪽에 그려져 있습니다.

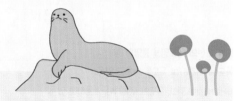

강치

예전에 독도에 많이 살았던 바다사자로, 일제 강점기에 강치의 가죽, 기름 등을 노린 일본 어부들이 마구 잡아들여 멸종된 동물입니다.

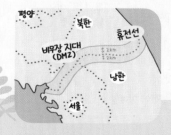

비무장 지대

남한과 북한의 경계가 되는 지역으로 6·25 전쟁 이후 정전 협정으로 만들어졌으며, 군사 활동이 금지되는 곳입니다.

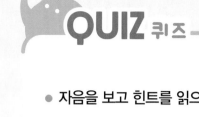

QUIZ 퀴즈

● 자음을 보고 힌트를 읽으면서 관련 있는 용어를 써 보세요.

❶ ㄷㄷ

▶ 우리나라의 가장 동쪽에 있는 섬입니다.
▶ 군사 및 해상 교통의 중심지로서 중요한 위치에 있습니다.

❷ ㅍㄷㅊㄷ

▶ 우산도가 그려진 가장 오래된 우리나라의 지도입니다.
▶ 독도가 울릉도의 서쪽에 그려져 있습니다.

❸ ㅂㅋ

▶ 인터넷에서 활동하는 민간단체로 우리나라를 바르게 알리는 활동을 합니다.

❹ ㄱㅊ

▶ 독도에 많이 살았던 바다사자입니다.
▶ 일제 강점기 때 일본 어부들이 마구 잡아 멸종된 동물입니다.

❺ ㅇㅅㄱㅈ

▶ 분단이나 전쟁, 자연재해 등으로 만날 수 없거나 서로 소식을 모르는 가족입니다.

2 단원

공부한 날

월

일

답안 길잡이   ❶ 독도 ❷ 「팔도총도」 ❸ 반크 ❹ 강치 ❺ 이산가족

교과서 쏙쏙

뚝딱뚝딱 정리하기

1 빈칸을 채우면서 공부한 내용을 정리해 보자.

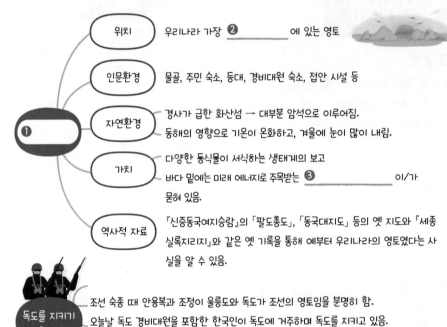

위치	우리나라 가장 **②**_____에 있는 영토
인문환경	물골, 주민 숙소, 등대, 경비대원 숙소, 접안 시설 등
① 자연환경	경사가 급한 화산섬 → 대부분 암석으로 이루어짐. 동해의 영향으로 기온이 온화하고, 겨울에 눈이 많이 내림.
가치	다양한 동식물이 서식하는 생태계의 보고 바다 밑에는 미래 에너지로 주목받는 **③**_____이/가 묻혀 있음.
역사적 자료	『신증동국여지승람』의 「팔도총도」, 「동국대지도」 등의 옛 지도와 『세종실록지리지』와 같은 옛 기록을 통해 예부터 우리나라의 영토였다는 사실을 알 수 있음.

독도를 지키기 위한 노력
- 조선 숙종 때 안용복과 조정이 울릉도와 독도가 조선의 영토임을 분명히 함.
- 오늘날 독도 경비대원을 포함한 한국인이 독도에 거주하며 독도를 지키고 있음.
- 오늘날 정부와 민간단체는 독도의 역사를 올바르게 소개하고, 독도의 생태계를 보호하고 있음.

남북통일이 필요한 까닭
- 전쟁에 대한 두려움, **④**_____의 고통, 언어와 문화 차이로 발생하는 혼란 등 남북 분단으로 겪는 여러 가지 어려움을 해결할 수 있음.
- 과도한 국방비를 줄여 다른 분야에 사용할 수 있음.
- 남한의 기술과 북한의 자원을 이용하여 경쟁력 있는 제품을 만들 수 있음.

남북통일을 위한 다양한 노력

1970~1980년대	1990년대	2000년대	2010년 이후
「7·4 남북 공동 성명」 채택, 최초 이산가족 상봉 등	「남북 기본 합의서」 채택, 금강산 관광 사업 실시 등	**⑤**_____ 선언, 개성 공단 가동 등	판문점 회담 개최, 남북 예술단 합동 공연 등

통일 한국의 미래 모습
- 대륙과 해양을 연결하는 물류와 교통의 중심지로 성장할 것임.
- 전쟁 가능성이 없어져 세계 **⑥**_____와/과 인류 발전에 기여할 수 있음.

> 우리는 소중한 영토인 독도에 관심을 갖고 독도를 지키기 위해 노력해야 해.

답안 길잡이 ❻ 평화 ❺ 6·15 남북 공동 ❹ 이산가족 ❸ 가스 하이드레이트 ❷ 동쪽 ❶ 독도

2 다음 활동 방법을 보고 강치가 낸 문제를 맞혀 보자.

활동 방법

① 문제를 모두 푼 뒤 159쪽 답안 길잡이에서 정답을 확인한다.

② 문제의 정답을 맞히면 '맞다'에, 틀리면 '틀리다'에 ✔ 표시를 한다.

③ 틀린 문제가 있으면 다시 푼다.

❶ 독도는 군사 및 해상 교통의 중심지로서 중요한 위치에 있다. (O , X)

☐ 맞다 ☐ 틀리다

❷ 독도 주변 바다는 ○○ 수역을 형성하는 곳으로 다양한 해양 생물이 살고 있다.

☐ 맞다 ☐ 틀리다

❸ 우산도는 울릉도의 옛 이름이다. (O , X)

☐ 맞다 ☐ 틀리다

❹ 『세종실록지리지』에서 독도에 관련된 기록을 찾아볼 수 있다. (O , X)

☐ 맞다 ☐ 틀리다

❺ 조선 숙종 때 인물인 ○○○은/는 일본이 울릉도와 독도가 조선의 영토임을 인정하는 데 기여하였다.

☐ 맞다 ☐ 틀리다

❻ 통일이 이루어지면 과도한 ○○○을/를 줄여 복지, 문화, 경제 분야에 사용할 수 있다.

☐ 맞다 ☐ 틀리다

❼ 정치, 경제, 문화 등 다양한 분야에서 남북 간 교류와 협력이 이루어져 왔다. (O , X)

☐ 맞다 ☐ 틀리다

❽ 통일이 이루어지면 새로운 직업과 일자리가 늘어날 것이다. (O , X)

☐ 맞다 ☐ 틀리다

독도와 통일 한국의 모습을 떠올리며 문제를 풀어 보자.

답안 길잡이 ❶ O ❷ O ❸ X ❹ O ❺ 안용복 ❻ 국방비 ❼ O ❽ O

01 ㉠, ㉡에 들어갈 알맞은 말을 쓰시오.

독도는 우리나라의 가장 (㉠)에 있는 영토로, 서도와 (㉡)인 두 개의 큰 섬과 주위에 89개의 바위섬으로 이루어져 있다.

㉠: (   )

㉡: (   )

02 다음 (   ) 안에 들어갈 알맞은 말은 어느 것입니까? ( )

독도는 동해에 자리 잡고 있어 국가 안보라는 (   )적인 측면에서 매우 중요한 위치에 있다.

① 군사   ② 경제   ③ 문화
④ 정치   ⑤ 교육

03 독도에 있는 시설이 <u>아닌</u> 것은 어느 것입니까?
( )

①
▲ 물골

②
▲ 접안 시설

③
▲ 등대

④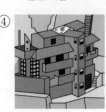
▲ 주민 숙소

⑤
▲ 기차역

서술형

04 밑줄 친 부분에 들어갈 알맞은 내용을 쓰시오.

독도는 경사가 급한 화산섬으로, 대부분 암석으로 이루어져 있다. 우리나라는 독도를 천연기념물로 지정해 보호하고 있는데, 그 까닭은 _____

핵심 단어   동식물, 생태계, 보고

....

....

05 독도의 기후에 관한 설명으로 알맞은 것을 <u>두 가지</u> 고르시오. (,)

① 기온이 온화하다.
② 기온이 매우 낮다.
③ 사계절의 변화가 없다.
④ 겨울에는 눈이 많이 내린다.
⑤ 비와 눈이 거의 내리지 않는다.

06 다음 (   ) 안에 들어갈 알맞은 말을 쓰시오.

독도의 바다 밑에는 미래 에너지로 주목받는 (   )이/가 묻혀 있다.

(   )

→ 바른답·알찬풀이 25쪽

07 독도에서 집단으로 번식하는 새는 무엇입니까?

( )

① 제비
② 독수리
③ 앵무새
④ 직박구리
⑤ 괭이갈매기

08 다음에서 설명하는 옛 지도는 무엇입니까? ( )

> 프랑스인이 만든 우리나라 지도이다. 우(于)를 천(千)으로 잘못 읽어 우산도가 천산도로 표기되어 있다.

① 「팔도총도」
② 「동국대지도」
③ 「대동여지도」
④ 「삼국접양지도」
⑤ 「조선왕국전도」

중요
09 다음과 같은 내용이 기록되어 있는 옛 기록은 무엇입니까?

( )

> "우산(지금의 독도)과 무릉(지금의 울릉도), 두 섬이 울진현의 정동쪽 바다에 있다. 두 섬은 거리가 멀지 않아 날씨가 맑으면 서로 바라볼 수 있다."

① 『동국통감』
② 『삼국유사』
③ 『삼국사기』
④ 『조선왕조실록』
⑤ 『세종실록지리지』

10 다음 ( ) 안에 들어갈 알맞은 시대를 쓰시오.

> ( ) 당시 고종은 칙령을 내려 독도가 강원도에 속하는 우리의 영토라고 하였다.

( )

중요
11 다음과 같은 내용이 적혀 있는 옛 기록은 무엇인지 **보기**에서 골라 기호를 쓰시오.

> "(일본의 영역에서) 제외되는 것은 울릉도, 리앙쿠르암(지금의 독도), 제주도 등이다."

보기
㉠ 『세종실록지리지』
㉡ 「대한 제국 칙령 제41호」
㉢ 「SCAPIN(연합국 최고 사령관 각서) 제677호」

( )

서술형
12 다음의 옛 지도와 옛 기록을 통해 알 수 있는 사실을 쓰시오.

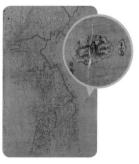
▲ 「동국대지도」

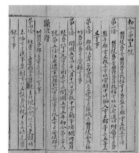
▲ 「대한 제국 칙령 제41호」

핵심 단어 　　　독도, 영토

....

....

[13~14] 다음 이야기를 읽고, 물음에 답하시오.

조선 숙종 때, (㉠)은/는 울릉도와 독도 근처에서 고기잡이를 하는 일본 어부들을 꾸짖었고, 일본 어부들에 의해 일본에 끌려가서도 울릉도와 독도가 조선의 땅임을 당당하게 주장하였다.

13 ㉠에 들어갈 인물을 쓰시오.

( )

서술형

14 위 사건이 일어난 이후에 조선 조정과 일본은 어떤 일을 했는지 쓰시오.

핵심 단어 문서, 도해 금지령

(1) 조선 조정이 한 일:

....

(2) 일본이 한 일:

....

15 남북 분단으로 겪는 어려움으로 알맞지 <u>않은</u> 것은 어느 것입니까? ( )

① 이산가족이 아픔을 겪고 있다.

② 전쟁에 대한 두려움을 겪고 있다.

③ 언어와 문화가 달라져서 혼란을 겪고 있다.

④ 다른 나라를 자유롭게 여행하는 데 어려움을 겪고 있다.

⑤ 국방비가 과도하게 지출되어 경제적으로 큰 손실이 발생하고 있다.

중요

16 남북통일이 필요한 까닭으로 알맞지 <u>않은</u> 것은 어느 것입니까? ( )

① 새로운 민족 공동체를 건설할 수 있다.

② 남북 분단으로 겪는 어려움을 해결할 수 있다.

③ 과도한 국방비를 다른 분야에 사용할 수 있다.

④ 천연가스나 원유를 생산해 수출함으로써 경제적 이익을 얻을 수 있다.

⑤ 남한과 북한이 협력하여 경쟁력 있는 제품을 만들어 수출하면 많은 이익을 얻을 수 있다.

17 남북통일을 위해 다음과 같은 노력이 이루어졌던 시기는 언제입니까? ( )

남북은 '자주, 평화, 민족 대단결'이라는 통일 원칙에 합의하여 「7·4 남북 공동 성명」을 발표하였다.

① 1970년대   ② 1980년대

③ 1990년대   ④ 2000년대

⑤ 2010년 이후

18 통일 이후 한국의 변화 모습을 <u>잘못</u> 말한 친구의 이름을 쓰시오.

연후: 남과 북을 자유롭게 다닐 수 있게 될 거예요.

찬성: 일자리가 줄어들어서 경제 발전이 어려워질 거예요.

민지: 대륙과 해양을 연결하는 물류와 교통의 중심지로 성장할 거예요.

( )

특별한 서술/논술

• 자료를 보고, 물음에 답하시오.

이곳은 6·25 전쟁 이후 정전 협정으로 만들어졌으며, 남한과 북한의 경계가 되는 곳이다. 이곳의 폭은 휴전선으로부터 남북으로 각각 2km씩 총 4km이며, 길이는 약 248km이다. 이곳은 사람들의 발길이 닿지 않으면서 자연 상태의 생태계로 되살아났다. 울창한 숲에는 각종 희귀 식물들이 서식하고 있으며, 두루미, 저어새, 수달, 산양 등 많은 멸종 위기종이 살아가고 있다. 또한 국내외 많은 사람이 6·25 전쟁과 관련된 유물과 기념물, 남북 대립의 생생한 현장을 보여 주는 남침용 땅굴 등을 통해 평화의 소중함을 느껴 보고자 이곳을 찾는다.

2 단원

공부한 날

월

일

01 밑줄 친 '이곳'은 어디인지 쓰시오.

(   )

> **힌트!**
> 이곳은 군사 활동이 금지되는 지역이라는 점을 염두에 두고 생각해 봐.

02 밑줄 친 부분에 들어갈 알맞은 말을 쓰시오.

위 장소는 사람들의 발길이 닿지 않으면서 자연 상태의 생태계가 되살아난 _____ 의 공간이자 6·25 전쟁과 관련된 유물과 기념물 등을 통해 평화의 소중함을 되새기는 평화의 공간으로 자리 잡고 있다. 통일이 되면 위 장소를 비롯하여 ㉠ 북한을 자유롭게 다닐 수 있게 될 것이다.

> **힌트!**
> 위 장소가 자연 상태의 생태계, 그리고 분단과 관련된 장소라는 점과 관련지어 생각하면 답을 금방 쓸 수 있을 거야.

03 02번의 ㉠을 바탕으로 통일 이후에 달라질 한국의 변화 모습을 **두 가지** 쓰시오.

_____

_____

> **힌트!**
> 북한을 자유롭게 갈 수 있게 되었을 때 할 수 있는 일들을 생각해 봐!
>
> **핵심 단어**
> 여행, 육로, 교류

2 지구촌의 평화와 발전

이 단원을 공부하면?

지구촌의 다양한 갈등 사례를 조사하고 그 해결 방안을 찾아볼 수 있습니다.

지구촌 평화와 발전을 위해 노력하는 다양한 활동을 조사할 수 있습니다.

전쟁으로 시리아를 떠나 레바논 난민촌에 사는 난민 소녀 리마가 편지를 보내왔습니다.

무슨 말을 써야 할까…….

전쟁으로 폐허가 된 집과 학교를 떠나 레바논의 난민촌에서 살게 된 난민 소녀 리마가 이전의 평범하고 사소했던 일상을 그리워하고 있는 모습이에요.

전쟁으로 우리 집은 부서져 버렸어.

내가 다니던 학교도 이제 더 이상 그 자리에 없어. 학생들도 없고, 수업 종소리도 들리지 않아.

길에는 무너져 내린 건물과 돌무더기만 여기저기 흩어져 있어.

나는 언제쯤 내가 살던 집으로 돌아가 가족과 행복하게 살 수 있을까? 내가 다니던 학교에서 친구들과 마음껏 이야기도 나누고 싶어.

✏️ 리마가 집으로 돌아가기 위해 필요한 것은 무엇인가요?

지구촌에는
어떤 갈등이 있을까요

개념 터치
마인드맵

지구촌 갈등의 원인

↓

• 영토, 자원, 종교, 인종, 민족, 정치 등으로 원인이 다양함.
• 여러 가지 원인이 복잡하게 얽혀 나타나기도 함.

■

지구촌 갈등의 사례

인도와 파키스탄의 갈등, 북극해 주변국들의 갈등, 팔레스타인과 이스라엘의 갈등, 시리아의 내전 등

해요

모둠별로 지구촌에서 일어나는 갈등 사례와 그 원인을 조사하여 정리해 보자.

예시 답안

갈등 지역	메콩강 주변국
내용	메콩강은 중국, 미얀마, 라오스, 타이, 캄보디아, 베트남을 흐르는 강이다. 2010년에 중국이 메콩강 상류에 거대한 댐을 건설해 흐르는 물의 양을 조절하자 메콩강 하류에 위치한 다른 나라들이 크게 반발함.
갈등 원인	여러 나라에 속한 물 자원을 어느 한 나라가 많이 가지려 하기 때문임.

낱말사전

★분쟁(分 나눌 분, 爭 다툴 쟁) 나뉘어져 서로 다툼.
★중재 분쟁에 끼어들어 양쪽을 화해시킴.
★점령 어떤 장소를 차지함.
★항로 배가 지나다니는 길
★내전(內 안 내, 戰 싸울 전) 한 나라 안에서 일어나는 싸움
★난민 전쟁이나 재해 등으로 어려운 처지에 빠져 자기 나라를 떠나 머물 곳을 찾아 헤매는 사람

개념 1 지구촌 갈등의 원인과 영향

❶ 원인: 영토, 자원, 종교, 인종, 민족, 정치 등으로 원인이 다양하며, 여러 가지 원인이 복잡하게 얽혀 나타나기도 한다.

❷ 영향

• 사람들은 삶의 터전이나 가족을 잃고, 다치거나 가난에 시달리기도 한다.
• 지구촌 갈등은 갈등을 겪는 지역뿐만 아니라 다른 나라에도 영향을 끼친다.

개념 2 지구촌 갈등의 사례 활동해요

센카쿠 열도 분쟁은 자원을 둘러싼 일본과 중국의 영토 분쟁이야.

인도와 파키스탄의 갈등	• 1947년 인도가 영국에서 독립할 당시 카슈미르 주민의 70% 이상이 이슬람교를 믿어 파키스탄에 속하기를 원했지만 힌두교가 많은 인도에 속하게 되면서 카슈미르 지역 내 종교 분쟁이 일어남. 이러한 종교 분쟁은 점차 영토 분쟁으로 확대됨. • 국제연합의 중재로 카슈미르에는 인도와 파키스탄이 나누어 점령하는 통제선이 그어졌지만, 지금까지 분쟁이 계속 이어짐.
북극해 주변국들의 갈등	• 2007년 러시아가 러시아 북쪽 해안부터 북극점까지 러시아 소유를 주장한 것에 대하여 북극해 주변국인 미국, 캐나다, 덴마크, 노르웨이 등이 발끈하면서 갈등이 일어남. • 최근 북극해에 매장된 많은 양의 원유와 천연가스의 개발 및 항로 이용 가능성이 커지면서 북극해 주변국들 간에 갈등을 겪음.
팔레스타인과 이스라엘의 갈등	• 1948년에 팔레스타인 지역에 유대인들이 이스라엘을 세우면서 주변국 간에 네 차례에 걸친 전쟁이 일어남. • 아랍 민족과 유대 민족의 다툼은 영토 분쟁에서 종교 분쟁으로 확대되어 지금까지 계속되고 있음.
시리아의 내전	• 2011년 독재 정치에 반대하여 일으킨 시위를 정부가 무력으로 진압하자 가혹한 진압에 반대하는 정부군 군인과 시민이 반정부군을 만들어 정부군에 맞서면서 내전에 빠져듦. • 강대국과 주변국이 내전에 가세하고, 종파 간 갈등으로 번지면서 내전이 확대됨. → 수많은 사람이 죽거나 난민으로 살아감.

확인해요

01 지구촌 갈등은 영토, 자원, 종교, 인종, 민족, 정치 등 다양한 원인이 복합적으로 얽혀 나타난다. (○ , ×)

02 인도와 파키스탄 간 갈등의 원인으로 알맞은 것을 모두 고르시오.

( )

① 경제   ② 영토   ③ 인종

④ 자원   ⑤ 종교

03 러시아, 미국, 캐나다, 덴마크 등 북극해 주변국들은 북극해의 자원을 차지하기 위해 갈등을 겪고 있다. (○ , ×)

04 다음 ㉠, ㉡에 들어갈 알맞은 말을 고르시오.

> 팔레스타인과 이스라엘의 ㉠ (종교, 영토) 분쟁은 ㉡ (종교, 영토) 분쟁으로 확대되어 지금도 계속되고 있다.

05 다음과 같은 갈등을 겪고 있는 나라 이름을 쓰시오.

> 2011년에 독재 정치에 반대하는 학생들의 시위가 일어났다. 정부는 시위를 무력으로 진압하였고, 이에 수많은 사람이 정부군의 총에 맞아 죽었다. 가혹한 진압이 이어지자 이에 반대하는 정부군 군인과 시민이 반정부군을 만들어 정부군에 맞서면서 내전에 빠져들었다.

( )

공부한 내용은?

😊 자신있게 설명할 수 있어요.

😐 설명하기 조금 힘들어요.

☹️ 어려워서 설명할 수 없어요.

지구촌 갈등을 평화롭게 해결할 방법을 찾아볼까요

개념 터치
마인드맵

개념 1 지구촌 갈등을 해결하기 어려운 까닭

❶ 자기 나라의 이익을 먼저 생각하기 때문이다.

❷ 국가 간에 지켜야 할 ★국제법이 강제성이 없기 때문이다.

❸ 갈등의 원인이 복잡하고 오래 지속되어 화해가 쉽지 않기 때문이다.

개념 2 지구촌 갈등을 해결해야 하는 이유

❶ 지구촌 갈등으로 생긴 난민은 다른 나라에도 많은 영향을 끼치기 때문에 국제 ★협력을 통해 지구촌 갈등을 해결해야 한다.

❷ 지구촌 갈등은 특정 국가만의 문제가 아니라 세계 여러 나라 사람에게 영향을 미칠 수 있는 국가 간, 지역 간, 민족 간의 갈등으로 나타나기 때문이다.

개념 3 지구촌 갈등을 평화롭게 해결하기 위해 우리가 실천할 수 있는 방법

블로그, 인터넷 카페, 누리 소통망 서비스 등을 통해 지구촌 갈등의 심각성을 널리 알려요.

지구촌 갈등으로 어려움을 겪는 사람들을 돕기 위해 서명 운동을 해요.

국제기구, 국가, 개인 등 지구촌 구성원 모두가 지구촌 갈등에 지속적인 관심을 기울이며, 평화로운 지구촌을 만들기 위해 서로 노력해야 한다.

❓ 이 외에 지구촌 갈등을 해결하기 위한 방법에는 어떤 것이 있는지 찾아보자.

예시 답안 구호 단체에 기부하기 등과 같은 방법으로 분쟁 지역의 어린이를 도울 수 있다.

평화적으로 지구촌 갈등을 해결하는 홍보 동영상을 만들어요.

지구촌 갈등에 관심을 갖고 관련 정보를 검색해요.

개념 4 지구촌 갈등의 평화로운 해결을 위해 노력한 아이들

❶ 바루아니 은두메: 「아이들을 위한 아이들」이라는 방송을 통해 난민촌의 힘든 삶을 알렸다.

❷ 산드라 릴리아나 산체스: 혼자 사는 어르신들과 내전 등으로 가족을 잃은 고아들을 연결해 주는 '오아시스'라는 공동 회관을 만들어 봉사 활동을 하였다.

확인해요

01 지구촌 갈등은 국제법으로 쉽게 해결할 수 있다.　　　　　　　(○ , ✕)

02 지구촌 갈등을 해결해야 하는 이유를 바르게 말한 친구에게 모두 ○표 하시오.

(1)

지구촌 갈등으로 생긴 난민은 다른 나라에도 영향을 끼치기 때문이에요.

(　　　　　)

(2)

지구촌 갈등은 특정 국가만의 문제가 아니기 때문이에요.

(　　　　　)

(3)

지구촌 갈등은 쉽고 빠르게 해결할 수 있는 문제이기 때문이에요.

(　　　　　)

확인해요

03 지구촌 갈등은 세계 여러 나라 사람들에게 영향을 미칠 수 있다.　(○ , ✕)

04 국제기구, 국가, 개인 등 지구촌 구성원 모두가 지구촌 갈등에 지속적인 관심을 기울여야 한다.　　　　　　　　　　　　　　　　　　　　(○ , ✕)

05 지구촌 갈등을 평화롭게 해결하기 위해 우리가 실천할 수 있는 방법으로 알맞지 <u>않은</u> 것은 어느 것입니까?　　　　　　　　　　　　　(　　　)

① 분쟁 지역에 직접 방문해서 화해를 하도록 설득한다.

② 블로그 등을 통해 지구촌 갈등의 심각성을 널리 알린다.

③ 분쟁 지역의 어린이를 돕는 구호 단체에 후원금을 낸다.

④ 평화적으로 지구촌 갈등을 해결하는 홍보 동영상을 만들어 본다.

⑤ 지구촌 갈등으로 어려움을 겪는 사람들을 돕기 위해 서명 운동을 한다.

2
단원

공부한 날

월

일

공부한 내용은?

 자신있게 설명할 수 있어요.

 설명하기 조금 힘들어요.

 어려워서 설명할 수 없어요.

3 지구촌 갈등 해결을 위한 국제기구와 국가들의 노력을 조사해 볼까요

이것만은 꼭

지구촌 갈등 해결을 위한 국제기구들의 노력

• 국제연합(UN): 지구촌 평화 유지, 전쟁 방지, 국제 협력 증진 등
• 국제연합아동기금(UNICEF): 어린이의 생활과 교육 지원, 어린이의 권리 보장
• 국제 연합 교육 과학 문화 기구(UNESCO): 교육, 과학, 문화 분야의 국제 협력을 통한 세계 평화 추구, 세계 유산 지정 및 보호
• 국제연합난민기구(UNHCR): 난민 보호 및 난민 정착 지원

❓ 국제연합 외에 더 알아보고 싶은 국제기구를 조사해 보자.

예시 답안 유럽의 여러 나라로 구성된 유럽연합(EU), 석유를 수출하는 나라들의 모임인 석유수출국기구(OPEC), 세계인의 축제인 올림픽과 관련된 일을 하는 국제올림픽위원회(IOC) 등이 있다.

낱말사전

★국제기구 두 개 이상의 나라가 모여 지구촌 갈등을 함께 해결하려고 만든 국제 조직
★증진 기운이 나아지고 힘 따위가 점점 더 늘어 감.
★정착(定 정할 정, 着 붙을 착) 일정한 곳에 자리를 정해 머물러 삶.
★복구(復 돌아올 복, 舊 옛 구) 손실 이전의 상태로 돌아옴.
★재건 허물어진 건물이나 조직 따위를 다시 일으켜 세움.

개념 1 지구촌 갈등 해결을 위한 ★국제기구의 노력

❶ 대표적 국제기구인 국제연합(UN)

• 1945년에 세계 여러 나라가 서로 협력하여 지구촌 갈등을 해결하고 평화를 이루기 위해 만들었다.
• 지구촌 평화 유지, 전쟁 방지, 국제 협력 ★증진 등의 활동을 한다.

> 전 세계에 영향을 끼치는 지구촌 갈등은 한 나라의 힘만으로는 해결하기 어려워 국제기구를 통해 문제를 해결하려고 노력하고 있어.

❷ 국제연합에 설립된 다양한 기구들

국제연합아동기금(UNICEF)	어려움과 위험에 처한 전 세계 어린이의 생활과 교육을 돕고, 어린이의 권리를 보장하기 위한 활동을 함.
국제연합교육과학문화기구(UNESCO)	교육, 과학, 문화 분야의 국제 협력을 통해 세계 평화를 추구하고, 세계 유산을 지정하여 보호하는 일도 함.
국제연합난민기구(UNHCR)	난민을 보호하고 난민들이 고향으로 돌아가거나 다른 나라에 ★정착할 수 있도록 도와줌.

▲ 교육 지원 활동(UNICEF)   ▲ 유네스코 제주 평화 선언   ▲ 난민 보호(UNHCR)

개념 2 지구촌 갈등 해결을 위한 우리나라의 노력

한국국제협력단(KOICA)의 활동	국제연합에 평화 유지군 파견	평화를 위한 외교 활동

▲ 빗물 저장 시설 설치	▲ 분쟁 지역 감시 활동	▲ 국제연합 총회 참석
국가 간 협력 사업 참여, 봉사단 파견, 국제기구와의 협력, 재난 ★복구 지원 등 다양한 활동을 함.	분쟁 지역 감시, 인명 구조 등의 인도적 지원을 통해 분쟁 지역의 평화 유지 및 ★재건 활동을 함.	국제연합 총회, 핵 안보 국제 회의 등 지구촌 평화를 위한 각국 대표 회의에 참여함.

문제로 개념 탄탄

01 두 개 이상의 나라가 모여 지구촌 갈등을 함께 해결하려고 만든 국제 조직을 (   )(이)라고 한다.

02 다음에서 설명하는 국제기구의 이름을 쓰시오.

> 1945년에 만들어진 국제기구로 지구촌 평화 유지, 전쟁 방지, 국제 협력 증진 등의 활동을 한다.

(   )

03 다음과 같은 활동을 하는 국제연합에 설립된 국제기구는 무엇입니까? (   )

난민들을 위한 임시 숙소를 마련해 주었어요.

① 유니세프
② 유네스코
③ 국제연합아동기금
④ 국제연합난민기구
⑤ 국제연합교육과학문화기구

04 한국국제협력단이 하는 일로 알맞으면 ○표, 알맞지 <u>않은</u> 것은 ×표 하시오.

(1) 봉사단 파견 (   )
(2) 국제기구와의 협력 (   )
(3) 국가 간 협력 사업 참여 (   )
(4) 세계 유산 지정 및 보호 (   )

05 우리나라는 세계 평화를 지키고 지구촌 갈등을 해결하기 위해 다양한 활동을 하고 있다. (○ , ×)

2
단원

공부한 날

월

일

공부한 내용은?

😊 자신있게 설명할 수 있어요.

😐 설명하기 조금 힘들어요.

😟 어려워서 설명할 수 없어요.

4 지구촌 갈등 해결을 위한 개인과 비정부 기구의 노력을 조사해 볼까요

개념 터치 마인드맵

이것만은 꼭

지구촌 평화를 위해 노력한 사람들

↓

넬슨 만델라, 이태석, 말랄라 유사프자이 등

■

지구촌 평화를 위해 활동하는 비정부 기구

↓

국경없는의사회, 세이브더칠드런, 국제앰네스티, 국제지뢰금지운동 등

활동해요

지구촌 평화를 위해 노력한 사람이나 비정부 기구를 조사하여 정리해 보자.

예시 답안

조디 윌리엄스	지뢰 사용을 반대하는 운동을 펼친 사회 운동가로 국제지뢰금지운동과 함께 노벨 평화상을 받음.
해비타트	가난한 지역과 전쟁, 자연재해 등으로 집을 잃었거나 열악한 주거 환경 때문에 고통받는 사람들을 위해 집과 마을을 지어 줌.
그린피스	지구 환경과 평화를 지키고자 평화적인 방법으로 핵 실험 반대, 자연 보호 운동을 하는 국제 환경 단체

낱말사전

★치유(治 다스릴 치, 癒 병 나을 유) 다스려 병을 낫게 함.

★탈레반 이슬람 이상 국가의 건설을 위해 무력 투쟁을 하는 세력

★테러 폭력을 써서 적이나 상대편을 위협하거나 공포에 빠뜨리는 행위

★신념(信 믿을 신, 念 생각할 념) 굳게 믿는 마음

★지뢰 땅속에 묻어 두고, 그 위를 사람이나 차량 따위가 지나가면 폭발하도록 만든 폭약

개념1 지구촌 평화를 위해 노력한 사람들

넬슨 만델라와 말랄라 유사프자이는 지구촌 평화에 기여한 공로로 노벨 평화상을 받았어.

넬슨 만델라	• 남아프리카 공화국에서 흑인 인권을 위해 싸움. • 인종 차별에 반대하여 백인 정부에 저항하다 27년간 감옥에 갇혔지만, 대화와 타협을 통해 새로운 변화를 만들었음. • 대통령이 된 후 여러 인종이 평화롭게 공존하는 나라를 만들려고 노력함.
이태석	• 수단 사람들이 전쟁으로 부상과 질병에 시달리는 것을 보고 남수단에서 의료 봉사를 하기로 결심하고 실천함. • 남수단에 학교와 병원을 짓고, 전쟁의 상처를 치유하기 위해 음악단을 만들어 사람들의 마음을 위로함.
말랄라 유사프자이	• 탈레반 점령 지역의 생활과 여학생 교육의 문제점을 누리 소통망 서비스를 이용하여 세상에 알림. • 교육은 테러와 싸워 이길 수 있는 가장 훌륭한 무기라는 신념으로 총과 무기 대신 책과 선생님을 보내야 한다고 전 세계에 알림.

개념2 지구촌 평화를 위한 비정부 기구의 활동

❶ 비정부 기구의 뜻: 지구촌의 인권, 환경, 보건, 빈곤 퇴치 등 여러 문제를 해결하려고 뜻을 같이하는 사람들이 모여 활동하는 조직이다.

❷ 지구촌 문제 해결과 평화를 위해 노력한 비정부 기구

국경없는의사회
인종, 종교, 성별 등과 관계없이 분쟁·재난 지역에서 도움이 필요한 사람들에게 의료 지원을 제공해요.

세이브더칠드런
분쟁 지역이나 빈곤 지역 어린이의 생명과 생활을 보호하기 위해 노력해요.

국제앰네스티
세계 각국의 인권 침해 상황을 알리고, 인권이 보장되는 사회를 목표로 활동해요.

국제지뢰금지운동
지뢰가 어디에 묻혔지?
지뢰의 위험성을 알려 지뢰를 제거하고, 지뢰로 다친 사람들의 인권 보호 및 희생자들을 기려요.

01 다음 인물들이 지구촌 평화를 위해 노력한 일을 바르게 연결하시오.

(1) 이태석 •

(2) 넬슨 만델라 •

(3) 말랄라 유사프자이 •

• ㉠ 남아프리카 공화국의 흑인 인권을 위해 싸움.

• ㉡ 남수단에 학교와 병원을 짓고 의료 봉사를 함.

• ㉢ 탈레반 점령 지역의 여학생 교육 문제를 세상에 알림.

02 말랄라 유사프자이는 교육은 테러와 싸워 이길 수 있는 가장 훌륭한 무기라는 신념을 갖고 활동을 하였다. (○ , ×)

03 다음 (　　) 안에 들어갈 알맞은 말을 쓰시오.

> (　　)은/는 지구촌의 인권, 환경, 보건, 빈곤 퇴치 등 여러 문제를 해결하려고 뜻을 같이하는 사람들이 모여 활동하는 조직을 말한다.

(　　　　　　　　)

04 국경없는의사회는 핵 실험 반대, 자연 보호 운동 등 지구 환경과 평화를 지키기 위해 활동하는 비정부 기구이다. (○ , ×)

05 세계 각국의 인권 침해 상황을 알리고, 인권이 보장되는 사회를 목표로 활동하는 비정부 기구는 무엇입니까? (　　　　)

① 국제연합
② 국제앰네스티
③ 국경없는의사회
④ 세이브더칠드런
⑤ 국제지뢰금지운동

공부한 내용은?

😊 자신있게 설명할 수 있어요.

😐 설명하기 조금 힘들어요.

😣 어려워서 설명할 수 없어요.

5 지구촌 평화와 발전을 위한 비정부 기구를 만들어 실천해 볼까요

개념 터치
마인드맵

비정부 기구를 만들어
실천하는 방법

↓

[1단계] 지구촌 문제 관심 분야 정
하기
[2단계] 비정부 기구 조직하기
[3단계] 비정부 기구 활동 계획 세
우기
[4단계] 비정부 기구 활동하기

지구촌 평화와 발전을
위해서는 지구촌 갈등에 관심을
기울이고, 우리 스스로 할 수 있는 일을
찾아 실천하려고 노력해야 해.

비정부 기구를 구성하여
실천할 때 너무 많은 준비를
하거나 돈이나 시간이 너무
많이 들어가지 않도록
구성해야 해.

개념 1 지구촌 평화와 발전을 위한 비정부 기구 만들어 실천하기

[1단계] 지구촌 문제 관심 분야 정하기	지구촌 평화와 발전을 이루기 위한 과제 중에서 자신이 관심 있는 분야를 붙임 쪽지에 써서 칠판에 붙인 후, 비슷한 내용끼리 분류하기 
[2단계] 비정부 기구 조직하기	비슷한 분야에 관심을 가진 학생들끼리 모둠을 이루어 비정부 기구를 만들고, 우리 기구에서 다룰 주제를 모둠별 토의를 거쳐 구체적으로 정하기
[3단계] 비정부 기구 활동 계획 세우기	• 비정부 기구 활동 계획서 작성하기 • 활동 계획서에는 주제, 단체 이름, 자료 조사, 모둠원의 역할, 모둠 활동, 비정부 기구 로고 등이 들어가야 함.

예시

주제	지구촌 난민 어린이 학교 보내기
단체 이름	희망(Hope)
★캠페인 활동에 필요한 자료 조사	• 어린이들의 배움터가 파괴된 곳 조사하기 • 어린이들의 교육과 안전을 위해 노력하는 비정부 기구 조사하기
모둠원의 역할	• 강○○: 캠페인 장소 확인, 자료 조사 • 김□□: 포스터 만들기, 홍보 영상 촬영 • 정△△: 인터넷과 누리 소통망 서비스에 캠페인 홍보
모둠 활동	• 인터넷이나 누리 소통망 서비스 등을 이용한 홍보 • 교내 캠페인 및 모금 활동 준비 • 포스터와 홍보 영상 만들기 • 어린이들의 교육을 위해 일하는 국제기구에 활동 사연 보내기
비정부 기구 로고(상징)	로고(상징)의 의미: 개나리의 꽃말은 '희망'이다.

[4단계] 비정부 기구 활동하기	계획에 따라 비정부 기구 활동을 하며, 느낀 점을 발표하고 공유하기 예 느낀 점: 작은 힘이지만 우리도 지구촌의 평화를 위해 함께할 수 있어 뿌듯합니다.

문제로 개념 탄탄

01 지구촌 평화와 발전을 위해서는 지구촌 구성원 모두의 관심과 노력이 필요하다.

(○ , ×)

02 어린이 비정부 기구를 만들어 실천하는 과정에서 가장 먼저 할 일로 알맞은 것은 어느 것입니까? ( )

① 비정부 기구 조직하기
② 비정부 기구 활동하기
③ 활동하면서 느낀 점 공유하기
④ 비정부 기구 활동 계획 세우기
⑤ 지구촌 문제 관심 분야 정하기

03 어린이 비정부 기구를 만들어 실천하는 활동을 할 때에는 서로 다른 분야에 관심을 가진 학생들끼리 모둠을 이루어 비정부 기구를 만든다. (○ , ×)

04 다음 ( ) 안에 들어갈 알맞은 말을 쓰시오.

비정부 기구 ( )에 작성한 활동 방법에 따라 모둠별로 비정부 기구 활동을 실천한다.

( )

05 비정부 기구 활동 계획서에 들어갈 내용을 <u>잘못</u> 말한 친구의 이름을 쓰시오.

하준: 활동을 하며 느낀 점을 써야 해요.
윤아: 비정부 기구의 이름이 들어가야 해요.
진수: 각자 어떤 역할을 맡을지 정해야 해요.

( )

2 단원

공부한 날

월

일

공부한 내용은?

 자신있게 설명할 수 있어요.

 설명하기 조금 힘들어요.

 어려워서 설명할 수 없어요.

그림으로 보는 용어

꼭 알아야 할 용어들을 모아모아 그림과 함께 공부해 보세요.

지구촌 갈등

카슈미르
인도와 파키스탄이 나누어 점령하고 있는 지역으로 종교와 영토 문제로 갈등이 끊이지 않고 있습니다.

북극해
북극을 중심으로 북아메리카, 유라시아 두 대륙에 둘러싸인 바다로, 많은 양의 원유와 천연가스가 매장되어 있습니다.

시리아
서아시아에 있는 나라로 수도는 다마스쿠스입니다. 내전으로 인해 많은 인명 피해를 입었고, 국토는 폐허가 되었습니다.

지구촌 갈등 해결을 위한 노력

국제연합아동기금(UNICEF)
개발 도상국의 어린이들을 돕기 위해 1946년에 설립되어 긴급 구호, 영양 보급, 교육 지원, 생활 개선 등의 활동을 합니다.

세계 유산
국제연합교육과학문화기구가 1972년 채택한 '세계 문화 및 자연 유산 보호 협약'에 따라 지정하고 있는 세계적 자산입니다.

한국국제협력단(KOICA)
국가 간 협력 사업, 봉사단 파견, 국제기구와의 협력, 재난 복구 지원 등 다양한 활동을 하는 우리나라의 국제 협력 기구입니다.

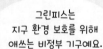

지구촌 갈등 해결을 위한 비정부 기구의 노력

비정부 기구
인권, 환경, 빈곤 퇴치 등 지구촌 문제를 해결하기 위해 자발적으로 만든 시민 단체로 엔지오(NGO)라고도 합니다.

세이브더칠드런
분쟁 지역이나 빈곤 지역 어린이의 생명과 생활을 보호하고 학대나 착취가 없는 삶을 살도록 애쓰는 비정부 기구입니다.

국제앰네스티
전 세계에서 인권과 관련된 시민 활동을 하는 비정부 기구로 정치범 석방과 고문 반대 캠페인 등을 활발히 진행합니다.

 **QUIZ** 퀴즈

내전
한 나라 안에서 서로 대립하는 세력이 무력으로 싸우는 것으로 내전 때문에 수많은 난민이 발생하기도 합니다.

국제연합 평화 유지군
국제연합에서 평화 유지 활동을 맡고 있는 군대로, 분쟁 지역에 파견되어 평화 유지와 재건을 돕는 활동을 합니다.

지뢰가 여기에 묻혀 있구나.

국제지뢰금지운동
지뢰의 사용과 생산 금지 및 제거를 목적으로 만든 비정부 기구로 지구촌 평화에 기여한 공로로 노벨 평화상을 수상하였습니다.

● 질문을 읽고 자음을 보면서 관련 있는 용어를 써 보세요.

❶ 종교와 영토 문제로 인도와 파키스탄이 갈등을 겪고 있는 지역은?

ㅋ ㅅ ㅁ ㄹ

✏ _____

❷ 북극을 중심으로 북아메리카, 유라시아 두 대륙에 둘러싸인 바다는?

ㅂ ㄱ ㅎ

✏ _____

❸ 한 나라 안에서 서로 대립하는 세력이 무력으로 싸우는 것은?

ㄴ ㅈ

✏ _____

❹ 국제연합교육과학문화기구가 '세계 문화 및 자연 유산 보호 협약'에 따라 지정하고 있는 세계적 자산은?

ㅅ ㄱ ㅇ ㅅ

✏ _____

❺ 지구촌 문제를 해결하기 위해 사람들이 자발적으로 만든 시민 단체는?

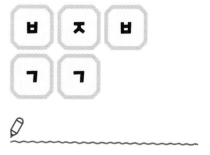

ㅂ ㅈ ㅂ
ㄱ ㄱ

✏ _____

답안 길잡이   ❶ 카슈미르   ❷ 북극해   ❸ 내전   ❹ 세계 유산   ❺ 비정부 기구

2. 지구촌의 평화와 발전   **129**

교과서 쏙쏙

뚝딱뚝딱 정리하기

1 빈칸을 채우면서 공부한 내용을 정리해 보자.

지구촌 **①** [ ]

원인 ― 영토, 자원, 종교, 인종, 민족, 정치, 역사 문제 등이 있음.
다양한 원인이 복합적으로 얽혀 나타남.

문제점 ― 한 나라의 힘만으로 갈등을 해결하기 어려움.
갈등 지역뿐만 아니라 다른 여러 나라에도 영향을 끼침.

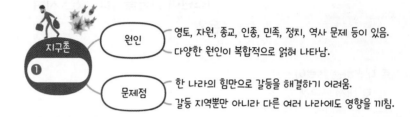

지구촌 갈등의 해결이 어려운 까닭
― 서로 자기 나라의 이익만을 따짐.
― 국제법이 있어도 처벌이 어려움.
― 갈등의 세월이 길고 원인이 복잡함.

→ 지구촌 구성원 모두의 지속적인 관심과 문제 해결 노력이 필요함.

지구촌 갈등 해결을 위한 노력
→ 지구촌 갈등을 해결하려고 다양한 **②** [   ] 와/과 국가, 비정부 기구, 개인 등이 여러 가지 노력을 하고 있음.

지구촌 갈등 해결을 위한 노력 사례

③ [ ]의 노력	우리나라의 노력	**④** [ ]의 노력	개인의 노력
지구촌 평화 유지, 전쟁 방지, 국제 협력 증진 등을 목표로 다양한 기구들이 전 세계에서 활동하고 있음.	우리나라는 지구촌 평화를 위해 해외 봉사 활동, 국제연합에 평화 유지군 파견, 국제기구 활동 참여, 외교 활동 등을 하고 있음.	국경없는의사회, 세이브더칠드런, 국제앰네스티 등의 기구들이 여러 지구촌 갈등을 해결하기 위해 활동하고 있음.	넬슨 만델라, 이태석 신부, 말랄라 유사프자이 등 여러 사람이 지구촌 평화를 지키기 위해 활동하고 있음.

지구촌 갈등은 갈등 지역뿐만 아니라 지구촌 구성원 모두가 힘을 합쳐서 해결해야 해.

답안 길잡이   **①** 갈등   **②** 국제기구   **③** 국제연합(UN)   **④** 비정부 기구

2 다음 활동 방법을 보고 짝과 함께 주사위 놀이 활동을 해 보자.

> **활동 방법**
> ❶ 짝과 가위바위보로 순서를 정한 뒤 주사위를 던져 나온 숫자만큼 말을 이동한다.
> ❷ 질문이 있는 칸에 도착하여 문제의 정답을 맞히면 말을 이동하고, 틀리면 말을 원래 있던 자리로 되돌린다.
> ❸ 말이 도착 칸에 도착하면 활동이 끝난다.

도착

❼ 지구촌 갈등을 해결하기 위해서는 우리 모두가 지구촌 문제에 관심을 기울이는 것부터 시작해야 한다. (○, ×)

❺ 국제연합(UN)은 세계 평화를 위해 노력하는 대표적인 국제기구이다. (○, ×)

❻ 비정부 기구는 지구촌 평화를 위해 개인, 사회단체, 국가가 모여 조직된 단체이다. (○, ×)

한 칸 뒤로

❹ 지구촌 갈등은 개인이나 비정부 기구의 노력보다는 국가나 국제기구의 적극적 노력이 필요하다. (○, ×)

❸ 지구촌 갈등은 특정 국가만의 문제가 아니라 세계 여러 나라 사람에게 많은 영향을 끼친다. (○, ×)

❷ 지구촌 갈등으로 많은 사람이 삶의 터전이나 가족을 잃고, 다치거나 가난에 시달리기도 한다. (○, ×)

❶ 우리가 사는 지구촌 곳곳에서는 한 가지 이유로만 갈등이 일어난다. (○, ×)

출발

> 지구촌 갈등 해결을 위한 노력을 떠올리며 문제를 풀어 보자.

 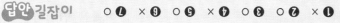 ❶× ❷○ ❸○ ❹× ❺○ ❻× ❼○

정답 확인

01 밑줄 친 ㉠의 이유로 알맞은 것은 어느 것입니까?
( )

> 카슈미르는 인도, 파키스탄이 경계를 이루고 있는 지역으로, 크고 작은 분쟁이 계속되면서 ㉠ 갈등이 끊이지 않고 있다.

① 종교가 서로 다르기 때문이다.
② 주변국의 난민 문제 때문이다.
③ 다양한 민족이 섞여 있기 때문이다.
④ 인종 간의 갈등이 심하기 때문이다.
⑤ 엄청난 지하자원이 묻혀 있기 때문이다.

서술형
02 그림과 같이 최근에 북극해를 둘러싼 나라들 간에 갈등이 일어난 까닭은 무엇인지 쓰시오.

핵심 단어   북극해, 원유, 천연가스, 항로

....

....

03 밑줄 친 ㉠에 해당하는 종교를 두 가지 쓰시오.

> 팔레스타인과 이스라엘의 다툼은 영토 분쟁으로 시작되어 ㉠ 종교 분쟁으로까지 확대되어 지금도 계속되고 있다.

( )

04 시리아 내전에 관한 설명으로 알맞지 않은 것은 어느 것입니까? ( )

① 정치 갈등에서 종파 간의 갈등으로 이어졌다.
② 독재 정치에 반대하는 학생들의 시위로 시작되었다.
③ 강대국과 주변국이 내전에 가세하면서 확대되었다.
④ 내전은 끝이 났지만, 수많은 사람이 목숨을 잃었다.
⑤ 가혹한 진압에 반대하는 정부군 군인과 시민군이 반정부군을 만들어 정부군에 맞섰다.

중요
05 지구촌 갈등 해결이 필요한 이유로 알맞은 것을 보기 에서 모두 골라 기호를 쓰시오.

> 보기
> ㉠ 지구촌 갈등의 원인이 복잡하기 때문이다.
> ㉡ 갈등을 겪는 지역에 많은 피해를 주기 때문이다.
> ㉢ 지구촌 갈등은 다른 나라에도 영향을 끼치기 때문이다.

( )

06 다음 인물이 한 일을 바르게 연결하시오.

(1) 바루아니 · · ㉠ 「아이들을 위한 아이들」이라는 방송을 통해 난민촌의 힘든 삶을 알렸다.
은두메

(2) 산드라 · · ㉡ '오아시스'라는 공동 회관을 만들어 혼자 사는 어르신들과 고 아들을 연결하는 봉사 활동을 하였다.
릴리아나
산체스

07 지구촌 갈등을 평화롭게 해결하기 위한 실천 방법으로 알맞지 <u>않은</u> 것은 어느 것입니까? ( )

① 난민들을 돕기 위한 서명 운동을 벌인다.
② 지구촌 갈등에 관심을 갖고 관련 정보를 검색한다.
③ 지구촌 갈등을 평화적으로 해결하는 홍보 동영상을 만든다.
④ 누리 소통망 서비스에 지구촌 갈등의 심각성을 알리는 글을 올린다.
⑤ 국가가 나서서 해결하도록 개인 활동을 금지하는 글을 인터넷에 올린다.

08 다음에서 설명하는 국제기구는 무엇인지 쓰시오.

> • 1945년에 설립되었다.
> • 지구촌 갈등을 해결하기 위한 다양한 전문 기구로 구성되어 있다.
> • 지구촌의 평화 유지, 전쟁 방지, 국제 협력 증진 등의 활동을 한다.

( )

중요
09 다음과 같은 일을 하는 국제기구는 무엇입니까? ( )

> 교육, 과학, 문화 분야의 국제 협력을 통해 세계 평화를 추구하고, 세계 유산을 지정하여 보호하는 일도 한다.

① 국제연합 평화 유지군
② 한국국제협력단(KOICA)
③ 국제연합아동기금(UNICEF)
④ 국제연합난민기구(UNHCR)
⑤ 국제연합교육과학문화기구(UNESCO)

중요
10 ㉠에 들어갈 기구의 이름을 쓰시오.

> (㉠)은/는 우리나라와 경제 발전이 뒤떨어진 나라와의 협력 관계 및 교류를 늘리고 이 나라들의 경제·사회 발전을 지원하는 국제 협력 기구로, 국가 간 협력 사업, 봉사단 파견, 국제기구와의 협력 등 다양한 활동을 하고 있다.

( )

서술형
11 다음 사진을 통해 알 수 있는 지구촌 평화를 지키기 위해 우리나라가 하고 있는 노력을 <u>두 가지</u> 쓰시오.

▲ 분쟁 지역 감시 활동　　▲ 국제연합 총회 참석

핵심 단어 국제연합, 평화 유지군, 외교 활동

....

....

12 다음 ( ) 안에 공통으로 들어갈 인물은 누구입니까? ( )

> ( )은/는 파키스탄 정부군과 탈레반이 싸움을 벌이던 곳에 살았습니다. ( )은/는 훗날 이곳을 차지한 탈레반이 여자아이들을 학교에 가지 못하도록 막자, 누리 소통망 서비스를 이용하여 이 소식을 세상에 알렸습니다.

① 간디　　　　　② 스티븐 킹
③ 넬슨 만델라　　④ 조디 윌리엄스
⑤ 말랄라 유사프자이

2
단원

공부한 날

월

일

13 다음 친구들이 말하는 인물은 누구인지 쓰시오.

> 준하: 얼마 전에 남수단에서 의료 봉사를 하며 전쟁 때문에 부상과 질병에 시달리고 있는 사람들을 도운 인물의 이야기를 읽었는데, 너무 감동적이었어.
>
> 혜성: 나도 읽었어. 그런 분이 우리나라 사람이라는 것이 무척 자랑스러워.

(   )

중요

14 다음에서 설명하는 조직에 해당하지 <u>않는</u> 것은 어느 것입니까? (   )

> 지구촌의 인권, 환경, 보건, 빈곤 퇴치 등 여러 문제를 해결하려고 뜻을 같이하는 사람들이 모여 활동하는 조직이다.

① 국제연합   ② 국제앰네스티
③ 국경없는의사회   ④ 세이브더칠드런
⑤ 국제지뢰금지운동

15 세이브더칠드런이 하는 일로 알맞은 것에 ○표 하시오.

(1) 지구 환경과 평화를 지키고자 평화적인 방법으로 핵 실험 반대, 자연 보호 운동을 한다.   (   )

(2) 집을 잃었거나 열악한 주거 환경으로 고통받는 사람들을 위해 집과 마을을 지어 준다.   (   )

(3) 전 세계 분쟁 지역이나 가난으로 어려움을 겪는 빈곤 지역의 어린이들을 돕는 활동을 한다.   (   )

16 다음 사진과 같은 활동을 하는 비정부 기구의 이름을 쓰시오.

> 분쟁 발생 지역에 아프거나 다친 사람이 있으면 어디든 달려가서 치료하고 있어요.

(   )

중요

17 평화로운 지구촌을 이루기 위해 어린이 비정부 기구를 만들어 실천하는 과정을 순서대로 기호를 쓰시오.

> ㉠ 비정부 기구 활동하기
> ㉡ 비정부 기구 조직하기
> ㉢ 지구촌 문제 관심 분야 정하기
> ㉣ 비정부 기구 활동 계획 세우기

(→   →   →   )

서술형

18 어린이 비정부 기구를 만들어 실천할 때, 실제로 실천할 수 있는 내용으로 구성하기 위해서 유의해야 할 점을 쓰시오.

핵심 단어   준비, 돈, 시간

....

....

특별한 서술/논술

● 자료를 보고, 물음에 답하시오.

지구촌 갈등을 해결하기 위해서는 국제기구나 국가의 노력도 필요하지만 개인의 역할도 중요하다. 다음은 지구촌 평화를 위해 노력한 인물의 자기 소개서로, 이를 통해 두 인물이 어떤 활동을 했는지 살펴볼 수 있다.

(1) 나는 (㉠)입니다. 나는 남아프리카 공화국에서 흑인 인권을 위해 싸우다 감옥에 27년이나 갇혔습니다. 하지만 끝까지 저항하여 인종 차별 정책의 폐지를 이끌어 내었고, 대통령이 된 후 여러 인종이 평화롭게 공존하는 나라를 만들려고 노력하였습니다.

(2) 나는 (㉡)입니다. 나는 탈레반 점령 지역에서 여학생들의 인권을 위해 애쓰다 총에 맞았지만 다행히 목숨을 건졌고, 그 후 교육은 테러와 싸워 이길 수 있는 가장 훌륭한 무기라는 신념을 가지고 총과 무기 대신에 책과 선생님을 보내야 한다고 전 세계에 알리고 있습니다.

2 단원

공부한 날

월

일

01 ㉠, ㉡에 들어갈 인물의 이름을 쓰시오.

㉠: (   ) ㉡: (   )

힌트!
자기 소개서의 내용과 관련 있는 인물이 누구인지 떠올려 보자.

02 다음 (   ) 안에 들어갈 알맞은 말을 쓰시오.

① ㉠은 지구촌 평화와 발전을 위해 남아프리카 공화국의 (   ) 정책에 반대하며 백인 정부와 싸웠다.

② ㉡은 지구촌 평화와 발전을 위해 (   )이/가 테러를 극복할 유일한 방법임을 전 세계에 알렸다.

힌트!
두 인물이 한 일을 자기 소개서에서 찾아 밑줄을 그어 보면 답을 쓸 수 있을 거야.

03 02번의 ①, ②를 참고하여 개인이 지구촌 갈등을 해결하기 위해 할 수 있는 노력을 <u>두 가지</u> 쓰시오.

_____

_____

_____

힌트!
두 인물이 어떤 일을 했는지 생각해 보면 금방 답을 알 수 있어.

핵심 단어
인권 보호, 누리 소통망 서비스, 지구촌 갈등의 심각성

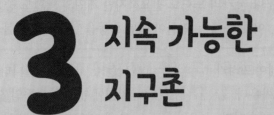

3 지속 가능한 지구촌

이 단원을 공부하면?

지구촌의 환경 문제를 해결하려는 태도를 기를 수 있습니다.

지속가능한 미래를 만들기 위해 세계 시민의 자세를 지니고 지구촌 문제 해결에 참여할 수 있습니다.

지오는 가족과 함께 '투발루'라는 나라를 소개하는 프로그램을 보고 있습니다.

> 우아, 정말 멋지다! 가족 여행으로 투발루에 가고 싶어요.

> 남태평양에 있는 나라인 투발루가 해수면 상승으로 영토가 사라질 위기에 처해 있는 것은 지구 온난화로 발생한 환경 문제의 한 사례예요. 이러한 사례를 통해 환경 문제의 심각성을 알고 이를 해결하려는 적극적인 태도를 길러요.

투발루의 영토가 모두 사라질 상황에 놓여 있는 까닭은 무엇일까요?

지구가 더워지면서 녹아 바닷물의 높이가 높아져 때문입니다. / 바닷물이 높이가 높아져 유발 수 있다 해 볼 높은 해수면이 높아져 섬이 잠길 수 있기 때문입니다.

1

지구촌이 겪고 있는 환경 문제를 살펴볼까요

개념 터치 마인드맵

지구촌 환경 문제

↓

대기 오염, 열대림 파괴, 사막화, 지구 온난화, 해양 쓰레기 문제, 산호 백화 현상 등

개념1 지구촌 환경 문제

❶ 지구촌은 인간뿐만 아니라 모든 생물이 함께 살아가는 공간이다.

❷ 환경을 생각하지 않는 무분별한 개발이 이루어지면서 공기, 물, 흙 등이 오염되어 여러 가지 환경 문제가 발생하고 있다.

개념2 지구촌 환경 문제의 원인과 피해

❶ 대기 오염

• 공기가 오염되는 것으로, 공장과 자동차 등에서 배출되는 매연으로 공기가 오염된다.

• 오염된 공기는 사람들의 건강을 해치고, 다른 나라에도 영향을 주어 전 세계적인 문제가 되고 있다.

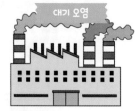
대기 오염

❷ 열대림 파괴

• 열대림의 나무를 무분별하게 베어 황폐화되는 것으로, 경제 개발을 위해 사람들이 열대림의 나무를 무분별하게 베었기 때문이다.

• 동물과 식물의 생활 터전이 줄어들고 있다.

열대림 파괴

❸ 사막화

• 사막 주변의 초원 지대가 점점 사막으로 변하는 것으로, 이상 기후로 가뭄이 지속되고 지나친 삼림 훼손으로 땅이 황폐해졌기 때문이다.

• 농경지가 감소하고 식량이 부족해지고 있다.

사막화

❹ 지구 온난화

• 지구의 평균 기온이 점점 올라가는 현상으로, 석유나 석탄 등 화석 연료를 사용하면서 온실가스 배출량이 늘어났기 때문이다.

• 극지방의 빙하가 녹아내리고 홍수, 가뭄 등 자연재해가 발생하기도 한다.

❺ 해양 쓰레기 문제

• 사람들이 버린 쓰레기가 바다에 쌓여 바닷물이 오염되는 것이다.

• 사람들이 사용하고 버린 쓰레기가 바다에 쌓여 쓰레기 섬을 만들고, 이 쓰레기가 바닷물을 오염하여 바다 생태계가 파괴되고 있다.

❻ 산호 백화 현상

• 바닷속 산호가 색깔이 점점 하얗게 변하며 죽어 가는 것으로, 지구가 더워지면서 바닷물의 온도가 높아졌기 때문이다.

• 바다 생물의 보금자리가 사라지고 있다.

❓ 미세 플라스틱이 늘어나는 것을 막으려면 어떻게 해야 할까요?

예시 답안 플라스틱 제품 사용을 줄여요. / 쓰레기를 올바르게 분리배출해요. / 쓰레기를 재활용할 수 있는 방법을 찾아 쓰레기 양을 줄여요.

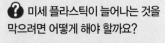
낱말사전

★열대림 열대 지방에 있는 삼림 식물대

★황폐 거칠고 피폐함.

★농경지 농사짓는 데 쓰는 땅

★온실가스 지구 대기를 오염하여 온실 효과를 일으키는 기체

문제로 개념 탄탄

확인해요

01 환경을 생각하지 않는 무분별한 개발이 이루어지면서 공기, 물, 흙 등이 오염되어 (　　　　)이/가 발생하고 있다.

02 열대림 파괴의 결과 동물과 식물의 생활 터전이 줄어들고 있다. (〇, ×)

03 다음에서 이야기하는 환경 문제는 무엇인지 쓰시오.

> 주아: 이상 기후로 가뭄이 지속되고 지나친 삼림 훼손으로 사막 주변의 초원 지대가 점점 사막으로 변하고 있어.
> 인우: 맞아. 그것 때문에 농경지가 감소하고 식량이 부족해지고 있어.

(　　　　　　)

04 그림과 관련 있는 환경 문제는 어느 것입니까? (　　)

▲ 극지방의 빙하가 녹아내려 북극곰이 생존의 위협을 받고 있다.

① 대기 오염
② 열대림 파괴
③ 지구 온난화
④ 산호 백화 현상
⑤ 해양 쓰레기 문제

05 산호 백화 현상의 원인을 **보기**에서 골라 기호를 쓰시오.

> **보기**
> ㉠ 공기가 오염되었기 때문이다.
> ㉡ 열대림의 나무를 무분별하게 베었기 때문이다.
> ㉢ 지구가 더워지면서 바닷물의 온도가 높아졌기 때문이다.

(　　　　　　)

2 단원

공부한 날

월

일

공부한 내용은?

 자신있게 설명할 수 있어요.

 설명하기 조금 힘들어요.

😖 어려워서 설명할 수 없어요.

지구촌 환경 문제를 해결하기 위한 노력을 알아볼까요

지구촌 환경 문제를 해결하기 위한 다양한 노력

↓

• 세계의 노력: 파리 협정 체결, '세계 차 없는 날' 캠페인 등
• 국가의 노력: 다양한 법과 제도 마련
• 기업의 노력: 재활용 용기를 사용하여 제품 생산, 친환경 소재 개발 등
• 개인의 노력: 재활용 쓰레기 분리배출하기, 대중교통 이용하기, 실내 적정 온도 지키기 등

개념 1 지구촌 환경 문제를 해결하기 위한 다양한 노력

❶ 세계의 노력

• 지구촌 사람들은 세계의 다양한 환경 문제를 해결하기 위해 서로 협력하며 많은 노력을 기울이고 있다.

• 파리 협정: 전 세계 195개의 나라가 지구 온난화의 원인이 되는 온실가스 배출을 줄이기로 약속하고, 각 나라의 온실가스 배출량을 규제하는 등 환경 문제를 해결하려는 목표를 실천하고자 노력하고 있다.

• 세계 차 없는 날: 1997년에 프랑스에서 시작된 시민운동으로, 자가용 이용을 줄여 나가면서 대기 오염으로부터 지구촌 환경을 개선하자는 캠페인이다.

❷ 국가의 노력

• 다양한 법과 제도를 마련하여 환경 문제를 해결하려고 힘쓰고 있다.

• 에너지 소비 효율 등급 표시제: 에너지 사용량이 많은 제품에 에너지 효율 등급을 매겨 제품에 표시하도록 하는 제도로, 에너지 효율이 높은 제품을 생산하여 소비자들이 사용하도록 하고 등급에 미치지 못하는 제품은 판매할 수 없게 한다.

▲ 에너지 소비 효율 등급 라벨

❸ 기업의 노력

• 쓰레기가 덜 나오는 제품을 만들고 친환경 소재를 개발하는 등 사회적 책임을 다하려고 노력한다.

• 예 비닐 라벨이 없는 생수, 빨대가 없는 음료 등을 생산하여 쓰레기 줄이기, 재활용 용기를 사용하여 제품 만들기

❹ 개인의 노력

• 에너지를 절약하고 쓰레기를 줄이는 등 다양한 노력을 하고 있다.

• 예 재활용 쓰레기 분리배출하기, 대중교통 이용하기, 실내 적정 온도 지키기, 일회용품 대신 여러 번 쓸 수 있는 용기 사용하기

❓ 지구촌 환경 문제를 해결하기 위해 내가 실천할 수 있는 또 다른 방법을 찾아보자.

예시 답안 가까운 거리는 걸어 다니거나 자전거를 타요. / 에너지 소비 효율 등급이 높은 제품을 사용해요. / 냉난방기를 사용할 때 실내 적정 온도를 유지해요.

개념 2 지구촌 환경 문제를 해결하기 위한 포스터 만들기 활동해요

❶ 해결하고 싶은 환경 문제를 선택한다.

❷ ❶에서 선택한 환경 문제를 해결하려면 어떻게 노력해야 하는지 생각한다.

❸ 종이에 그림을 그리고 글을 써 포스터를 완성한다.

❹ 완성한 포스터와 환경 문제를 해결하려는 노력을 친구들에게 설명한다.

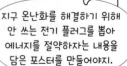

지구 온난화를 해결하기 위해 안 쓰는 전기 플러그를 뽑아 에너지를 절약하자는 내용을 담은 포스터를 만들어야지.

★개선(改 고칠 개, 善 착할 선) 잘못된 것이나 부족한 것, 나쁜 것 등을 고쳐 더 좋게 만듦.

★효율 들인 노력과 얻은 결과의 비율

01 지구촌 사람들은 세계의 다양한 환경 문제를 해결하기 위해 서로 협력하며 많은 노력을 기울이고 있다. (○ , ×)

02 '파리 협정'의 내용으로 알맞은 것은 어느 것입니까? ( )

▲ 세계 여러 나라가 프랑스 파리에서 모여 지구촌 환경 문제를 해결하기 위한 약속을 만들었다.

① 온실가스 배출량을 줄이자.
② 도심에서 자가용을 이용하지 말자.
③ 쓰레기가 덜 나오는 제품을 생산하자.
④ 에너지 사용량이 높은 제품 생산을 줄이자.
⑤ 친환경 소재를 개발하여 사회적 책임을 다하자.

03 (개인, 기업, 국가)은/는 다양한 법과 제도를 마련하여 환경 문제를 해결하려고 힘쓰고 있다.

04 다음 ( ) 안에 들어갈 알맞은 말을 쓰시오.

> 기업은 환경 문제를 해결하기 위해 비닐 라벨이 없는 생수, 플라스틱 빨대가 없는 음료 등을 생산하여 ( ) 줄이기에 함께하고 있다.

( )

05 지구촌 환경 문제를 해결하기 위한 포스터를 만들 때 가장 먼저 할 일을 **보기** 에서 골라 기호를 쓰시오.

> **보기**
> ㉠ 종이에 그림을 그리고 글 쓰기
> ㉡ 해결하고 싶은 환경 문제 선택하기
> ㉢ 선택한 환경 문제를 해결하기 위해 할 수 있는 노력 생각하기

( )

2 단원

공부한 날

월

일

공부한 내용은?

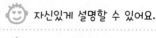 자신있게 설명할 수 있어요.

설명하기 조금 힘들어요.

어려워서 설명할 수 없어요.

3 지속 가능한 미래를 위협하는 여러 문제를 알아볼까요

개념 터치 마인드맵

이것만은꼭

지속 가능한 미래를 위협하는 문제들

↓

- 생산과 소비 과정에서 일어나는 환경 문제
- 빈곤과 기아 문제
- 문화적 편견과 차별 문제

탐구해요

지속 가능한 미래를 위협하는 문제들

예시 답안

(가) 빈곤 아동 2,400만 명, 일터로 내몰렸다
- 신문 기사에서 다룬 문제: 빈곤 문제
- 문제가 생긴 까닭: 가뭄과 전쟁이 계속되어 물과 식량이 부족해졌기 때문이다.

(나) 공공장소에서 얼굴을 가리는 복장을 금지할 수 있을까
- 신문 기사에서 다룬 문제: 문화적 편견과 차별 문제
- 문제가 생긴 까닭: 서로 다른 문화를 존중하지 않기 때문이다.

개념 1 지속 가능한 미래

❶ 지속 가능한 미래란 오늘날 우리의 건강한 환경과 인류의 발전이 미래 세대까지 이어지는 것이다.

❷ 지구촌 곳곳에서 발생하는 여러 가지 문제는 사람들의 지속 가능한 미래를 위협하고 있다.

개념 2 지구촌의 지속 가능한 미래를 위협하는 문제

❶ 생산과 소비 과정에서 일어나는 환경 문제
- 물건을 생산하고 소비하는 과정에서 환경 문제가 일어나고 있다.
- 우리가 사 먹는 햄버거가 지구 환경을 파괴하고 있다.

햄버거에 들어가는 쇠고기를 얻기 위해 소를 키우는 목장을 만듦.

소가 먹는 콩을 재배하기 위해 숲을 태우고 나무를 베면서 열대림이 파괴되고 있음.

❷ 빈곤과 기아 문제
- 가뭄과 전쟁이 계속되어 물과 식량이 부족해져 빈곤과 기아 문제가 심각해지고 있다.
- 가족의 생계를 책임져야 하므로 학교에 가지 못하고 일을 하는 어린이가 있다.
- 영양을 제대로 공급받지 못해 또래만큼 자라지 못하는 어린이가 있다.

❸ 문화적 편견과 차별 문제
- 서로 다른 문화를 존중하지 못해 편견과 차별 문제가 일어나고 있다.
- 종교, 옷차림, 음식 문화 등이 다르다는 이유로 편견과 차별에 고통받는 사람들이 있다.

저는 종교에 따라 돼지고기를 먹지 않아요. 그런데 사람들은 그것을 이해하지 못해요.

옷차림이 다르다고 사람들이 저를 이상하게 생각해요.

손으로 음식을 먹는 우리 나라의 음식 문화를 비위생적이라며 존중하지 않아요.

낱말사전

★빈곤 가난하여 살기 어려운 상태

★기아 먹을 것이 없어 굶주리는 것

★생계 살아가고 있는 형편

★편견(偏 치우칠 편, 見 볼 견) 공정하지 못하고 한쪽으로 치우친 생각

확인해요

01 (   )은/는 오늘날 우리의 건강한 환경과 인류의 발전이 미래 세대까지 이어지는 것이다.

02 물건을 생산하고 소비하는 과정에서 환경 문제는 일어나지 않는다.   (○ , ×)

03 다음 대화에서 밑줄 친 ㉠에 해당하는 것은 어느 것입니까?   (   )

> 지윤: 이 햄버거 정말 맛있다.
> 호준: 응. 그런데 우리가 사 먹는 이 햄버거 때문에 ㉠ 환경 문제가 일어난다는 거 알고 있어?
> 지윤: 정말이야? 나는 몰랐어.

① 대기 오염   ② 열대림 파괴   ③ 지구 온난화
④ 산호 백화 현상   ⑤ 해양 쓰레기 문제

04 지속 가능한 미래를 위협하는 문제와 이에 대한 설명을 바르게 연결하시오.

(1) 빈곤 문제 •

• ㉠

▲ 가족의 생계를 책임지기 위해 학교에 가지 못하고 일을 한다.

(2) 기아 문제 •

• ㉡

▲ 영양을 제대로 공급받지 못해 또래만큼 자라지 못한다.

05 서로 다른 문화를 (   )하지 못해 일어나는 편견과 차별 문제는 지속 가능한 미래를 위협하는 문제이다.

공부한 내용은?

 자신있게 설명할 수 있어요.

 설명하기 조금 힘들어요.

 어려워서 설명할 수 없어요.

4 지속 가능한 미래를 만들기 위한 노력을 알아볼까요

개념 터치
마인드맵

이것만은 꼭

친환경적 생산과 소비를 위한 노력

↓

친환경 용기 개발, 친환경 인증 제품 생산, 재활용할 수 있는 물건 구입 등

■

빈곤과 기아 문제를 해결하기 위한 노력

↓

모금 활동, 물품 지원, 교육 활동 지원, 농업 기술 알려 주기, 캠페인 활동 등

■

문화적 편견과 차별을 극복하기 위한 노력

↓

문화적 편견과 차별로 어려움을 겪는 사람들에게 필요한 도움 주기, 다양성을 존중하는 교육하기, 캠페인 활동 등

지속 가능한 미래를 만들기 위해서는 모두가 책임감 있게 지구촌에서 일어나는 문제를 해결하기 위해 노력해야 해.

낱말사전

★용기 물건을 담는 그릇

★인증(認 알 인, 證 증거 증) 어떠한 문서나 행위가 정당한 절차로 이루어졌다는 것을 공적 기관이 증명함.

★모금(募 모을 모, 金 쇠 금) 기부금이나 성금 등을 모음.

개념 1 친환경적 생산과 소비를 위한 노력

❶ 친환경적으로 생산하고 소비하려는 노력을 통해 지구촌의 환경과 사람들의 건강을 지키고, 환경 오염을 줄여 지속 가능한 미래를 기대할 수 있다.

❷ 친환경적 생산과 소비를 위한 다양한 노력

· 친환경 용기를 개발하여 플라스틱 쓰레기 문제를 해결한다.
· 친환경 인증 제품을 생산한다.
· 재활용할 수 있는 물건을 구입한다.
· 환경을 생각하여 생산한 식재료를 구입한다.

유기농 (ORGANIC) 농림축산식품부 무농약 (NON PESTICIDE) 농림축산식품부

▲ 친환경 인증 표시

개념 2 빈곤과 기아 문제를 해결하기 위한 노력

❶ 여전히 많은 어린이가 먹을 것이 없어 굶주리고, 가족의 생계를 책임지기 위해 학교에 가지 못하고 일을 하는 문제를 해결하기 위해 지구촌 사람들은 다양한 노력을 하고 있다.

❷ 빈곤과 기아 문제를 해결하기 위한 다양한 노력

· 모금 활동을 하고 물품을 지원하여 빈곤과 기아 문제로 고통받는 사람들을 돕는다.
· 학교를 짓거나 교육 시설을 만들어 가난 때문에 교육받지 못하는 학생들이 배울 수 있도록 한다.
· 식량 문제를 해결할 수 있도록 농업 기술을 알려 준다.
· 지구촌 사람들이 빈곤과 기아 문제에 관심을 기울이도록 캠페인 활동을 한다.

▲ 세계 빈곤 퇴치의 날 캠페인

개념 3 문화적 편견과 차별을 극복하기 위한 노력

❶ 지구촌 사람들은 문화적 편견과 차별을 극복하기 위해 서로 관심을 가지고 이해해야 한다.

❷ 문화적 편견과 차별을 극복하기 위한 다양한 노력

· 문화적 편견과 차별로 어려움을 겪는 사람들에게 필요한 도움을 준다.
· 문화적 편견과 차별을 극복하고 다양성을 존중하는 교육을 한다.
· 지구촌의 다양한 문화와 역사를 배울 수 있는 행사를 개최한다.
· 다양한 문화를 존중하고 다양한 문화가 공존하는 사회를 만드는 캠페인 활동을 한다.

01 친환경적으로 생산하고 소비하려는 노력을 통해 지구촌의 환경과 사람들의 건강을 지킬 수 있고, (   )을/를 줄여 지속 가능한 미래를 기대할 수 있다.

02 친환경적 생산과 소비를 위한 노력인 것은 ○표, 노력이 <u>아닌</u> 것은 ✕표 하시오.

(1) 친환경 인증 제품을 생산한다.   (   )

(2) 새로운 일회용 용기를 개발한다.   (   )

(3) 환경을 생각하여 생산한 식재료를 구입한다.   (   )

03 오늘날 경제가 발전하면서 먹을 것이 없어 굶주리고, 가족의 생계를 책임지기 위해 학교에 가지 못하고 일을 하는 어린이는 없다.   (○ , ✕)

04 빈곤과 기아 문제를 해결하기 위한 노력으로 알맞지 <u>않은</u> 것은 어느 것입니까?

                                  (   )

① 모금 활동을 하고 물품을 지원한다.

② 지구촌의 다양한 문화를 배울 수 있도록 한다.

③ 학교 등 교육 시설을 만들어 교육받을 수 있게 한다.

④ 식량 문제를 해결할 수 있도록 농업 기술을 알려 준다.

⑤ 지구촌 사람들이 관심을 기울이도록 관련 캠페인 활동을 한다.

05 다음 (   ) 안에 들어갈 알맞은 말을 쓰시오.

▲ 다문화 한가족 축제

지구촌 사람들은 문화적 편견과 차별을 극복하기 위해 다양한 문화를 존중하고 다양한 문화가 (   )하는 사회를 만드는 캠페인 활동을 한다.

(   )

2 단원

공부한 날

월

일

공부한 내용은?

 자신있게 설명할 수 있어요.

 설명하기 조금 힘들어요.

 어려워서 설명할 수 없어요.

5 세계 시민의 자세를 알고 실천해 볼까요

개념 터치
마인드맵

이것만은꼭

세계 시민의 뜻

↓

지구촌 문제가 우리의 문제임을 알고 이를 해결하려고 협력하는 자세를 지닌 사람

개념1 세계 시민의 뜻과 실천 방법

❶ 세계 시민

- 세계 시민은 지구촌 문제가 우리의 문제임을 알고 이를 해결하려고 *협력하는 자세를 지닌 사람이다.
- 지구촌에서 일어나고 있는 문제를 해결하기 위해서는 세계 시민의 자세를 지니고 행동해야 한다.

❷ 세계 시민으로서 할 수 있는 생활 속 실천 방법

- 음식을 먹을 만큼만 덜어 먹는다.
- 사용하지 않는 물건을 필요한 사람에게 *기부한다.
- 에너지를 절약하는 습관을 가진다.
- 지구촌 이웃의 삶에 *공감하는 캠페인에 참여한다.

음식을 남기지 말아야지.

어렵고 힘든 지구촌 이웃을 응원하는 편지를 써야지.

개념2 세계 시민으로서 나의 모습

❶ 세계의 다양한 문화를 알고 이해할 수 있다.
❷ 세계의 모든 사람은 똑같이 중요하다고 생각한다.
❸ 세계의 모든 사람이 동등하지만 생각이 다를 수 있음을 안다.
❹ 세계에서 일어나는 일 중에서 옳은 일과 옳지 않은 일을 구분할 수 있다.
❺ 도움이 필요한 다른 나라 사람들을 돕고 싶다.
❻ 내 생각이 잘못되었다고 느끼면 바꿀 수 있다.
❼ 세계 시민으로서 세계 곳곳에서 일어나는 문제를 더 많이 알고 싶다.
❽ 환경 문제가 심각하다는 것을 알고 환경 보호를 실천하고 있다.
❾ 나의 노력이 지구촌 문제 해결에 도움이 될 수 있다고 생각한다.

탐구해요

세계 시민으로 성장하기 위해 우리에게 필요한 것은 무엇인지 써 보자.

예시 답안 세계 시민이 되기 위해 우리에게 필요한 것은 협력하는 마음이다. 왜냐하면 지구촌의 다양한 문제를 모두 함께 해결해 나가야 하기 때문이다.

낱말사전

★협력(協 도울 협, 力 힘 력) 힘을 합하여 서로 도움.

★기부 자선 사업이나 공공사업을 돕기 위하여 돈이나 물건 등을 대가 없이 내놓음.

★공감(共 함께 공, 感 느낄 감) 남의 감정 등에 자기도 그렇다고 느낌.

★구호(救 구원할 구, 護 보호할 호) 어려움에 처한 사람을 도와 보호함.

★치안 편안하고 질서가 있는 상태

개념3 지속 가능한 미래를 만드는 대한민국의 세계 시민

❶ 김순권 박사는 아프리카에서 잘 자라는 옥수수 품종을 개발하여 아프리카의 식량난 해결에 도움을 주었다.

❷ 국제연합 평화 유지군으로 활동하는 우리나라 군인은 전 세계 분쟁 지역에서 *구호 물품을 전달하거나 *치안을 유지하는 등 세계 평화를 위해 노력하고 있다.

확인해요

01 지구촌 문제가 우리의 문제임을 알고 이를 해결하려고 협력하는 자세를 지닌 사람을 (   )(이)라고 한다.

확인해요

02 우리는 지속 가능한 미래를 만들기 위해 세계 시민으로서 일상생활에서 할 수 있는 일을 실천해야 한다. (○ , ×)

03 지속 가능한 미래를 만들기 위해 세계 시민으로서 우리가 할 수 있는 생활 속 실천 방법으로 알맞지 않은 것은 어느 것입니까? (   )

① 음식을 먹을 만큼만 덜어 먹는다.

② 에너지를 절약하는 습관을 가진다.

③ 자기가 사용한 물건은 스스로 정리한다.

④ 사용하지 않는 물건을 필요한 사람과 나눈다.

⑤ 지구촌 이웃의 삶에 공감하는 캠페인에 참여한다.

04 지속 가능한 미래를 만들기 위한 세계 시민의 모습으로 알맞은 것에 모두 ○표 하시오.

(1) 세계의 다양한 문화를 알고 이해할 수 있다. (   )

(2) 세계의 모든 사람 중에서 중요한 사람과 그렇지 않은 사람을 구분할 수 있다. (   )

(3) 환경 문제가 심각하다는 것을 알고 환경 보호를 실천하고 있다. (   )

05 다음에서 설명하는 인물의 이름을 쓰시오.

아프리카에서 잘 자라는 옥수수 품종을 개발하여 아프리카의 식량난 해결에 도움을 준 대한민국의 자랑스러운 세계 시민이다.

(   )

공부한 내용은?

😊 자신있게 설명할 수 있어요.

😐 설명하기 조금 힘들어요.

☹️ 어려워서 설명할 수 없어요.

그림으로 보는 용어

꼭 알아야 할 용어들을 모아모아
그림과 함께 공부해 보세요.

지구촌 환경 문제

대기 오염
공기가 오염되는 것입니다.
공장과 자동차 등에서 배출되는
매연으로 공기가 오염되고
있습니다.

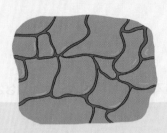

사막화
이상 기후와 삼림 훼손으로
사막 주변의 초원 지대가 점점
사막으로 변하는 것입니다.

지구 온난화
지구의 평균 기온이 점점 올라가는
것입니다. 지구 온난화로 극지방의
빙하가 녹아내리고 자연재해가
발생하기도 합니다.

지속 가능한 미래

지속 가능한 미래를 만들기
위해 재활용할 수 있는
물건을 구입해요.

지속 가능한 미래
오늘날 우리의 건강한 환경과
인류의 발전이 미래 세대까지
이어지는 것입니다.

가족의 생계를 책임지기 위해
학교에 가지 못하고 일을 해요.

빈곤
가난하여 살기 어려운 상태입니다.
빈곤은 지속 가능한 미래를
위협하는 문제입니다.

기아
먹을 것이 없어 굶주리는
것입니다. 기아는 지속 가능한
미래를 위협하는 문제입니다.

세계 시민

에너지 절약을 실천하는
나도 세계 시민!

세계 시민
지구촌 문제가 우리의 문제임을
알고 이를 해결하려고 협력하는
자세를 지닌 사람입니다.

기부는 세계 시민의 자세를
실천할 수 있는 방법이에요.

기부
자선 사업이나 공공사업을
돕기 위해 돈이나 물건 등을
대가 없이 내놓는 것입니다.

김순권
아프리카에서 잘 자라는
옥수수 품종을 개발하여
아프리카의 식량난 해결에
도움을 준 세계 시민입니다.

용어 터치
추가 퀴즈

● 질문을 읽고 자음을 보면서 관련 있는 용어를 써 보세요.

산호 백화 현상

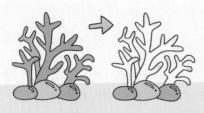

바닷속 산호가 색깔이 점점 하얗게
변하며 죽어 가는 것입니다.
산호 백화 현상으로 바다 생물의
보금자리가 사라지고 있습니다.

❶ 사막 주변의 초원 지대가 점점
사막으로 변하는 것은?

ㅅ ㅁ ㅎ

2
단원

공부한 날

월

❷ 지구의 평균 기온이 점점 올라가
는 현상은?

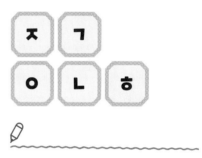
ㅈ ㄱ
ㅇ ㄴ ㅎ

일

옷차림이 이상하다고
친구들이 놀려요.

편견

공정하지 못하고 한쪽으로 치우친
생각입니다. 우리는 편견 없이
다른 나라의 문화를 존중해야 합니다.

❸ 가난하여 살기 어려운 상태를 뜻
하는 말은?

ㅂ ㄱ

치안을 유지하고
사람들을 보호해요.

❹ 먹을 것이 없어 굶주리는 것을
뜻하는 말은?

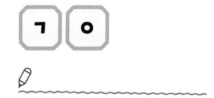
ㄱ ㅇ

치안

편안하고 질서가 있는 상태입니다.
국제연합 평화 유지군으로서 우리나라
군인은 전 세계 분쟁 지역에서
치안을 유지하는 세계 시민입니다.

❺ 지구촌 문제가 우리의 문제임을
알고 이를 해결하려고 협력하는
자세를 지닌 사람을 뜻하는 말
은?

ㅅ ㄱ ㅅ ㅁ

답안 길잡이   ❶ 사막화   ❷ 지구 온난화   ❸ 빈곤   ❹ 기아   ❺ 세계 시민

정리하기

1 빈칸을 채우면서 공부한 내용을 정리해 보자.

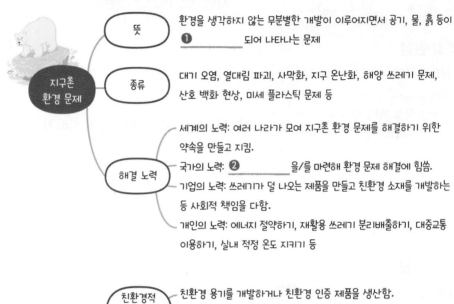

지구촌 환경 문제

- **뜻**: 환경을 생각하지 않는 무분별한 개발이 이루어지면서 공기, 물, 흙 등이 ❶ _____ 되어 나타나는 문제

- **종류**: 대기 오염, 열대림 파괴, 사막화, 지구 온난화, 해양 쓰레기 문제, 산호 백화 현상, 미세 플라스틱 문제 등

- **해결 노력**:
  - 세계의 노력: 여러 나라가 모여 지구촌 환경 문제를 해결하기 위한 약속을 만들고 지킴.
  - 국가의 노력: ❷ _____ 을/를 마련해 환경 문제 해결에 힘씀.
  - 기업의 노력: 쓰레기가 덜 나오는 제품을 만들고 친환경 소재를 개발하는 등 사회적 책임을 다함.
  - 개인의 노력: 에너지 절약하기, 재활용 쓰레기 분리배출하기, 대중교통 이용하기, 실내 적정 온도 지키기 등

지속 가능한 미래

- **친환경적 생산과 소비를 위한 노력**: 친환경 용기를 개발하거나 친환경 인증 제품을 생산함. ❸ _____ 할 수 있는 물건을 구입하거나 환경을 생각하여 생산한 식재료를 구입함.

- **빈곤과 기아 문제를 해결하기 위한 노력**:
  - 모금 활동, 물품 지원 등의 도움을 줌.
  - 학교를 지어 가난 때문에 교육받지 못하는 학생이 배울 수 있게 함.
  - 식량 문제를 해결할 수 있도록 ❹ _____ 을/를 알려 줌.
  - 지구촌 사람들이 빈곤과 기아 문제에 관심을 기울이도록 캠페인 활동을 함.

- **문화적 편견과 차별을 극복하기 위한 노력**:
  - 문화적 편견과 차별로 어려움을 겪는 사람들에게 필요한 도움을 줌.
  - 문화적 편견과 차별을 극복하고 다양성을 존중하는 교육을 함.
  - 지구촌의 다양한 문화와 역사를 배울 수 있는 여러 행사를 개최함.
  - 다양한 문화를 존중하고 다양한 문화가 ❺ _____ 하는 사회를 만드는 캠페인 활동을 함.

세계 시민: 지구촌 문제가 우리의 문제임을 알고 이를 해결하려고 ❻ _____ 하는 자세를 지닌 사람

> 지구촌은 우리가 살아가고 있는 터전이며 미래 세대도 살아가야 해.

답안 길잡이   ❶ 오염 ❷ 법과 제도 ❸ 재활용 ❹ 농사 기술 ❺ 공존 ❻ 실천

2 ⊙~⑩에 들어갈 알맞은 말을 사다리를 타고 내려가 써 보자.

공기, 물, 흙 등이
오염되어 ⊙ 이/가
발생하고 있다.

지구의 평균 기온이
높아지는 현상을
ⓒ (이)라고
한다.

ⓒ 은/는 오늘날
우리의 건강한 환경과
인류의 발전이 미래
까지 이어지는 것이다.

지속 가능한 미래를
만들기 위해 ⓔ
할 수 있는 물건을
구입한다.

지구촌의 문제를 해결해
나가려면 ⑩ 의
자세를 지니고
행동해야 한다.

ㅎㄱㅁㅈ

ㅅㄱㅅㅁ

ㅈㅎㅇ

ㅈㅅ ㄱㄴㅎ
ㅁㄹ

ㅈㄱ ㅇㄴㅎ

지속 가능한 미래를 위협하는
여러 문제를 해결하기 위해서는
세계 시민의 자세를 지니고
행동해야 해.

01 다음에서 설명하는 환경 문제는 무엇입니까? ( )

> 공장과 자동차 등에서 배출되는 매연으로 공기가 오염되고 있다. 오염된 공기는 다른 나라에도 영향을 주어 전 세계적인 문제가 되고 있다.

① 사막화 　　　② 황사 현상

③ 대기 오염 　　④ 열대림 파괴

⑤ 지구 온난화

02 다음 ( ) 안에 공통으로 들어갈 알맞은 말을 쓰시오.

> ( )은/는 지구 대기를 오염하여 온실 효과를 일으키는 기체이다. 석유, 석탄 등의 화석 연료를 사용하면서 ( ) 배출량이 늘어나 문제가 되고 있다.

(　　　　　　　)

03 다음에서 이야기하는 환경 문제는 무엇인지 쓰시오. **중요**

> 정수: 온실가스 배출량이 점점 늘어나고 있어 큰 문제야.
> 아정: 세계 여러 나라가 온실가스 배출량을 줄이자는 협정을 맺어도 쉽게 줄어들지 않고 있대.
> 연아: 지구촌 사람들이 함께 노력하지 않으면 지구의 평균 기온이 계속 올라가서 큰 피해를 보게 될 거야.

(　　　　　　　)

04 밑줄 친 부분에 들어갈 알맞은 내용을 쓰시오. **서술형**

> 사람들이 사용하고 버린 쓰레기가 바다에 쌓여 쓰레기 섬을 만들고 있다. 이 쓰레기가
> _____

핵심 단어 바다, 오염, 생태계, 파괴

....

....

05 다음 환경 문제의 원인으로 알맞은 것을 **보기** 에서 골라 기호를 쓰시오.

더 이상 여기에서는 지내기 어려워.

보기

> ㉠ 무분별하게 나무를 베었기 때문이다.
> ㉡ 지구가 더워지면서 바닷물 온도가 높아졌기 때문이다.
> ㉢ 사람들이 사용하고 버린 쓰레기가 바다를 오염시켰기 때문이다.

(　　　　　　　)

06 '파리 협정'에 대한 설명으로 알맞지 <u>않은</u> 것은 어느 것입니까? ( ) **중요**

① 프랑스 파리에서 체결되었다.

② 해양 쓰레기 문제와 관련 있다.

③ 전 세계 195개의 나라가 참여하였다.

④ 온실가스 배출량을 줄이기로 한 약속이다.

⑤ 지구촌 환경 문제를 해결하기 위한 노력이다.

07 다음과 같은 캠페인을 벌이는 까닭은 무엇입니까?
( )

> '세계 차 없는 날'은 1997년 프랑스에서 "도심에서 자가용을 이용하지 맙시다."라는 시민운동으로 시작되었다. 현재 세계 약 40개 나라에서 차 없는 날 캠페인에 참여하고 있다.

① 에너지 사용량을 늘리기 위해서이다.
② 쓰레기 배출량을 줄이기 위해서이다.
③ 지구촌의 대기 오염을 개선하기 위해서이다.
④ 멸종 위기의 동식물을 보호하기 위해서이다.
⑤ 지구촌 갈등을 평화적으로 해결하기 위해서이다.

서술형

08 다음과 같은 제도를 만든 까닭을 쓰시오.

> 에너지 소비 효율 등급 표시제는 에너지 사용량이 많은 제품에 에너지 효율 등급을 매겨 제품에 표시하도록 하는 제도이다. 등급에 미치지 못하는 제품은 국내에서 판매할 수 없다.
>
>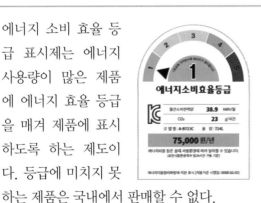

핵심 단어　　　에너지 효율, 생산, 절약

중요

09 다양한 주체들이 환경 문제를 해결하기 위해서 하는 노력을 바르게 연결하시오.

(1) 개인　•　　　• ㉠ 친환경 소재를 개발한다.

(2) 기업　•　　　• ㉡ 다양한 법과 제도를 마련한다.

(3) 국가　•　　　• ㉢ 에너지 절약, 쓰레기 줄이기 등을 실천한다.

10 다음과 같은 캠페인의 목적을 **보기**에서 골라 기호를 쓰시오.

> '용기 내 캠페인'은 음식 포장에 사용되는 일회용품과 비닐을 줄이기 위해 여러 번 쓸 수 있는 용기를 들고 가 일회용품 대신에 용기에 포장해 오는 캠페인이다. 그릇을 뜻하는 '용기'와 씩씩한 기운을 나타내는 '용기'를 연상시키는 것을 활용한 이름이다.
>
>

보기

㉠ 버려지는 음식을 줄여 빈곤과 기아 문제를 해결한다.
㉡ 일회용품 사용을 줄여 지구촌 환경 문제를 해결한다.
㉢ 에너지 사용량을 줄여 지구 온난화 문제를 해결한다.

( )

11 다음은 지속 가능한 미래를 위협하는 문제 중에서 어디에 해당하는지 보기 에서 골라 기호를 쓰시오.

> 우리가 사 먹는 햄버거가 지구 환경을 파괴하고 있다. 햄버거에 들어가는 쇠고기를 얻기 위해 소를 키우는 목장을 만들고, 소가 먹는 콩을 재배하기 위해 숲을 태우고 나무를 베면서 열대림이 파괴되고 있다.

> 보기
>
> ㉠ 빈곤과 기아 문제
> ㉡ 문화적 편견과 차별 문제
> ㉢ 생산과 소비 과정에서 일어나는 환경 문제

(   )

중요
12 그림과 관련 있는 지속 가능한 미래를 위협하는 문제는 어느 것입니까? (   )

◀ 가족의 생계를 책임져야 하므로 학교에 가지 못하고 일을 하는 어린이가 있다.

① 가뭄
② 기아
③ 빈곤
④ 차별
⑤ 편견

서술형
13 다음과 같은 상황이 일어나는 까닭을 쓰시오.

저는 종교에 따라 돼지고기를 먹지 않아요.

그래도 꼭 한번 드셔 보세요.

핵심 단어   다른, 문화, 존중

....

....

14 친환경적 생산과 소비를 하기 위한 노력인 것은 ○표, 노력이 아닌 것은 ✕표 하시오.

(1) 친환경 용기를 개발한다. (   )

(2) 재활용할 수 있는 물건을 사용한다. (   )

(3) 농약을 많이 사용하여 벌레가 없고 싱싱한 농산물을 생산한다. (   )

15 빈곤과 기아 문제를 해결하기 위한 노력으로 알맞지 않은 것은 어느 것입니까? (   )

① 환경을 생각하여 생산한 식재료를 산다.

② 지구촌 사람들이 관심을 갖도록 캠페인 활동을 한다.

③ 식량 문제를 해결할 수 있도록 농업 기술을 알려 준다.

④ 빈곤과 기아로 고통받는 사람들을 돕기 위한 모금 활동을 한다.

⑤ 학교를 지어 가난 때문에 교육받지 못하는 학생들이 배울 수 있게 한다.

16 다음 (   ) 안에 들어갈 알맞은 말을 쓰시오.

> 문화적 편견과 차별을 극복하려면 지구촌 사람들이 서로 (   )을/를 가지고 이해해야 한다.

(   )

특별한 서술/논술

● 자료를 보고, 물음에 답하시오.

지구촌 곳곳에서 발생하는 다양한 문제가 사람들의 지속 가능한 미래를 위협하고 있다. 예를 들어 다양한 민족이 모여 사는 나라에서 사람들이 서로를 이해하지 못해 의견 충돌이 일어나고 있다. 어떤 나라에서는 공공장소에서 얼굴을 가리는 이슬람 전통 복장을 입지 못하게 하는 법안이 논의 중이다. 이를 두고 "최근 일어나는 각종 범죄를 방지하는 데 필요한 조치"라는 의견과 "문화 다양성을 해치는 결정"이라는 의견이 엇갈린다.

▲ 이슬람 전통 복장을 한 모습

01 다음 (   ) 안에 들어갈 말을 윗글에서 찾아 쓰시오. ●————— 힌트!

윗글은 문화적 편견과 차별 문제를 다루고 있다. 이것은 생산과 소비 과정에서 일어나는 환경 문제, 빈곤과 기아 문제와 함께 지구촌 사람들의 (   )을/를 위협하는 문제이다.

(   )

> 오늘날 우리의 건강한 환경과 인류의 발전이 미래 세대까지 이어지는 것을 뜻하는 말이야.

02 밑줄 친 부분에 들어갈 알맞은 내용을 쓰시오. ●————— 힌트!

문화적 편견과 차별 문제가 일어나는 이유는 서로 다른 문화를 존중하지 않기 때문이다. 이러한 문화적 편견과 차별을 극복하려면,

① 문화적 편견과 차별로 어려움을 겪는 사람들에게 _____

_____

② 학교 등에서 _____

_____

> 문화적 편견과 차별을 극복하기 위해서는 개인의 노력과 함께 사회의 노력도 필요해.

03 **02**번을 참고하여 문화적 편견과 차별을 극복하기 위해 우리가 할 수 있는 노력을 ●———— 힌트! 두 가지 쓰시오.

_____

_____

> **02**번의 내용을 참고하여 문화적 편견과 차별을 극복하기 위해 우리가 할 수 있는 노력이 무엇인지 생각해 봐.
>
> **핵심 단어**
> 행사, 참여, 공존, 캠페인

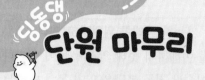

단원 마무리

도움이 필요하면 확인해요
91~92쪽

1 독도에서 볼 수 있는 모습을 보고 자연환경에는 ○ 표, 인문환경에는 △ 표를 해 보자.

가 ( )　　나 ( )　　다 ( )　　라 ( )

90~98쪽

2 독도에 관해 잘못 말한 친구를 골라 이름을 써 보자.　　( )

독도는 우리나라에서 가장 동쪽에 있는 영토야.

독도는 천연기념물로 지정되어 아무도 살고 있지 않아.

옛 지도와 기록에는 독도가 예부터 우리 영토였다는 사실이 나타나 있어.

우리나라는 옛날부터 독도를 지키기 위해 노력해 왔어.

하령　　지우　　소윤　　윤성

117쪽

3 지구촌 갈등을 평화롭게 해결하기 위한 실천 방안으로 적절하지 <u>않은</u> 행동을 한 친구를 골라 이름을 써 보자.　　( )

지구촌 문제를 알리기 위한 홍보 동영상을 만들어요.

지구촌 갈등으로 어려움을 겪는 사람들을 돕기 위한 서명 운동에 참여하지 않아요.

지구촌 문제에 관심을 기울이고 관련 정보를 자주 찾아봐요.

선빈　　다영　　유건

독도에는 우리나라 주민, 등대 관리인, 독도 경비대원이 거주하고 있어.

답안 길잡이　　1 가 △ 나 ○ 다 △ 라 ○　　2 지우　　3 다영

119쪽

4 다음에서 설명하고 있는 국제기구의 이름을 써 보자.　　　　（　　　　　　）

> 이 국제기구는 1945년에 지구촌 평화 유지, 전쟁 방지, 국제 협력 증진 등의 활동을 위해 만들었다.

146쪽

5 빈곤과 기아 문제를 해결하기 위한 노력에 대해 <u>잘못</u> 이야기한 친구를 고르고, 바르게 고쳐 써 보자.

제희
모금 활동을 하여 빈곤과 기아 문제로 고통받는 사람들을 도와야 합니다.

태훈
물품을 지원하여 다양한 문화를 체험하도록 합니다.

은서
식량 문제를 해결할 수 있도록 농업 기술을 알려 줍니다.

수민
지구촌 사람들이 빈곤과 기아 문제에 관심을 기울이도록 캠페인 활동을 합니다.

❶ 잘못 말한 친구: (　　　　　　)

❷ 바르게 고친 내용:

149~150쪽

6 다음과 같이 우리가 세계 시민의 자세를 지니고 생활 속에서 실천해야 하는 까닭을 써 보자.

음식을 먹을 만큼만 덜어 먹기

에너지를 절약하는 습관 가지기

> 모금 활동을 하고 물품을 지원하여 빈곤과 기아 문제로 고통받는 사람들을 도울 수 있어.

다시 쓰는 지구촌 신문

우리는 지구촌의 여러 문제가 우리의 문제임을 알고 이를 함께 해결하려고 노력하는 자세가 필요하다. 지구촌에서 일어나고 있는 문제를 다룬 신문 기사를 선택하고, 그 문제가 해결된 신문 기사로 바꾸어 보자.

활동 방법

❶ 지구촌에서 일어나고 있는 문제를 다룬 신문 기사를 고른다.
　예시 영토 문제, 종교 문제, 환경 문제, 빈곤과 기아 문제, 문화적 편견과 차별 문제 등
❷ 찾은 신문 기사를 붙이고, 문제가 해결된 신문 기사로 바꾸어 쓴다.
❸ 바꾼 신문 기사를 친구들에게 발표한다.

예시 • 내가 찾은 신문 기사

○○신문	20○○년 ○○월 ○○일

지구 온난화, 북극곰에겐 생존의 문제

지구 온난화로 북극의 빙하가 줄어들면서 북극곰이 생존의 위협을 받고 있다. 빙하가 줄어들면서 북극곰은 먹이를 사냥하기 위해 더 멀리 헤엄쳐야 한다. 수영을 하다 지친 북극곰은 먹이를 사냥하지 못해 굶어 죽기도 해서 북극곰의 숫자가 크게 줄어들고 있다.

• 다시 쓴 신문 기사

지구 온난화 해결, 행복한 북극곰

지구촌 사람들의 노력으로 지구 온난화 문제가 해결되고, 북극곰의 삶이 나아졌다. 세계의 여러 나라는 차 없는 날 캠페인을 벌이는 등 온실가스 배출량을 줄이기 위해 힘썼다. 또한 개인은 재활용 쓰레기를 분리배출하고, 대중교통을 이용하는 등 생활 속에서 실천할 수 있는 방법을 찾아 지구 온난화 문제 해결에 함께하였다. 이제 북극의 빙하가 늘어나면서 북극곰이 마음껏 먹이를 사냥하고, 북극곰 가족이 행복하게 살아가고 있다.

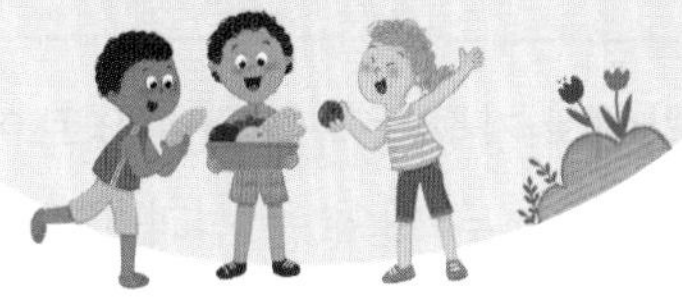

• 내가 찾은 신문 기사

○○신문　　　　　　　　　　　　　　　　　　　　20○○년 ○월 ○○일

신문 기사 붙이는 곳

• 다시 쓴 신문 기사

기사 제목:

기사 내용:

답안 길잡이

지구촌 사람들의 노력으로 바다 쓰레기가 점점 줄고 있다. 세계 여러 나라에서 '바다 지킴이' 단체를 만들어 해변에 버려진 쓰레기를 수거하고 있다. 그 결과 바다로 떠내려가는 쓰레기가 눈에 띄게 감소하였고 바다 생태계가 좋아지고 있다.

2 단원

공부한 날

월

일

01 다음에서 설명하는 곳의 이름을 쓰시오.

> • 우리나라에서 가장 동쪽에 있는 영토이다.
> • 서도와 동도인 두 개의 큰 섬과 주위에 89개의 바위섬으로 이루어져 있다.

(   )

02 독도의 가치에 대한 설명으로 알맞지 <u>않은</u> 것은 어느 것입니까? (   )

① 다양한 해양 생물이 살고 있다.

② 다양한 동식물이 서식하는 생태계의 보고이다.

③ 바다 밑에는 원유, 천연가스 등의 자원이 풍부하다.

④ 군사 및 해상 교통의 중심지로서 중요한 위치에 있다.

⑤ 탕건봉, 천장굴, 독립문바위 등 독특한 지형과 경관이 나타난다.

03 『세종실록지리지』에 나타난 독도에 대한 기록으로 알맞은 것을 보기 에서 골라 기호를 쓰시오.

> **보기**
> ㉠ 독도는 일본의 영역에서 제외된다.
> ㉡ 울릉도와 독도는 강원도 울진현에 속한 두 섬이다.
> ㉢ 지금의 독도를 '리앙쿠르암'으로 표기하고 있다.

(   )

04 독도가 나타나 있는 옛 지도와 옛 기록을 통해 알 수 있는 사실을 쓰시오.

....

....

05 다음 사건 이후에 일어난 일로 알맞은 것을 <u>두 가지</u> 고르시오. (,   )

> 조선 숙종 때, 안용복은 울릉도와 독도 근처에 고기잡이하러 갔다가 바다에서 고기를 잡는 일본 어부들을 발견하였다. 안용복이 고기잡이하는 일본 어부들을 꾸짖자, 이들은 안용복을 일본으로 끌고 갔다. 안용복은 일본에서도 울릉도와 독도가 조선의 땅임을 당당하게 주장하였다.

① 조선 조정은 일본 어부들을 잡아 감옥에 가두었다.

② 일본은 안용복의 행동에 항의하는 문서를 조선에 보냈다.

③ 일본은 조선의 바다에서 고기잡이한 일본 어부들에게 벌을 내렸다.

④ 일본은 일본 어부들이 울릉도와 독도에 드나들지 못하도록 금지령을 내렸다.

⑤ 조선 조정은 울릉도와 독도가 조선의 땅임을 분명히 하는 문서를 일본에 보냈다.

06 다음에서 설명하는 민간단체의 이름을 쓰시오.

> • 인터넷에서 우리나라와 관련된 잘못된 사실을 찾아 바르게 알리는 활동을 한다.
> • 독도 탐방 캠프 등 독도가 우리 영토라는 것을 알리는 활동을 하고 있다.

(   )

07 남북 분단으로 겪는 어려움으로 알맞지 <u>않은</u> 것은 어느 것입니까? ( )

① 이산가족의 고통

② 과도한 국방비 지출

③ 언어와 문화의 차이

④ 전쟁에 대한 두려움

⑤ 북극해 주변 천연가스를 둘러싼 갈등

08 다음 자료를 통해 알 수 있는 남북통일의 필요성을 <u>두 가지</u> 쓰시오.

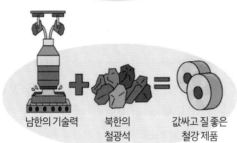

....

....

09 남북통일을 위해 다음과 같은 노력을 했던 시기는 언제입니까? ( )

- 씨름, 남북 공동 유네스코 문화유산 등재
- 판문점에서 남북 정상 만남
- 남북 예술단 합동 공연

① 1970년대   ② 1980년대

③ 1990년대   ④ 2000년대

⑤ 2010년 이후

10 통일 한국의 모습을 <u>잘못</u> 말한 친구의 이름을 쓰시오.

제니: 전쟁 가능성이 높아져 해외 관광객이 증가해요.

해린: 새로운 직업과 일자리가 늘어나 경제가 발전할 거예요.

민준: 반도국의 장점이 살아나 물류와 교통의 중심지로 성장해요.

( )

11 종교 때문에 갈등을 겪고 있는 사례를 <u>두 가지</u> 고르시오. (,)

① 메콩강 주변국들의 갈등

② 인도와 파키스탄의 갈등

③ 북극해 주변국들의 갈등

④ 센카쿠 열도를 둘러싼 갈등

⑤ 팔레스타인과 이스라엘의 갈등

12 다음 ( ) 안에 들어갈 알맞은 말을 쓰시오.

( )은/는 한 나라 안에서 서로 대립하는 세력이 무력으로 싸우는 상태이다.

( )

13 지구촌 갈등을 해결해야 하는 이유로 가장 알맞은 것은 어느 것입니까? ( )

① 특정 국가만의 문제이기 때문이다.

② 국제 사회에서 인정받기 위해서이다.

③ 다른 나라의 이익을 먼저 생각하기 때문이다.

④ 지구촌 갈등은 비교적 해결하기 쉬운 문제이기 때문이다.

⑤ 지구촌 갈등은 세계 여러 나라에 영향을 끼치기 때문이다.

2단원

공부한 날

월

일

14 국제연합에 대한 설명으로 알맞지 <u>않은</u> 것은 어느 것입니까? ( )

① 비정부 기구이다.

② 제2차 세계 대전 이후에 설립되었다.

③ 세계 여러 나라가 협력하여 만들었다.

④ 지구촌 갈등을 해결하기 위해 다양한 전문 기구를 두고 있다.

⑤ 지구촌 평화 유지, 전쟁 방지, 국제 협력 증진 등의 활동을 한다.

15 다음과 같은 활동을 하는 국제기구는 어느 것입니까? ( )

어려움에 처한 어린이의 생활을 도와줘요.

① 국제연합 평화 유지군

② 한국국제협력단(KOICA)

③ 국제연합난민기구(UNHCR)

④ 국제연합아동기금(UNICEF)

⑤ 국제연합교육과학문화기구(UNESCO)

16 다음에서 설명하는 인물은 누구입니까? ( )

• 수단 사람들이 전쟁으로 부상과 질병에 시달리는 것을 보고 수단에서 의료 봉사를 하기로 하였다.

• 남수단에 학교와 병원을 짓고 전쟁의 상처를 치유하기 위해 음악단을 만들어 사람들의 마음을 위로하였다.

① 이태석 ② 넬슨 만델라

③ 바루아니 은두메 ④ 말랄라 유사프자이

⑤ 산드라 릴리아나 산체스

17 다음에서 이야기하는 기구는 무엇인지 쓰시오.

서윤: 지구촌의 인권, 환경, 보건, 빈곤 퇴치 등 여러 문제를 해결하려고 뜻을 같이 하는 사람들이 모여 활동하는 조직을 뭐라고 하는지 알아?

호준: 국경없는의사회, 세이브더칠드런 등의 조직을 말하는 거지.

( )

18 다음 단체들이 하는 일을 보기 에서 골라 기호를 쓰시오.

(1) 국제앰네스티 ( )

(2) 국경없는의사회 ( )

(3) 국제지뢰금지운동 ( )

보기

㉠ 세계 각국의 인권 침해 상황을 알린다.

㉡ 전 세계에 지뢰의 위험성을 알려 지뢰를 제거한다.

㉢ 분쟁 피해 지역에서 도움이 필요한 사람들에게 의료 지원을 한다.

19 다음과 같은 피해를 일으키는 환경 문제는 어느 것입니까? ( )

극지방의 빙하가 녹아내리고 홍수, 가뭄 등 자연재해가 발생하기도 한다.

① 사막화 ② 대기 오염

③ 열대림 파괴 ④ 지구 온난화

⑤ 해양 쓰레기 문제

20 다음과 같은 환경 문제로 입게 되는 피해를 쓰시오.

> 경제 개발을 위해 열대림의 나무를 무분별하게 베면서 열대림이 파괴되고 있다.

....

....

21 환경 문제를 해결하기 위해 다음과 같은 노력을 하는 주체를 보기 에서 골라 기호를 쓰시오.

> 에너지 사용량이 많은 제품에 에너지 효율 등급을 매겨 제품에 표시하도록 하는 에너지 소비 효율 등급 표시제를 마련한다.

보기
ㄱ 개인   ㄴ 국가
ㄷ 기업   ㄹ 세계

(   )

22 다음은 지속 가능한 미래를 위협하는 문제 중에서 어디에 해당하는지 보기 에서 골라 기호를 쓰시오.

> 라일라: 가족의 생계를 책임져야 해서 학교에 가지 못하고 일을 하고 있어요.
> 다니엘: 물과 식량이 부족해 영양을 제대로 공급받지 못해요.

보기
ㄱ 빈곤과 기아 문제
ㄴ 문화적 편견과 차별 문제
ㄷ 생산과 소비 과정에서 일어나는 문제

(   )

23 친환경적 생산과 소비를 하기 위해 할 수 있는 일을 두 가지 쓰시오.

....

....

24 문화적 편견과 차별 문제를 해결하기 위한 노력으로 알맞은 것은 어느 것입니까?   (   )

① 친환경 용기를 사용한다.
② 필요한 물품을 지원해 준다.
③ 학교 등 교육 시설을 만들어 준다.
④ 문화적 다양성을 존중하는 교육을 한다.
⑤ 가난으로 어려움을 겪는 사람들에게 농업 기술을 알려 준다.

25 세계 시민으로서 바람직하지 않은 모습은 어느 것입니까?   (   )

① 세계의 다양한 문화를 이해하려고 노력한다.
② 세계의 모든 사람은 똑같이 중요하다고 생각한다.
③ 내 생각은 항상 옳다고 생각하고 자신 있게 행동한다.
④ 환경 문제가 심각하다는 것을 알고 환경 보호를 실천한다.
⑤ 나의 노력이 지구촌 문제 해결에 도움이 될 수 있다고 생각한다.

01 독도에 대한 설명으로 알맞지 <u>않은</u> 것은 어느 것입니까? ( )

① 우리나라에서 가장 동쪽에 있다.

② 동해의 영향으로 기온이 온화하다.

③ 정치 및 경제의 중심지로서 중요한 위치에 있다.

④ 각종 주민 생활 시설과 경비 활동을 위한 시설이 있다.

⑤ 두 개의 큰 섬과 수십 개의 바위섬으로 이루어져 있다.

02 밑줄 친 (가)에 해당하는 옛 지도를 보기 에서 모두 골라 기호를 쓰시오.

> 독도와 관련된 역사적 자료 중에는 독도가 실제와 달리 (가) 울릉도의 서쪽에 그려진 지도가 있다. 당시에는 독도가 울릉도 근처에 있는 섬이라는 것은 알았지만 실제 위치는 정확하게 알지 못했던 것으로 생각해 볼 수 있다.

> **보기**
> ㉠ 「팔도총도」　　㉡ 「동국대지도」
> ㉢ 「조선왕국전도」　　㉣ 「삼국접양지도」

( )

03 다음과 같은 내용이 나타난 옛 기록을 보기 에서 골라 기호를 쓰시오.

(1) 우산과 무릉, 두 섬이 울진현의 정동쪽 바다에 있다. ( )

(2) (일본의 영역에서) 제외되는 것은 울릉도, 리앙쿠르암, 제주도 등이다. ( )

> **보기**
> ㉠ 『세종실록지리지』
> ㉡ 「대한 제국 칙령 제41호」
> ㉢ 「SCAPIN(연합국 최고 사령관 각서) 제677호」

04 다음에서 설명하는 인물은 누구입니까? ( )

> 울릉도와 독도 근처에서 고기잡이하는 일본 어부들을 꾸짖다 일본 어부들에 의해 일본으로 끌려갔다. 일본에서도 울릉도와 독도가 조선의 땅임을 주장하였다.

① 숙종　　　　② 이이

③ 안용복　　　　④ 이순신

⑤ 정약용

05 다음 자료를 참고하여 오늘날 우리나라가 독도를 지키기 위해 하고 있는 노력을 두 가지 쓰시오.

....

....

06 다음 ( ) 안에 들어갈 알맞은 말을 쓰시오.

> 우리나라는 광복 이후 남한에서 대한민국 정부가 수립되었고, 북한에서 별도의 정권이 세워지면서 우리나라의 분단이 시작되었다. 이후 ( )을/를 겪으면서 분단이 더욱 굳어졌다.

( )

→ 바른답·알찬풀이 38쪽

07 남북 분단으로 겪는 어려움을 <u>두 가지</u> 쓰시오.

....

....

08 남북통일의 필요성으로 알맞지 <u>않은</u> 것은 어느 것입니까? ( )

① 새로운 민족 공동체를 건설하기 위해서이다.

② 남북 분단으로 겪는 어려움을 해결하기 위해서이다.

③ 국방비를 줄여 복지, 문화 분야 등에 사용할 수 있기 때문이다.

④ 세계 여러 나라를 여행하면서 다양한 경험을 쌓을 수 있기 때문이다.

⑤ 남한의 기술과 북한의 자원을 이용하여 경쟁력 있는 제품을 만들어 많은 이익을 얻을 수 있기 때문이다.

09 남북통일을 위해 다음과 같은 노력을 했던 시기는 언제입니까? ( )

> • 「6·15 남북 공동 선언」을 통해 남북이 관계 발전을 위해 노력할 것을 선언하였다.
> • 개성 공단 운영 등 민간 교류도 더욱 확대되었다.

① 1970년대   ② 1980년대

③ 1990년대   ④ 2000년대

⑤ 2010년 이후

10 남북통일이 지구촌 평화에 기여할 수 있는 까닭을 <u>두 가지</u> 쓰시오.

....

....

11 지구촌 갈등의 원인으로 알맞지 <u>않은</u> 것은 어느 것입니까? ( )

① 민족   ② 영토

③ 인종   ④ 자원

⑤ 평화

12 다음 ( ) 안에 들어갈 나라로 알맞지 <u>않은</u> 것은 어느 것입니까? ( )

> 최근 지구 온난화로 북극의 빙하가 녹으면서 막대한 원유와 천연가스의 개발 및 항로 이용 가능성이 커지자 ( ) 등의 주변국들이 북극해를 둘러싼 갈등을 겪고 있다.

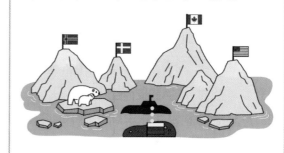

① 미국   ② 영국

③ 덴마크   ④ 러시아

⑤ 노르웨이

13 지구촌 갈등이 쉽게 해결되지 않고 계속되는 까닭을 <u>잘못</u> 말한 친구의 이름을 쓰시오.

> 호석: 갈등의 세월이 길고 원인이 복잡하기 때문이에요.
> 현준: 자기 나라보다 다른 나라의 이익을 먼저 생각하기 때문이죠.
> 지민: 국가 간에 지켜야 할 국제법이 있지만 강제성이 없어 효과가 작기 때문이에요.

( )

14 다음 자료를 참고하여 지구촌 갈등을 평화롭게 해결하기 위해 우리가 실천할 수 있는 일을 <u>두 가지</u> 쓰시오.

....

....

15 다음과 같은 활동을 하는 국제연합의 전문 기구를 보기 에서 골라 기호를 쓰시오.

(1) 어려움과 위험에 처한 전 세계 어린이의 생활과 교육을 돕는다. ( )

(2) 교육, 과학, 문화 분야의 국제 협력을 통해 세계 평화를 추구한다. ( )

(3) 난민을 보호하고 난민들이 고향으로 돌아가거나 다른 나라에 정착할 수 있도록 돕는다.

( )

보기
㉠ 국제연합아동기금(UNICEF)
㉡ 국제연합난민기구(UNHCR)
㉢ 국제연합교육과학문화기구(UNESCO)

16 한국국제협력단에 대한 설명으로 알맞지 <u>않은</u> 것은 어느 것입니까? ( )

① 해외에 봉사단을 파견한다.

② 다른 국제기구와 협력을 한다.

③ 지구촌의 평화를 지키기 위해 노력하고 있다.

④ 우리나라보다 경제가 발전한 나라와의 교류를 늘리는 활동을 한다.

⑤ 전쟁과 자연재해로 어려움에 처한 사람들을 돕는 재난 복구 지원 사업을 한다.

17 다음에서 설명하는 인물은 누구입니까? ( )

• 남아프리카 공화국에서 흑인 인권을 위해 싸웠고, 노벨 평화상을 받았다.
• 인종 차별에 반대하다가 감옥에 갇혔지만 포기하지 않고 대화와 타협을 통해 새로운 변화를 만들었다.

① 이태석   ② 넬슨 만델라

③ 바루아니 은두메   ④ 말랄라 유사프자이

⑤ 산드라 릴리아나 산체스

18 다음은 어린이 비정부 기구를 만들어 실천하는 과정 중에서 어디에 해당하는지 보기 에서 골라 기호를 쓰시오.

보기
㉠ 비정부 기구 활동하기
㉡ 비정부 기구 조직하기
㉢ 비정부 기구 활동 계획 세우기
㉣ 지구촌 문제 관심 분야 정하기

( )

19 농경지가 감소하고 식량이 부족해지는 피해를 일으키는 환경 문제는 어느 것입니까? ( )

① 사막화   ② 대기 오염

③ 지구 온난화   ④ 산호 백화 현상

⑤ 해양 쓰레기 문제

→ 바른답·알찬풀이 38쪽

20 환경 문제와 그에 대한 설명을 바르게 연결하시오.

(1) 사막화 •

• ㉠ 지구의 평균 기온이 점점 올라가는 현상이다.

(2) 대기 오염 •

• ㉡ 사막 주변의 초원 지대가 점점 사막으로 변하는 것이다.

(3) 지구 온난화 •

• ㉢ 공장, 자동차 등에서 배출되는 매연으로 공기가 오염되는 것이다.

21 다음은 어떤 환경 문제를 해결하기 위한 세계의 노력입니까? ( )

'세계 차 없는 날'은 1997년에 프랑스에서 "도심에서 자가용을 이용하지 맙시다."라는 시민운동으로 시작되었다. 현재 세계 1,500여 개 도시에서 차 없는 날 캠페인에 참여하고 있다.

① 사막화
② 대기 오염
③ 열대림 파괴
④ 산호 백화 현상
⑤ 해양 쓰레기 문제

22 환경 문제를 해결하기 위해 개인이 실천할 수 있는 노력을 두 가지 고르시오. (,)

① 대중교통을 이용한다.
② 실내 적정 온도를 지킨다.
③ 다양한 법과 제도를 마련한다.
④ 쓰레기가 덜 나오는 제품을 만든다.
⑤ 여러 나라와 기후 변화에 대응하는 협정을 맺는다.

23 다음은 지속 가능한 미래를 위협하는 문제 중에서 어디에 해당하는지 **보기**에서 골라 기호를 쓰시오.

▲ 햄버거에 들어가는 쇠고기를 얻기 위해 소를 키우는 목장을 만들고, 그 소가 먹는 콩을 재배하기 위해 숲을 태우고 나무를 벤다.

보기

㉠ 빈곤과 기아 문제
㉡ 문화적 편견과 차별 문제
㉢ 생산과 소비 과정에서 일어나는 문제

( )

2 단원

공부한 날

월

일

24 문화적 편견과 차별을 극복하기 위한 노력을 두 가지 쓰시오.

....

....

25 다음 ( ) 안에 공통으로 들어갈 알맞은 말을 쓰시오.

( )은/는 지구촌 문제가 우리의 문제임을 알고 이를 해결하려고 협력하는 자세를 지닌 사람을 말한다. 음식을 먹을 만큼만 덜어 먹고, 사용하지 않는 물건을 필요한 사람과 나누고, 에너지를 절약하는 습관을 기르는 것 등은 모두 ( )이/가 실천해야 할 일이다.

( )

문장제 해결력 강화

문제 해결의 길잡이

문해길 시리즈는

문장제 해결력을 키우는 상위권 수학 학습서입니다.

문해길은 8가지 문제 해결 전략을 익히며

수학 사고력을 향상하고,

수학적 성취감을 맛보게 합니다.

이런 성취감을 맛본 아이는

수학에 자신감을 갖습니다.

수학의 자신감, 문해길로 이루세요.

문해길 원리를 공부하고, 문해길 심화에 도전해 보세요!
원리로 닦은 실력이 심화에서 빛이 납니다.

문해길 원리

문장제 해결력 강화
1~6학년 학기별 [총12책]

문해길 심화

고난도 유형 해결력 완성
1~6학년 학년별 [총6책]

원리 3-1   심화 3

미래엔 초등 도서 목록

초코

교과서 달달 쓰기 · 교과서 달달 풀기
1~2학년 국어 · 수학 교과 학습력을 향상시키고
초등 코어를 탄탄하게 세우는 기본 학습서
[4책] 국어 1~2학년 학기별
[4책] 수학 1~2학년 학기별

미래엔 교과서 길잡이, 초코
초등 공부의 핵심[CORE]를 탄탄하게 해 주는
슬림 & 심플한 교과 필수 학습서
[8책] 국어 3~6학년 학기별, [8책] 수학 3~6학년 학기별
[8책] 사회 3~6학년 학기별, [8책] 과학 3~6학년 학기별

전과목 단원평가
빠르게 단원 핵심을 정리하고, 수준별 문제로 실전력을 키우는
교과 평가 대비 학습서
[8책] 3~6학년 학기별

문제 해결의 길잡이

원리 8가지 문제 해결 전략으로 문장제와 서술형 문제 정복
[12책] 1~6학년 학기별

심화 문장제 유형 정복으로 초등 수학 최고 수준에 도전
[6책] 1~6학년 학년별

퍼즐런

초등 필수 어휘를 퍼즐로 재미있게 익히는 학습서
[3책] 사자성어, 속담, 맞춤법

하루한장 예비 초등

한글완성
초등학교 입학 전 한글 읽기·쓰기 동시에 끝내기
[3책] 기본 자모음, 받침, 복잡한 자모음

예비초등
기본 학습 능력을 향상하며 초등학교 입학을 준비하기
[2책] 국어, 수학

하루한장 독해

독해 시작편
초등학교 입학 전 기본 문해력 익히기 30일 완성
[2책] 문장으로 시작하기, 짧은 글 독해하기

어휘
문해력의 기초를 다지는 초등 필수 어휘 학습서
[6책] 1~6학년 단계별

독해
국어 교과서와 연계하여 문해력의 기초를 다지는 독해 기본서
[6책] 1~6학년 단계별

독해+플러스
본격적인 독해 훈련으로 문해력을 향상시키는 독해 실전서
[6책] 1~6학년 단계별

비문학 독해 (사회편·과학편)
비문학 독해로 배경지식을 확장하고 문해력을 완성시키는
독해 심화서
[사회편 6책, 과학편 6책] 1~6학년 단계별

초등
코어

초코

바른답·알찬풀이

사회
6·2

❶ 핵심 개념을 비주얼로 이해하는 **탄탄한 초코!**
❷ 기본부터 응용까지 공부가 즐거운 **달콤한 초코!**
❸ 온오프 학습 시스템으로 실력이 쌓이는 **신나는 초코!**

- **국어**　　3~6학년　학기별 [총8책]
- **수학**　　3~6학년　학기별 [총8책]
- **사회**　　3~6학년　학기별 [총8책]
- **과학**　　3~6학년　학기별 [총8책]

바른답·알찬풀이

1단원 세계 여러 나라의 자연과 문화

1 지구, 대륙 그리고 국가들

> **01** 지리 정보   **02** ㉠, ㉢   **03** (가) ○
> **04** ㉠, ㉡   **05** 세계 지도

01 지리 정보는 우리가 살아가는 공간과 관련된 정보입니다.

02 지구본은 둥근 지구의 모습을 본떠 작게 만든 모형입니다. 자유롭게 회전할 수 있는 입체적인 도구로, 실제 지구의 모습과 비슷합니다.

> **왜 틀린 답일까?**
> ㉡ 세계 지도에 대한 설명입니다.

03 (가) 지구본은 둥근 지구의 모습을 본떠 만들었기 때문에 세계 여러 나라의 위치, 거리, 면적 등이 비교적 정확하게 표현되어 있습니다. 그러나 (나) 세계 지도는 둥근 지구를 평면으로 나타내기 위해 위아래에 생긴 빈 공간을 확대하고 이어서 반듯하게 만들었기 때문에, 일부 지역이 실제와 다르게 보이기도 합니다.

04 세계 지도는 둥근 지구의 모습을 평면으로 나타낸 것으로, 가지고 다니며 사용하기에 편리합니다.

> **왜 틀린 답일까?**
> ㉢ 세계 지도는 둥근 지구를 평면으로 나타냈기 때문에 나라와 바다의 모양이나 거리가 실제와 다르게 표현되기도 합니다.

05 전 세계의 모습을 한눈에 보기 편리한 것은 세계 지도입니다. 지구본은 둥근 모양의 입체적인 도구이기 때문에 가려지는 부분이 있어서 전 세계의 위치나 영역을 한눈에 보기 어렵습니다.

> **01** 디지털 공간 영상 정보
> **02** (1) ㉡   (2) ㉠   (3) ㉢
> **03** ㉠ 위선   ㉡ 경선   ㉢ 경도   ㉣ 위도
> **04** ✕   **05** 북반구, 남반구

01 디지털 공간 영상 정보는 위성 영상, 항공 사진 등을 바탕으로 지리 정보를 디지털화하여 만든 것으로, 여러 가지 기능이 있으며 지도의 확대와 축소가 자유롭습니다.

02 스마트폰이나 컴퓨터 등의 기기에서는 디지털 공간 영상 정보의 다양한 기능을 이용할 수 있습니다. ㉠을 이용하면 자동차, 자전거, 대중교통과 같은 교통수단의 경로를 찾을 수 있습니다. ㉡을 이용하면 현재 내 위치를 알 수 있습니다. ㉢을 이용하면 지도에서 보이는 어떤 장소의 실제 모습을 여러 각도에서 살펴볼 수 있습니다.

03 위선과 경선은 지구본과 세계 지도에 위치를 쉽게 나타내기 위해 그어진 가상의 선입니다. 위선과 경선에 쓰여 있는 숫자를 각각 위도와 경도라고 합니다.

04 적도를 기준으로 북쪽의 위도를 북위, 남쪽의 위도를 남위라고 합니다. 본초 자오선을 기준으로 동쪽의 경도를 동경, 서쪽의 경도를 서경이라고 합니다.

05 적도 위쪽의 지구를 북반구, 아래쪽의 지구를 남반구라고 합니다.

01 ○ **02** ①
03 (1) ㉠, ㉡ (2) ㉢, ㉣
04 디지털 공간 영상 정보

01 바다, 육지 **02** ㉠ 인도양 ㉡ 남아메리카
03 태평양 **04** ㉠ 아시아 ㉡ 유럽
05 북반구, 북극해

01 지구본, 세계 지도, 디지털 공간 영상 정보 모두 세계 여러 나라의 정보를 담고 있지만 각각의 특성은 서로 다릅니다. 따라서 언제, 어떤 자료를, 어떻게 활용하는 것이 가장 효과적인지 살펴보고, 생활 속에서 상황에 알맞게 적절한 자료를 활용해야 합니다.

02 지구본은 나라 간의 크기를 비교하거나 도시 간의 거리를 비교적 정확하게 알고 싶을 때 이용하면 편리합니다.

03 세계 지도는 세계 여러 나라를 한눈에 보고 싶을 때, 여행을 계획하면서 여행할 나라의 위치를 확인하고 이동 경로를 그려볼 때, 여행하면서 가지고 다니기 편리한 지도가 필요할 때, 인터넷 사용이 어려울 때 활용하면 좋습니다. 디지털 공간 영상 정보는 찾고 싶은 장소에 대한 다양한 지리 정보를 살펴볼 때 이용하면 편리합니다. 예를 들어 가 보지 않은 곳의 실제 모습을 미리 볼 때, 숙소나 주변의 식당 등 지구본이나 세계 지도에서 찾기 어려운 정보를 찾을 때, 자신만의 여행 지도를 미리 만들어 보고 싶을 때 활용하면 좋습니다.

04 디지털 공간 영상 정보는 지도를 확대하거나 축소하면서 가 보고 싶은 나라를 찾고, 경로를 표시하는 데 편리합니다.

01 지구는 바다와 육지로 이루어져 있고, 그중에서 바다의 면적은 약 70%이고 육지의 면적은 약 30%를 차지합니다. 그러므로 바다가 육지보다 훨씬 넓습니다.

02 ㉠은 아시아, 아프리카, 오세아니아 대륙 사이에 있는 대양이므로 인도양입니다. ㉡은 대부분 남반구에 있으며, 남쪽은 남극해와 접해 있는 대륙이므로 남아메리카입니다.

03 태평양은 가장 큰 바다로 아시아, 오세아니아, 북아메리카, 남아메리카 대륙 사이에 있습니다.

왜 틀린 답일까?
대서양은 유럽, 아프리카, 북아메리카, 남아메리카 대륙 사이에 있어 우리나라와 가까이 있지 않습니다.

04 ㉠ 세계 육지 면적의 30%를 차지하는 가장 큰 대륙은 아시아입니다. ㉡ 좁은 면적에 비해 나라가 많으며, 북반구에 위치한 대륙은 유럽입니다.

05 세계 주요 대륙의 위치를 보면 북아메리카는 적도의 위쪽에 해당하는 북반구에 속해 있고, 북쪽은 북극해와 접해 있습니다.

바른답·알찬풀이

01 유럽은 면적이 좁은 편이지만 영국, 에스파냐, 프랑스, 독일 등 많은 나라가 위치합니다.

02 아프리카에는 이집트, 남아프리카 공화국, 케냐, 수단 등의 나라가 있습니다.

왜 틀린 답일까?
사우디아라비아는 아시아 대륙에 위치한 나라입니다.

03 (1) 아시아 대륙에는 대한민국, 중국, 일본, 사우디아라비아 등의 나라가 위치합니다. (2) 북아메리카 대륙에는 멕시코, 자메이카, 캐나다, 미국 등의 나라가 위치합니다. (3) 오세아니아 대륙에는 뉴질랜드, 파푸아뉴기니, 투발루, 오스트레일리아 등의 나라가 위치합니다.

04 지도에 표시된 (가)는 영국, (나)는 인도, (다)는 아르헨티나입니다. (가) 영국은 북반구에 있는 유럽 대륙의 서쪽에 위치한 섬나라로, 대서양에 둘러싸여 있습니다.

05 적도를 기준으로 북쪽의 지구를 북반구, 남쪽의 지구를 남반구라고 합니다. 지도에서 유럽 대륙에 있는 (가) 영국과 아시아 대륙에 있는 (나) 인도는 북반구에 위치하고, 남아메리가 대륙에 있는 (다) 아르헨티나는 남반구에 위치합니다.

06 나라 전체가 적도를 기준으로 북쪽인 북반구에 있으며, 본초 자오선을 기준으로 동쪽에 있는 나라는 (나) 인도입니다.

01 대륙별로 영토 크기가 가장 큰 나라를 살펴보면 아시아는 중국, 유럽은 러시아, 아프리카는 알제리, 오세아니아는 오스트레일리아, 북아메리카는 캐나다, 남아메리카는 브라질입니다.

02 세계에서 영토 크기가 가장 큰 나라는 러시아입니다. 러시아는 아시아와 유럽의 두 대륙에 걸쳐 있습니다.

03 세계에서 가장 작은 나라는 바티칸 시국입니다. 바티칸 시국은 이탈리아의 로마 시내에 위치해 있습니다.

04 세계 지도에서 미국과 영국의 영토를 찾아보면 미국은 영토가 여러 부분으로 나뉘어 떨어져 있고, 몽골은 영토가 육지에 둘러싸여 바다와 접하지 않습니다.

05 나라의 영토 모양은 해안선이나 주변 국가들과 맞닿아 있는 국경선에 따라 결정됩니다. 페루와 베트남은 영토가 남북 방향으로 길고, 이집트와 프랑스는 영토의 동서남북 모든 방향에서 길이가 비슷합니다. 필리핀과 뉴질랜드는 영토가 모두 바다에 둘러싸여 있습니다.

06 이탈리아는 영토의 삼면이 바다이고 다른 면은 육지에 연결되어 있으며 모양이 장화를 닮았습니다. 우리나라도 삼면이 바다에 둘러싸여 있지만 아시아 대륙에 위치하며, 영토의 모양은 씩씩한 호랑이를 닮았습니다.

01 ㉠ 지구본　㉡ 세계 지도　　**02** ⑤

03 ㉢　　**04** 예시답안 디지털 공간 영상 정보는 종이로 된 세계 지도보다 확대와 축소가 자유롭고, 지구본이나 세계 지도에서 찾기 어려운 다양한 정보를 얻을 수 있습니다.　　**05** 적도

06 ㉡, ㉣　　**07** ㉠ 위도　㉡ 경도

08 ㉠ 세계 지도　㉡ 지구본　　**09** 예시답안 세계 여러 나라를 한눈에 보고 싶을 때, 여행을 계획하면서 여행할 나라의 위치를 확인하고 이동 경로를 그려볼 때, 여행하면서 가지고 다니기 편리한 지도가 필요할 때, 인터넷 사용이 어려울 때　　**10** 태평양

11 ③　　**12** 아시아　　**13** ④

14 ②, ⑤　　**15** ④　　**16** ⑤

17 ㉠　　**18** ③

01 실제 지구의 모습과 비슷한 지구본에는 세계 여러 나라의 위치·거리·면적 등이 비교적 정확하게 표현되어 있습니다. 반면 세계 지도는 둥근 지구를 평면으로 나타냈기 때문에 나라와 바다의 모양이나 거리가 실제와 다르게 표현되기도 합니다.

02 지구본은 둥근 지구의 모습을 본떠 작게 만든 모형으로 실제 지구의 모습과 비슷하며, 자유롭게 회전할 수 있는 입체적인 도구입니다.

왜 틀린 답일까?
⑤ 세계 지도는 지구본보다 세계 여러 나라의 위치나 영역을 한눈에 볼 수 있고, 가지고 다니며 사용하기에 편리합니다.

03 디지털 공간 영상 정보는 위성 영상, 항공 사진 등을 바탕으로 지리 정보를 디지털화하여 만든 것입니다. 그러나 스마트폰이나 컴퓨터 등의 기기가 필요하고, 인터넷을 연결해야 다양한 기능을 이용할 수 있습니다.

04 디지털 공간 영상 정보는 나의 위치뿐만 아니라 원하는 장소의 위치·원하는 장소까지의 경로와 이동 시간·교통 정보·주변 장소 등 다양한 정보를 얻을 수 있고, 지리 정보가 디지털로 되어 있기 때문에 확대와 축소가 자유롭습니다.

채점 기준 핵심 단어 세 가지를 모두 넣어 디지털 공간 영상 정보의 장점을 바르게 썼으면 정답입니다.

05 ㈎는 위선의 기준이 되는 적도입니다. 적도를 기준으로 북쪽의 위도는 북위, 남쪽의 위도는 남위입니다.

06 ㉠은 지구에 가로로 그어진 위선, ㉡은 위선에 쓰여져 있는 숫자인 위도, ㉢은 경선에 쓰여져 있는 숫자인 경도, ㉣은 지구에 세로로 그어진 경선입니다.

07 지구본과 세계 지도에는 위치를 쉽게 나타내기 위한 선이 그려져 있습니다. 가로선을 위선, 세로선을 경선이라고 합니다. 위선과 경선에 쓰여 있는 숫자를 각각 위도와 경도라고 합니다.

08 지구본이 생활 속에서 효과적으로 쓰일 때는 나라 간의 크기를 비교할 때, 도시 간의 거리를 비교적 정확하게 알고 싶을 때, 특정 나라의 위치를 알고 싶을 때, 나라 간의 위치 관계를 파악할 때, 우리나라 반대편에 있는 나라를 알고 싶을 때입니다.

09 세계 지도는 세계 여러 나라를 한눈에 볼 수 있어 찾고 싶은 나라의 위치, 이동 경로 등을 확인할 때 활용하면 편리합니다.

채점 기준 생활 속에서 세계 지도를 활용하는 방법 중 두 가지를 바르게 썼으면 정답입니다.

10 세계에서 가장 큰 바다는 태평양으로, 세계의 주요 대양 중 하나입니다.

11 아프리카 대륙은 아시아 대륙 다음으로 크며, 북반구와 남반구에 걸쳐 있습니다.

왜 틀린 답일까?

① 가장 작은 대륙은 오세아니아입니다.

② 지구에서 바다의 면적은 약 70%, 육지의 면적은 약 30%이므로 바다의 면적이 더 큽니다.

④ 남극해는 남극 대륙을 둘러싸고 있습니다. 아시아, 유럽, 북아메리카 대륙에 둘러싸여 있는 대양은 북극해입니다.

⑤ 대서양은 유럽, 아프리카, 북아메리카, 남아메리카 대륙 사이에 있습니다. 아시아, 아프리카, 오세아니아 대륙 사이에 있는 대양은 인도양입니다.

12 세계 지도에서 우리나라를 찾아보면, 우리나라는 아시아 대륙의 동쪽에 위치하며 태평양과 가까이 있습니다.

13 대한민국, 중국, 일본, 사우디아라비아는 아시아 대륙에 있는 나라입니다.

왜 틀린 답일까?

④ 파푸아뉴기니는 오세아니아 대륙에 있습니다.

14 오세아니아 대륙에는 뉴질랜드, 파푸아뉴기니, 투발루, 오스트레일리아 등의 나라가 있습니다.

왜 틀린 답일까?

① 독일은 유럽 대륙에 있습니다.

③ 자메이카는 북아메리카 대륙에 있습니다.

④ 인도네시아는 아시아 대륙에 있습니다.

15 브라질, 아르헨티나, 페루, 수리남은 남아메리카 대륙에 있는 나라들입니다.

16 (가)는 인도입니다. 인도의 북쪽과 남쪽 끝에 가까운 위선을 찾아 숫자인 위도를 확인합니다. 그런 다음, 인도의 동쪽과 서쪽 끝에 가까운 경선을 찾아 숫자인 경도를 확인합니다. 인도는 북위 5°~38°, 동경 67°~99°에 위치합니다.

왜 틀린 답일까?

①, ② 인도는 적도의 위쪽에 있으므로 북반구에 위치합니다.

③ 인도는 인도양에 둘러싸여 있습니다.

④ 인도는 아시아 대륙의 남쪽에 위치합니다.

17 세계에서 영토 크기가 가장 작은 나라는 (가) 바티칸 시국입니다. 바티칸 시국은 이탈리아의 로마 시내에 위치해 있습니다.

왜 틀린 답일까?

ⓛ 우리나라의 영토 크기는 세계에서 85번째로, 세계 지도를 보면 우리나라는 (나) 일본보다 영토 크기가 작습니다.

ⓒ 세계에서 영토 크기가 가장 큰 나라는 아시아와 유럽에 걸쳐 있는 러시아입니다.

18 이집트의 영토는 동서남북 모든 방향에서 길이가 비슷합니다.

왜 틀린 답일까?

①의 영토는 칠레로, 영토가 남북 방향으로 길고, 모양은 거꾸로 세워 둔 지팡이를 닮았습니다.

②의 영토는 뉴질랜드로, 영토가 모두 바다에 둘러싸여 있습니다.

④의 영토는 이탈리아로, 영토의 삼면이 바다이고 다른 면은 육지에 연결되어 있으며, 모양이 장화를 닮았습니다.

⑤의 영토는 몽골로, 영토가 육지에 둘러싸여 바다와 접하지 않습니다.

01 국경선 **02** 자연적 요인

03 (예시 답안) 강을 따라 구불구불하게 멕시코까지 이어져 있다.

제시된 자료 살펴보기

교류에 장애가 되는 자연적 요인인 히말라야산맥을 따라 국경선이 나타나요.
히말라야산맥 / 중국 / 인도 / 네팔

과거 이 지역을 지배했던 여러 나라가 마음대로 국경선을 정했기 때문에 국경선이 직선으로 나타나요.

리오그란데강 / 미국 / 태평양 / 멕시코 / 멕시코만
직선이던 국경선이 리오그란데강과 만나는 곳부터는 강을 따라 구불구불하게 멕시코만까지 이어져 있어요.
태평양 연안 쪽의 국경선은 위선과 경선을 따라 직선으로 되어 있어요.

01 국경선은 자연적 요인, 역사적 요인, 위도와 경도에 따른 요인 등 다양한 기준으로 결정됩니다.

02 국경선은 보통 산맥, 하천, 해협 등과 같이 교류에 장애가 되는 자연적 요인에 따라 결정되는 경우가 많습니다. 케냐, 탄자니아, 우간다 국경의 일부를 이루는 빅토리아 호수는 자연환경에 속하므로, 이 지역은 자연적 요인에 의해 국경선이 결정되었습니다.

03 미국과 멕시코의 국경선을 보면, 리오그란데강이 시작되는 곳부터는 강을 따라 구불구불하게 멕시코만까지 이어져 있습니다.

> 만점 꿀팁 강의 모양이 어떠한지, 그리고 그 모양을 따라 어디까지 연결되어 있는지 살펴봅시다.

> 채점 기준 핵심 단어 두 가지를 모두 넣어 국경선의 특징을 바르게 썼으면 정답입니다.

2 세계의 다양한 삶의 모습

01 기후 **02** 낮아져
03 (1) ㉡ (2) ㉠ **04** 기온
05 ① **06** 온대

01 기후는 한 지역에서 오랫동안 나타나는 평균적인 날씨 상태입니다. 기온, 강수량, 바람 등에 따라 세계에는 지역별로 다양한 기후가 나타납니다.

02 태양에서 가까운 적도 부근의 저위도 지역은 태양열이 좁은 지역에 집중되어 열을 많이 받습니다. 반면 태양에서 먼 극지방의 고위도 지역은 태양열이 넓은 지역으로 분산되어 열을 적게 받습니다. 이에 따라 기온은 저위도에서 고위도로 갈수록 점차 낮아집니다.

03 지구가 둥글기 때문에 태양에서 가까운 적도 부근의 저위도 지역은 열을 많이 받아 일 년 내내 더운 열대 기후가 나타납니다. 반면 태양에서 먼 극지방의 고위도 지역은 열을 적게 받아 일 년 내내 추운 한대 기후가 나타납니다.

04 세계의 기후는 해당 지역의 기온과 강수량을 기준으로 구분합니다.

05 건조 기후는 주로 위도 20°~30° 일대와 바다에서 멀리 떨어진 지역에서 나타납니다. 건조 기후가 나타나는 지역은 일 년 내내 내리는 비의 양이 매우 적어 나무가 자라기 어렵습니다.

06 온대 기후는 중위도 지역에 주로 분포하며, 사계절이 나타납니다.

> 왜 틀린 답일까?
> 한대 기후는 고위도 지역에 주로 나타납니다. 일 년 내내 평균 기온이 매우 낮아 대부분의 땅이 얼어 있고, 나무가 자라기 어렵습니다.

바른답·알찬풀이

01 (나) ○   **02** ㉠   **03** 밀림, 초원
04 흙집   **05** ㉠ 사막 ㉡ 초원

01 ㉠   **02** ①   **03** ○
04 (다) ○   **05** 한대

01 열대 기후 지역에서는 열기나 습기를 피하고, 병충해나 동물의 습격을 피하기 위해 집의 바닥을 땅에서 띄워 지은 고상 가옥에서 생활합니다.

> **왜 틀린 답일까?**
>
> (가) 건조 기후 지역의 초원 지대에서 볼 수 있는 이동식 집인 게르입니다.
>
> (다) 건조 기후 지역의 사막 지대에서 볼 수 있는 흙집입니다.

02 열대 기후 지역은 비가 많이 내려 흙 속의 영양분이 쉽게 씻겨 내려가 농사짓기에 불리합니다. 그래서 전통적으로 숲에 나무를 베어 내고 불을 질러 만든 재로 토양에 영양분을 공급하는 화전 농업을 통해 농작물을 재배해 왔습니다.

> **왜 틀린 답일까?**
>
> ㉡, ㉢ 생태 관광이나 열대 작물을 대규모로 재배하여 수출하는 것은 최근에 나타나는 생활 모습입니다.

03 열대 기후 지역 중에는 일 년 내내 비가 많이 내려 밀림을 이루는 곳이 있으며, 건기와 우기가 번갈아 나타나 초원이 넓게 펼쳐진 곳도 있습니다.

04 건조 기후 지역의 사막 지대에 사는 사람들은 물을 쉽게 구할 수 있는 오아시스나 하천 주변에 흙집을 짓고 농사를 지으며 살아갑니다.

05 건조 기후 지역 중 일 년 내내 내리는 비의 양이 매우 적어 나무가 자라기 어려운 곳에는 사막이 나타납니다. 그리고 약간의 비나 눈이 내리는 곳에는 초원이 나타나기도 합니다.

01 온대 기후 지역에서는 일찍부터 다양한 농업이 발달하였습니다. 그중 여름에 덥고 비가 많이 내리는 아시아에서는 벼농사가 발달했습니다.

> **왜 틀린 답일까?**
>
> ㉡ 여름에 덥고 건조한 지중해 주변 지역에서는 올리브나 포도를 많이 재배합니다.
>
> ㉢ 일 년 내내 비가 고르게 내리는 서부 유럽에서는 밀과 보리 등을 재배하면서 가축을 길렀습니다.

02 여름에 덥고 건조한 기후가 나타나는 지중해 주변의 그리스에서는 강한 햇볕 때문에 집 안이 더워지는 것을 막기 위해 집의 바깥벽을 하얗게 칠합니다.

03 냉대 기후 지역에는 잎이 뾰족하고 재질이 부드러운 침엽수림이 널리 분포하여 이를 이용한 목재와 펄프 공업이 발달하였습니다.

04 냉대 기후 지역에 사는 사람들은 주변에서 쉽게 구할 수 있는 통나무로 집을 지었습니다.

> **왜 틀린 답일까?**
>
> (가) 한대 기후 지역에 사는 사람들이 눈과 얼음으로 지은 이글루입니다.
>
> (나) 열대 기후 지역에 사는 사람들이 지붕과 벽을 나뭇잎이나 풀잎을 엮어 지은 고상 가옥입니다.

05 일 년 내내 눈과 얼음으로 덮여 있는 곳은 한대 기후 지역에서 볼 수 있습니다. 이곳에는 지구의 자연환경을 연구하기 위해 여러 나라에서 연구소나 기지를 세우고 있습니다.

01 나라마다 자연환경과 인문환경이 서로 달라 음식의 재료나 조리법이 다양합니다. 프랑스 사람들은 전통적으로 치즈를 즐겨 먹으며, 푸른곰팡이가 있는 치즈를 비롯하여 다양한 치즈를 생산합니다.

02 힌두교에서는 자르지 않고 꿰매지 않은 옷을 깨끗하다고 생각합니다. 그래서 힌두교를 믿는 인도 사람들은 길고 넓은 한 장의 천으로 몸을 휘감는 사리를 입습니다.

03 힌두교를 믿는 인도 사람들은 (나)와 같이 넓은 한 장의 천으로 몸을 휘감는 사리를 입습니다.

왜 틀린 답일까?

(가) 켄테는 길고 폭이 좁은 천들을 엮어 손으로 직접 짜서 만든 가나의 전통 옷입니다. 과거에는 족장들이 입었지만, 오늘날에는 사람들이 특별한 날에 입습니다.
(다) 동물의 가죽이나 털로 만든 한대 기후 지역의 의복입니다.

04 그린란드는 춥고 눈이 많이 내려 이곳의 사람들은 사진과 같이 전통적으로 개 썰매를 교통수단으로 이용하였습니다. 그린란드에 사는 개들은 날씨가 춥고 눈이 많이 내려도 버티기 쉬우며, 체력이 쉽게 바닥나지 않기 때문입니다.

05 나라마다 지형과 기후 등의 자연환경과 풍습과 종교 등의 인문환경이 서로 다릅니다. 이에 따라 옷의 형태나 소재, 음식의 재료나 조리법, 집을 짓는 재료나 집의 모양과 같은 의식주 생활 모습이 다르게 나타납니다.

01 캐나다 북부, 알래스카, 그린란드, 시베리아 등 고위도 지역에 위치하는 북극 지방은 일 년 내내 기온이 매우 낮아 춥고, 대부분의 땅이 얼어 있는 한대 기후가 나타납니다.

02 (가)는 건조 기후 지역의 의생활 모습으로, 온몸을 감싸는 헐렁한 옷을 입어 낮의 뜨거운 햇볕과 모래바람을 막고, 밤의 추위로부터 몸을 보호합니다. (나)는 열대 기후 지역의 의생활 모습으로, 이 지역은 매우 덥고 습기가 많아 옷을 많이 입으면 금방 옷이 젖기 때문에 원주민들은 나뭇잎이나 풀잎으로 간단하게 옷을 만들어 입습니다. (다)는 한대 기후가 나타나는 북극 지방의 의생활 모습으로, 이 지역은 일 년 내내 매우 춥기 때문에 동물의 가죽과 털로 만든 옷을 입습니다.

03 (1) 건조 기후 지역의 초원 지대에 사는 사람들은 양을 키우며 유목 생활을 하기 때문에 만들기 쉬운 간편한 요리인 케밥을 먹습니다. (2) 북극 지방은 일 년 내내 매우 춥고 대부분의 땅이 얼어 있어 농사짓기가 어렵습니다. 그래서 이곳에 사는 사람들은 사냥하거나 채집하여 얻은 고기나 생선을 말려 저장해 놓습니다.

04 북극 지방에서는 주변에서 눈과 얼음을 쉽게 구할 수 있기 때문에 이를 이용하여 얼음집인 이글루를 지어 생활합니다. 건조 기후 지역의 초원 지대에서 유목 생활을 하는 사람들은 접고 펼치기 쉬운 이동식 집에서 생활합니다. 열대 기후 지역에 사는 사람들은 병충해와 지면의 열기나 습기를 피하고 바람이 잘 통하게 하기 위해 고상 가옥에서 생활합니다.

01 ㉠	**02** ㉡	**03** ㉢
04 ○	**05** ㉡	

01 세계 여러 나라의 모습을 조사할 때는 '주제 정하기 → 결과 예상하기 → 조사 계획 세우기 → 자료를 수집하고 분석하기 → 결과 정리하기' 순서를 따릅니다. 따라서 가장 먼저 할 일은 ㉠ 주제 정하기입니다.

02 제시된 대화를 보면 주제로 정한 말리의 흙집이 나타나는 까닭을 예상하고 있습니다. 결과 예상하기 단계에서는 주제로 정한 생활 모습이 나타나는 까닭을 예상해 봅니다.

03 조사한 자료를 수집하고 분석한 다음에는 한 나라나 지역의 특색 있는 생활 모습에 영향을 준 자연환경 및 인문환경을 정리해 결론을 내립니다. 그리고 결과를 정리하여 보고서나 신문 등 다양한 자료를 만듭니다. 다양한 자료를 만들면 조사한 내용을 알아보기 쉽고, 다시 확인할 수 있습니다.

04 결과를 예상한 다음에는 조사 계획을 세웁니다. 예상한 내용을 확인할 수 있도록 조사할 내용과 방법을 정하고, 모둠 내 역할을 분담합니다.

05 환경에 따라 달라지는 생활 모습을 조사하는 과정 중 조사 계획 세우기 단계에서 세계 여러 나라나 지역의 위치와 지형을 확인할 때는 세계 지도나 지구본을 찾아봅니다.

왜 틀린 답일까?

㉠ 나라나 지역의 기후를 조사할 때는 기후 분포도를 이용합니다.

㉢ 사진이나 동영상 공유 서비스 등에서 주제와 관련된 사람들의 생활 모습을 검색합니다.

01 ㉢	**02** ×	**03** ○
04 라마단	**05** ○	

01 유럽의 에스파냐와 그리스에서는 사람들이 점심을 먹고 한두 시간 동안 낮잠을 자거나 가게 문을 닫고 쉽니다.

02 유럽의 에스파냐와 그리스는 여름에 한낮의 기온이 매우 높아 사람들이 활동하기 어렵기 때문에 점심을 먹고 잠시 휴식합니다.

03 아프리카의 케냐에서는 장례를 치를 때 음악을 틀고 춤을 추기도 합니다. 왜냐하면 아프리카에 사는 여러 부족은 죽음을 새로운 출발이나 여행이라고 생각하기 때문입니다.

04 라마단은 이슬람 달력으로 아홉 번째 달입니다. 이 기간에 이슬람교도들은 해가 떠 있을 때 음식을 먹지 않고, 물도 마시지 않습니다. 이처럼 이슬람교도들이 금식하는 까닭은 가난한 사람들의 고통을 함께 느끼고, 스스로 인내심을 키우기 위해서입니다.

05 세계 여러 나라에 사는 사람들의 생활 모습은 문화와 환경에 따라 다양하게 나타납니다. 이러한 생활 모습에는 자연환경과 인문환경에 적응한 그 나라 사람들의 지혜와 고유한 가치가 담겨 있습니다. 따라서 서로 다른 생활 모습을 이해하고 존중하려는 마음가짐이 필요합니다.

문제로 실력 쏙쏙

01 기후   **02** ㉠ 저 ㉡ 고

03 ④   **04** 예시답안 화전 농업은 숲을 태우고 만든 재로 토양에 영양분을 공급해 카사바나 얌과 같은 농작물을 기르는 농업 방식입니다.

05 건조   **06** ①, ③   **07** ㉡

08 ⑤   **09** 예시답안 한대 기후 지역 중 짧은 여름 동안 얼음이 녹는 지역에서는 키 작은 풀이나 이끼류가 자라는 땅에서 순록을 기르는 유목 생활을 합니다.   **10** ㉢   **11** 켄테

12 항이   **13** ④   **14** ㉡, ㉢

15 예시답안 이동식 집인 게르는 접고 펼치기 쉬워 물과 풀이 있는 곳을 찾아 유목 생활을 하는 사람들에게 적합하기 때문입니다.

16 ㉠, ㉡, ㉣, ㉤, ㉢   **17** ④, ⑤

18 이슬람교

---

01 한 지역에서 오랫동안 나타나는 평균적인 날씨를 기후라고 합니다. 이때 날씨는 매일매일의 대기 상태입니다.

02 지구가 둥글기 때문에 태양에서 가까운 저위도 지역은 열을 많이 받아 더운 열대 기후가 나타납니다. 태양에서 먼 고위도 지역은 열을 적게 받아 추운 한대 기후가 나타납니다.

03 위도는 기후 형성에 많은 영향을 미칩니다. 열대 기후는 적도를 중심으로 저위도 지역에 나타나고, 온대 기후는 중위도 지역에 주로 나타나며, 한대 기후는 고위도 지역에 주로 나타납니다.

04 열대 기후 지역은 나무가 많아 숲이 울창하고, 비가 많이 내려 흙 속의 영양분이 쉽게 씻겨 내려가 농사짓기에 불리합니다. 그래서 이곳에 사는 사람들은 숲의 나무를 베어 내고 불을 질러 만든 재로 토양에 영양분을 공급하는 화전 농업을 통해 전통적으로 농작물을 재배해 왔습니다.

> **채점 기준** 핵심 단어 네 가지를 모두 넣어 화전 농업 방식의 특징을 바르게 썼으면 정답입니다.

05 그림 (가)는 유목 생활하는 사람과 이동식 집인 게르, (나)는 오아시스와 주변의 흙집입니다. (가), (나) 모두 건조 기후 지역의 주생활 모습입니다.

06 (가)는 물과 풀이 있는 곳을 찾아 가축과 함께 이동하는 유목 생활을 하며 이동식 집에서 살아가는 생활 모습으로, 건조 기후 지역 중 초원 지대에서 주로 볼 수 있습니다. (나)는 물을 쉽게 얻을 수 있는 오아시스나 하천 주변에 흙집을 짓고 농사를 지으며 살아가는 생활 모습으로, 건조 기후 지역 중 사막 지대에서 주로 볼 수 있습니다.

> **왜 틀린 답일까?**
> ② (가) 지역은 약간의 비나 눈이 내려 초원이 나타납니다.
> ④ (나)에 사는 사람들은 주로 오아시스 주변에서 농사를 짓습니다. 유목 생활을 하는 것은 (가) 초원 지대에 사는 사람들입니다.
> ⑤ (나) 지역은 비가 적게 내려 사막이 나타납니다.

07 온대 기후 지역 중 여름에 덥고 건조한 지중해 주변 지역에서는 올리브나 포도를 많이 재배합니다.

> **왜 틀린 답일까?**
> ㉠ 여름에 덥고 비가 많이 내리는 아시아에서는 벼농사가 발달했습니다.
> ㉢ 일 년 내내 비가 고르게 내리는 서부 유럽에서는 밀과 보리 등을 재배하면서 가축을 기릅니다.

08 냉대 기후 지역은 겨울이 춥고 길기 때문에 농사짓기가 어려워 여름에 밀, 감자, 옥수수 등을 재배합니다. 또한 잎이 뾰족하고 재질이 부드러운 나무로 이루어진 침엽수림이 널리 분포하여 이를 이용한 목재와 펄프 공업이 발달하였습니다.

⑤ 지구의 자연환경을 연구하기 위한 연구소나 기지가 세워지고 있는 곳은 한대 기후 지역 중 일 년 내내 눈과 얼음으로 덮여 있는 곳입니다.

09 한대 기후 지역 중 짧은 여름 동안 얼음이 녹는 지역에 사는 사람들은 유목 생활을 하기도 합니다.

> **채점 기준** 핵심 단어 세 가지를 모두 넣어 한대 기후 지역의 특징과 생활 모습을 바르게 썼으면 정답입니다.

10 ㈐는 전통적으로 개 썰매를 교통수단으로 이용하는 그린란드의 생활 모습입니다.

㈎ 가나의 켄테는 과거에 족장들이 입었던 전통 옷으로, 오늘날에는 사람들이 특별한 날에 입습니다.
㈏ 인도의 사리는 힌두교를 믿는 사람들이 입는 옷으로, 길고 넓은 한 장의 천으로 몸을 휘감는 형태입니다.

11 ㈎는 켄테를 입은 가나 사람들의 모습입니다. 켄테는 어깨에서부터 늘어뜨려 입는 가나의 전통 의상으로, 길고 폭이 좁은 천들을 엮어 손으로 직접 짜서 만든 옷입니다.

12 ㈑는 뉴질랜드의 항이입니다. 뉴질랜드에는 화산 지형이 많아 마오리족은 땅에서 나오는 열로 고기와 채소를 익혀 먹습니다.

13 한대 기후가 나타나는 북극 지방은 캐나다 북부·알래스카·그린란드·시베리아 등으로, 일 년 내내 매우 춥고 대부분의 땅이 얼어 있습니다.

④ 북극 지방은 주로 고위도 지역에 위치합니다.

14 북극 지방에 사는 사람들은 주변에서 구하기 쉬운 눈과 얼음으로 만든 이글루에 삽니다. 그리고 사냥을 해서 얻은 동물의 가죽과 털로 만든 옷을 입어 추위에 몸을 보호합니다.

㉠ 케밥은 초원에서 양을 키우며 유목 생활을 하는 사람들이 만들어 먹기 쉬운 간편한 요리로, 건조 기후 지역의 생활 모습입니다.

15 제시된 사진은 몽골 사람들의 이동식 집인 게르입니다. 게르는 접고 펼치기 쉬워 물과 풀이 있는 곳을 찾아 유목 생활을 하는 사람들에게 적합합니다.

> **채점 기준** 핵심 단어 두 가지를 모두 넣어 유목 생활을 하는 몽골 사람들이 게르에서 생활하는 까닭을 바르게 썼으면 정답입니다.

16 환경에 따라 달라지는 생활 모습을 조사하는 방법은 ㉠ 주제 정하기 → ㉡ 결과 예상하기 → ㉣ 조사 계획 세우기 → ㉤ 자료를 수집하고 분석하기 → ㉢ 결과 정리하기 순서로 이루어집니다.

17 세계 여러 나라에 사는 사람들의 생활 모습은 문화와 환경에 따라 다양하게 나타납니다. 이러한 생활 모습에는 자연환경과 인문환경에 적응한 그 나라 사람들의 지혜와 고유한 가치가 담겨 있습니다. 따라서 서로 다른 생활 모습을 이해하고 존중하려는 마음가짐이 필요합니다.

① ㈎ 아프리카에 있는 케냐의 생활 모습입니다. 힌두교를 믿는 사람들은 인도에 많습니다.
② ㈏ 유럽의 에스파냐와 그리스의 생활 모습입니다.
③ ㈐ 이슬람교를 믿는 사람들의 생활 모습입니다.

18 이슬람교를 믿는 지역에서는 라마단 기간에 해가 떠 있는 동안 음식을 먹지 않으며, 물도 마시지 않습니다. 이슬람교도들이 금식을 하는 까닭은 가난한 사람들의 고통을 함께 느끼고, 스스로 인내심을 키우기 위해서 입니다.

01 고상 가옥   02 ㉠ 열대   ㉡ 한대

03 (가) 예시 답안 병충해 및 열기나 습기를 피하기 위해

(나) 예시 답안 여름에 땅이 녹으면서 무너지는 것을
막기 위해

제시된 자료 살펴보기

땅에 기둥을 박아 집의 바닥과 땅을 띄워 집을 지었다는 공통점이 있어요.

(가)   (나)

• 집 주변에 나무가 많으므로 열대 기후
지역의 고상 가옥이에요.
• 사람들은 병충해 및 열기나 습기를 피
하기 위해 고상 가옥에서 생활해요.

• 집 주변에 약간의 풀만 있으므로 한
대 기후 지역의 고상 가옥이에요.
• 여름에 땅이 녹을 때 집이 무너지는
것을 막기 위해 집의 기둥을 땅에 박
아 바닥을 약간 띄워 지어요.

01 땅에서 집의 바닥을 띄워 지은 집을 고상 가옥이
라고 합니다.

02 (가)는 일 년 내내 평균 기온이 높고 연 강수량이 많
은 열대 기후 지역, (나)는 한대 기후 지역 중 짧은
여름 동안 얼음이 녹는 지역에서 볼 수 있습니다.

03 (가)가 나타나는 열대 기후 지역은 일 년 내내 덥고
습하여 이에 대비한 집의 형태가 나타납니다. (나)
가 나타나는 한대 기후 지역 중 짧은 여름이 나타
나는 지역은 땅이 녹는 것에 대비한 집의 형태가
나타납니다.

> 만점 꿀팁 집이 나타나는 지역의 자연환경이 어떠한
> 지 살펴보면 각각의 집의 모양이 나타나는 까닭을 알
> 수 있습니다.

> 채점 기준 핵심 단어 두 가지를 모두 넣어 (가), (나)의
> 고상 가옥이 나타나는 까닭을 바르게 썼으면 정답입
> 니다.

3 우리나라와 가까운 나라들

01 중국, 일본   02 ㉡, ㉢   03 인구
04 시짱(티베트)   05 상하이

01 우리나라와 국경을 사이에 두고 마주하는 나라들
을 살펴보면 서쪽에는 중국, 동쪽에는 일본, 북쪽
에는 러시아가 있습니다.

02 ㉡ 중국의 북쪽에는 사막, 서쪽에는 고원과 산지,
동쪽 해안가에는 평야가 발달해 있습니다. ㉢ 중
국의 영토 크기는 한반도 전체 크기의 약 44배입
니다.

> 왜 틀린 답일까?
>
> ㉠ 중국의 서쪽에는 고원과 산지가 발달해 있고, 동쪽
> 해안가에는 평야가 발달해 있습니다. 그러므로 중국은
> 동쪽보다 서쪽의 지형이 더 높습니다.
> ㉣ 중국은 영토가 넓어 남북에 따른 위도의 차이가 크기
> 때문에 지역에 따라 다양한 기후가 나타납니다.

03 중국은 세계에서 인구가 가장 많은 나라로, 풍부
한 노동력을 바탕으로 하여 여러 산업이 발달하
였습니다.

04 세계에서 가장 높은 고원은 중국의 서쪽에 위치
한 시짱(티베트)고원으로, 세계의 지붕이라고 불
립니다.

05 평야가 발달한 중국의 동쪽 해안가에는 주요 항
구와 대도시가 자리 잡고 있습니다. 상하이는 중
국의 동부 해안 지역에 위치한 도시로, 대표적인
경제 중심지입니다.

바른답·알찬풀이

01 ㉡	**02** 태평양	**03** 러시아
04 (1) ○ (2) × (3) ○		**05** 오이먀콘

01 ㉡ 일본은 화산 활동이 활발하고 지진이 자주 발생합니다. 화산 활동의 영향으로 온천이 발달하였고, 일본에서 가장 높은 산인 후지산이 만들어졌습니다.

> **왜 틀린 답일까?**
>
> ㉠ 일본은 영토가 남북으로 길어 남쪽과 북쪽의 기후 차이가 나타납니다.
>
> ㉢ 일본은 네 개의 큰 섬인 홋카이도, 혼슈, 시코쿠, 규슈와 수많은 작은 섬들로 이루어져 있습니다.

02 일본은 원료를 수입하여 물건을 만드는 제조업이 발달하였습니다. 이에 따라 원료 수입과 제품 수출에 유리한 태평양 연안을 따라 주요 도시와 공업 지역이 발달하였습니다.

03 러시아는 세계에서 영토가 가장 넓은 나라입니다. 러시아의 영토 크기는 한반도 전체 크기의 약 78배입니다.

04 (1) 러시아는 위도가 높아 냉대 기후가 넓게 나타나고, 한대 기후와 건조 기후가 나타나는 곳도 있습니다. (3) 러시아의 시베리아 지역에는 석탄, 석유, 천연가스 등의 천연자원이 풍부하여 이를 바탕으로 한 산업이 발달하였습니다.

> **왜 틀린 답일까?**
>
> (2) 러시아의 인구 대부분은 평원이 넓게 펼쳐진 서부 지역에 집중해 있습니다.

05 러시아는 위도가 높아 냉대 기후가 넓게 나타납니다. 특히 오이먀콘은 사람이 사는 곳 중에서 가장 추운 곳입니다.

01 ×	**02** (가) ㉢ (나) ㉡ (다) ㉠	
03 젓가락	**04** ㉠ 한복 ㉡ 저고리	
05 ○		

01 우리나라와 이웃한 중국과 일본은 지리적으로 가깝고 기후가 비슷하여 오래전부터 활발하게 교류하며 밀접한 관계를 유지해 왔습니다. 그래서 언어, 의식주, 풍습 등이 우리나라와 비슷합니다.

02 우리나라·중국·일본은 한자를 공통으로 사용합니다. 나라마다 한자의 모양이 달라지기도 하였고 고유의 글자를 만들기도 하였습니다. (가) 우리나라는 한글을 쓰며, 한자를 함께 사용합니다. (나) 중국은 한자를 간단하게 변형하여 사용합니다. (다) 일본은 한자의 일부를 변형하여 한자와 함께 사용합니다.

03 우리나라와 중국, 일본은 모두 찰기가 많은 쌀밥을 먹기 위해 젓가락을 사용하지만, 나라마다 젓가락의 재료나 모양이 다릅니다. 우리나라의 젓가락은 중국과 일본에 비해 납작하며, 금속으로 만들어 김치처럼 절인 음식을 먹을 때 젓가락에 국물이 스며들지 않습니다. 중국은 길고 끝이 뭉툭하며, 나무로 만든 젓가락을 사용합니다. 젓가락이 길어 음식을 한가운데 두고 먹기 편하며, 끝이 뭉툭하여 기름진 음식을 집을 때 미끄러지지 않습니다. 일본은 끝이 뾰족하며, 나무로 만든 젓가락을 사용합니다. 생선 요리가 많아서 가시를 발라서 먹을 때 편리하기 때문입니다.

04 우리나라의 전통 옷인 한복은 윗옷으로는 저고리, 아래옷으로는 치마나 바지를 입습니다.

05 우리나라, 중국, 일본은 겨울 추위에 대비한 난방 시설이 발달하였으나, 전통 집 구조에 차이가 있습니다.

01 유럽　　**02** ㉡, ㉢　　**03** 사라판
04 ×　　**05** (가) ㉡　(나) ㉠　(다) ㉢

01 러시아는 영토의 대부분이 아시아에 속하지만, 사람들은 유럽에 가까운 서부 지역에 많이 모여 삽니다. 그래서 언어나 음식 문화 등의 생활 모습은 유럽과 비슷합니다.

02 러시아는 따뜻한 음식이 식지 않도록 차례로 음식을 내서 먹는 코스 요리 문화가 발달하였습니다. 그리고 포크, 칼, 숟가락을 이용하여 식사를 합니다.

> **왜 틀린 답일까?**
> ㉠ 러시아는 빵을 주로 먹습니다. 쌀은 우리나라, 중국, 일본에서 주로 먹습니다.

03 사라판은 여자들이 입는 러시아의 전통 옷으로, 소매가 없으며 치마가 가슴 부분까지 이어져 있습니다.

04 전 세계적으로 새해를 맞이하는 날을 기념하고 있습니다. 새해맞이 풍습은 나라마다 다르지만, 행운을 빌며 새로운 한 해를 맞이하는 마음은 비슷합니다.

05 우리나라와 이웃 나라에서는 새해 음식을 먹으며 새해를 기념합니다. (가) 중국의 춘절에는 복이 몸속으로 들어온다는 의미로 자오쯔라고 하는 만두를 먹습니다. (나) 일본의 오쇼가츠에는 찬합에 조린 음식을 담아 만든 오세치를 먹습니다. (다) 러시아의 노비 고트에는 돼지 뼈를 곤 뒤 국물을 식혀서 묵처럼 만든 홀로데츠를 먹습니다.

01 교류　　**02** 중국　　**03** 일본
04 ㉠, ㉢　　**05** ○

01 우리나라와 이웃 나라는 지리적으로 가까운 만큼 긴밀하게 영향을 주고받으며 다양한 분야에서 활발하게 교류하고 있습니다.

02 (가) 그래프를 보면, 우리나라의 주요 수출국 중 중국의 비율이 가장 높다는 것을 알 수 있습니다. 따라서 우리나라가 수출을 가장 많이 하는 나라는 중국입니다.

03 (나) 그래프를 보면, 우리나라의 주요 수입국은 중국, 미국, 일본, 독일, 베트남 등입니다.

04 우리나라에 오는 이웃 나라 관광객 비율을 나타낸 그래프를 보면, 중국의 비중이 가장 높습니다. 따라서 중국에서 여행객들이 가장 많이 옵니다. 일본에서는 두 번째로 여행객이 많이 오며, 세 나라 중 우리나라에 오는 관광객 비율이 가장 낮은 나라는 러시아입니다.

> **왜 틀린 답일까?**
> ㉡ 일본 관광객 비율은 점점 늘어나고 있습니다.

05 우리나라와 이웃 나라는 여러 문제를 해결하려고 함께 노력하고 있습니다. 따라서 우리는 이웃 나라 사람들과 서로 이해하고 협력하는 태도가 필요합니다.

바른답·알찬풀이

01 ○   **02** ㉠, ㉢, ㉤

03 사우디아라비아   **04** ㉡, ㉣

05 ⑤

01 자연환경   **02** ×   **03** 다인

04 ㉠, ㉡   **05** ㉡, ㉢

01 우리나라와 관계 깊은 나라들의 지리 정보를 알면 우리나라와 여러 나라 사이의 관계를 더욱 깊이 이해할 수 있습니다.

02 미국·브라질·사우디아라비아는 지리적으로 가깝지 않아 우리나라와 이웃하고 있지 않지만, 정치·경제·문화적으로 우리나라와 밀접한 관계를 맺고 있습니다.

03 우리나라는 원유가 거의 생산되지 않아 다른 나라에서 원유를 수입하고 있습니다. ㈎는 세계적인 원유 생산국인 사우디아라비아로, 우리나라가 원유를 수입하는 대표적인 나라입니다.

04 ㉡ 사우디아라비아는 국민의 대부분이 이슬람교를 믿습니다. ㉣ 오늘날에는 우리나라가 사우디아라비아에 자동차, 전자 제품 등을 수출하고 있습니다.

왜 틀린 답일까?
㉠ 사우디아라비아는 아시아 대륙의 서남부에 위치합니다. 북아메리카 대륙에는 미국, 캐나다 등이 위치합니다.
㉢ 미국에 대한 설명입니다.

05 브라질은 백인·혼혈·흑인·원주민 등이 모여 사는 다인종 국가이고, 남아메리카에서 유일하게 포르투갈어를 사용합니다. 또한 천연자원이 매우 풍부하며, 남반구에 위치하여 우리나라와 계절이 반대입니다.

왜 틀린 답일까?
⑤ 브라질은 남아메리카 대륙의 동쪽에 위치합니다.

01 세계 여러 나라는 나라마다 자연환경과 생산 기술, 문화 등이 다르기 때문에 서로에게 필요한 물건이나 서비스를 주고받으며 살아갑니다.

02 교통·통신 기술이 발달하면서 세계 여러 나라 간의 물자 이동이 편리해지고 교류가 늘면서, 세계 여러 나라는 더욱 긴밀한 관계를 맺고 있습니다.

03 우리나라와 세계 여러 나라는 나라마다 환경이 달라 서로 필요한 도움을 주고받는 상호 의존 관계에 있습니다. 따라서 정치·경제·문화적으로 활발하게 교류하면서 함께 발전하고 있습니다.

왜 틀린 답일까?
세영: 우리나라에서 케냐의 커피콩을 수입하고, 케냐로 우리나라의 플라스틱 제품을 수출하는 것은 경제적 교류 모습입니다.

04 우리나라와 다른 나라가 교류하면 필요한 물건이나 서비스를 주고받을 수 있고, 각 나라의 문화를 이해할 기회가 늘어납니다.

05 우리나라와 세계 여러 나라는 개인·기업·국가 간의 교류를 통해 서로 도움을 주고받는 상호 의존 관계에 있습니다. 우리나라가 외국의 유적 복원 정비 사업에 참여하는 것과 자연재해로 피해를 입은 다른 나라에 구호 물품을 보내는 것은 국가 간 교류 사례입니다.

왜 틀린 답일까?
㉠ 우리나라와 다른 나라의 기업 간 교류 사례입니다.

01 ㉠ 일본　㉡ 중국　㉢ 러시아　**02** 고비 사막

03 ①　　**04** [예시 답안] 일본은 원료를 수입하여 물건을 만드는 제조업이 발달하였으며, 태평양 연안 지역이 원료 수입과 제품 수출에 유리하기 때문입니다.　　**05** ㉠ 동부　㉡ 서부

06 은우　　**07** ③　　**08** (가)

09 [예시 답안] 일본에서는 주로 (다) 모양의 젓가락을 사용합니다. 왜냐하면 일본에는 생선 요리가 많아서 가시를 발라서 먹을 때 편리하기 때문입니다.

10 ㉠ 아시아　㉡ 유럽　　**11** ㉡, ㉣, ㉭

12 ㉢　　**13** ③　　**14** ②

15 ③　　**16** 브라질　　**17** ㉠, ㉡

18 [예시 답안] 교통·통신 기술의 발달로 물자 이동이 편리해졌기 때문입니다.

---

01 지도를 보면 우리나라의 동쪽에는 일본, 서쪽에는 중국, 북쪽에는 러시아가 있습니다.

02 중국은 사막, 평원, 고원 등 다양한 지형이 나타납니다. 중국과 몽골에 걸쳐 있는 고비 사막은 동부 아시아에서 가장 큰 사막입니다.

03 중국은 세계에서 인구가 가장 많은 나라로, 풍부한 노동력을 바탕으로 하여 여러 산업이 발달하였습니다. 또한 영토가 넓어 남북에 따른 위도의 차이가 크기 때문에 지역에 따라 다양한 기후가 나타납니다.

> **왜 틀린 답일까?**
> ① 중국의 수도는 베이징입니다. 상하이는 중국 동부 해안 지역에 위치한 도시로, 대표적인 경제 중심지입니다.

04 일본은 원료를 수입하여 물건을 만드는 제조업이 발달하였습니다. 그래서 원료 수입과 제품 수출에 유리한 태평양 연안을 따라 주요 도시와 공업 지역이 발달하였습니다.

> **채점 기준** 핵심 단어 세 가지를 모두 넣어 일본의 공업 지역이 태평양 연안을 따라 발달한 까닭을 바르게 썼으면 정답입니다.

05 러시아는 영토가 넓어서 다양한 지형을 볼 수 있습니다. 러시아의 동부는 주로 고원과 산악 지대이며, 서부는 평원이 넓게 펼쳐져 있습니다. 또한 유럽과 아시아의 지리적 경계인 우랄산맥이 있으며, 강이 많습니다.

06 러시아의 시베리아 지역에는 석탄, 석유, 천연가스 등의 천연자원이 풍부합니다. 그리고 러시아는 세계에서 영토가 가장 넓은 나라로, 영토 크기가 한반도 전체 크기의 약 78배입니다.

> **왜 틀린 답일까?**
> 은우: 러시아는 위도가 높기 때문에 냉대 기후가 넓게 나타납니다. 또한 한대 기후와 건조 기후가 나타나는 곳도 있습니다.

07 우리나라와 중국, 일본은 지리적으로 가깝고 기후가 비슷하여 오래전부터 활발하게 교류하며 밀접한 관계를 유지해 왔습니다. 그래서 중국과 일본은 우리나라와 비슷한 점이 많습니다.

> **왜 틀린 답일까?**
> ③ 새해맞이 음식으로 우리나라는 떡국을 먹지만, 중국은 자오쯔, 일본은 오세치를 먹습니다.

08 우리나라 사람들은 (가)와 같이 납작하며 금속으로 만든 젓가락을 사용합니다. (나)는 중국 사람들이 사용하는 젓가락, (다)는 일본 사람들이 사용하는 젓가락입니다.

09 일본에서는 생선 가시를 발라 먹기 편리하도록 끝이 뾰족하며 나무로 만든 젓가락을 사용합니다.

> **채점 기준** 핵심 단어 두 가지를 모두 넣어 일본 사람들이 끝이 뾰족하고 나무로 만든 젓가락을 사용하는 까닭을 바르게 썼으면 정답입니다.

바른답·알찬풀이

10 러시아는 영토의 대부분이 아시아에 속하지만, 사람들은 유럽에 가까운 서부 지역에 많이 모여 삽니다. 그래서 언어나 음식 문화 등의 생활 모습은 유럽과 비슷합니다.

11 우리나라의 설날과 같이 이웃 나라에도 새해를 맞이하는 날을 부르는 특별한 이름이 있습니다. 중국은 춘절, 일본은 오쇼가츠, 러시아는 노비 고트라고 합니다.

> **왜 틀린 답일까?**
>
> ㉠, ㉢, ㉤ 우리나라의 추석과 같은 의미를 지닌 날입니다.

12 우리나라와 지리적으로 가까운 이웃 나라는 다양한 분야에서 활발하게 교류하기도 하며, 여러 문제를 해결하려고 함께 노력하기도 합니다.

> **왜 틀린 답일까?**
>
> ㉠, ㉡ 우리나라와 이웃 나라가 다양한 분야에서 활발하게 교류하는 사례입니다.

13 우리나라와 이웃 나라는 여러 문제를 함께 해결하려고 노력해야 하며, 서로 이해하고 협력하려는 태도가 필요합니다.

14 오늘날 우리나라는 사우디아라비아에 자동차와 전자 제품 등을 수출하고, 사우디아라비아는 우리나라에 원유를 수출하며 여러 분야에서 경제 협력을 강화하고 있습니다.

15 우리나라와 세계 여러 나라는 개인·기업·국가 간 교류를 통해 서로 도움을 주고받는 상호 의존 관계를 맺고 있습니다.

> **왜 틀린 답일까?**
>
> ③ 우리나라에서 만든 음식을 우리나라에서 판매하는 것은 우리나라와 세계 여러 나라 간의 상호 의존 관계를 보여 주는 사례로 알맞지 않습니다.

16 브라질은 1959년에 남아메리카에 있는 나라로는 처음으로 우리나라와 외교를 맺었습니다. 이후 무역·이민·문화 등의 분야에서 차례로 협약을 맺고 지금까지 관계를 이어 오고 있습니다. 최근에는 우리나라 기업의 진출이 눈에 띄게 늘고 있으며, 드라마·대중가요 등의 한류 문화도 큰 인기를 얻고 있습니다. 이처럼 브라질은 우리나라와 문화적으로 관계가 깊은 나라입니다.

17 세계 여러 나라 중에는 우리나라와 이웃하고 있지 않지만, 정치·경제·문화 면에서 밀접한 관계를 맺고 있는 나라들이 있습니다. ㉠ 우리나라의 경제가 성장하고 과학 기술이 발달하면서 우주·에너지·보건 등의 분야에서 미국과 더욱 긴밀한 관계로 발전하고 있습니다. ㉡ 브라질에 사는 우리나라 교민들은 의류업과 식품업 등을 하며 브라질 경제를 뒷받침하고 있습니다.

> **왜 틀린 답일까?**
>
> ㉢ 1970년대 우리나라의 건설 기업이 사우디아라비아에 진출하여 도로, 항만 건설 등에 참여하였습니다.

18 세계 여러 나라는 나라마다 자연환경·생산 기술·문화 등이 다르기 때문에 서로에게 필요한 물건이나 서비스를 주고받으며 살아갑니다. 특히 교통·통신 기술의 발달로 물자 이동이 편리해지고 교류가 늘면서 더욱 긴밀한 관계를 맺고 있습니다. 우리나라도 세계 여러 나라와 활발하게 교류하며 밀접한 관계를 맺고 있습니다.

> **채점 기준** 핵심 단어 두 가지를 모두 넣어 세계 여러 나라가 긴밀한 관계를 맺게 된 까닭을 바르게 썼으면 정답입니다.

01 상호 의존

02 (나), (가), (다)

03 (예시 답안) 필요한 물건이나 서비스를 주고받으며 경제적으로 발전할 수 있고, 각 나라의 문화를 이해할 기회가 늘어납니다.

제시된 자료 살펴보기

(가)

외국 기업이 우리나라에서 가구를 판매하는 것은 기업 간 교류예요.

(나)

우리나라 사람들이 다른 나라로 여행을 가는 것은 개인 간 교류예요.

(다)

우리나라가 자연재해로 피해를 입은 다른 나라에 구호 물품을 보내는 것은 국가 간 교류예요.

01 상호 의존은 서로가 서로에게 의지하여 존재하는 것입니다.

02 우리나라와 세계 여러 나라는 정치·경제·문화적으로 개인·기업·국가 간에 활발하게 교류하고 있습니다.

03 우리나라와 세계 여러 나라는 활발하게 교류하면서 함께 발전하고 있으며, 서로에게 미치는 영향력이 더욱 커지고 있습니다.

> (만점 꿀팁) 우리나라와 세계 여러 나라가 상호 의존 관계를 맺으면 좋은 점을 파악해야 합니다.

> (채점 기준) 핵심 단어 세 가지를 모두 넣어 우리나라와 세계 여러 나라가 교류하면 좋은 점을 바르게 썼으면 정답입니다.

01 지구본　　**02** (예시 답안) 나라와 바다의 모양이나 거리가 실제와 다르게 표현되기도 하는

03 ㉢　　**04** ⑤　　**05** ㉠ 영국

06 ⑤　　**07** ⑤　　**08** (예시 답안) 태양열이 넓은 지역으로 분산되어 열을 적게 받아 추운 한대 기후가 나타납니다.　　**09** 기온, 강수량

10 ④　　**11** ③　　**12** ①

13 ①, ③　　**14** (가), (다)　　**15** ⑤

16 (예시 답안) 나라마다 지형, 기후 등의 자연환경과 풍습, 종교 등의 인문환경이 서로 다르기

17 인규　　**18** ①　　**19** (예시 답안) 지리적으로 가깝고 기후가 비슷하여 오래전부터 활발하게 교류하며 밀접한 관계를 유지해 왔기

20 ㉠ 온돌　　㉡ 다다미　　**21** 코스 요리

22 ④　　　　**23** ㉠, ㉡, ㉢

01 둥근 지구의 모습을 본떠 작게 만든 모형은 지구본입니다.

02 세계 지도는 지구를 귤껍질을 벗기는 것처럼 일정한 크기로 잘라서 펼친 후, 위아래에 생긴 공간을 확대하고 이어서 만들기 때문에 일부 지역이 실제와 다르게 표현되기도 합니다.

> (채점 기준) 나라와 바다의 모양이나 거리가 실제와 다르다고 썼으면 정답입니다.

03 디지털 공간 영상 정보는 실제 지도와 다르게 확대와 축소가 자유롭고, 종이 지도보다 상세하고 다양한 지리 정보를 제공합니다.

> (왜 틀린 답일까?)
> ㉠ 세계 여러 나라를 한눈에 보고 싶을 때는 세계 지도를 이용합니다.
> ㉡ 도시 간의 거리 등을 정확하게 알고 싶을 때는 지구본을 이용합니다.

04 ㉠은 아시아로, 대륙 중에서 가장 큽니다. ㉡은 오세아니아로, 대륙 중에서 가장 작습니다. ㉢은 태평양으로, 가장 큰 바다입니다. 우리나라가 속해 있는 대륙은 아시아이고, 우리나라와 가까이 있는 대양은 태평양입니다.

왜 틀린 답일까?
⑤ 지구에서 바다의 면적은 약 70%, 육지의 면적은 약 30%를 차지합니다.

05 유럽 대륙의 서쪽에 위치한 영국의 서쪽에는 아일랜드, 남쪽에는 프랑스가 있습니다.

왜 틀린 답일까?
㉡ 아시아 대륙의 남쪽에 위치한 인도입니다.
㉢ 남아메리카 대륙의 남쪽에 위치한 아르헨티나입니다.

06 우리나라의 영토 크기는 세계에서 85번째이며, 영토의 모양은 씩씩한 호랑이를 닮았습니다. 러시아는 세계에서 영토 크기가 가장 큰 나라로, 아시아와 유럽의 두 대륙에 걸쳐 있습니다. 영토 모양은 해안선이나 주변 국가들과 맞닿아 있는 국경선에 따라 결정됩니다.

왜 틀린 답일까?
⑤ 세계에서 영토 크기가 가장 작은 나라는 바티칸 시국으로, 이탈리아의 로마 시내에 위치합니다.

07 이탈리아는 반도 국가로, 영토의 모양이 장화를 닮았습니다.

08 위도에 따라 태양열의 차이가 납니다. 적도 부근에서는 태양열이 좁은 지역에 집중되고, 극지방으로 갈수록 태양열이 넓은 지역으로 분산됩니다.

채점 기준 태양열이 넓은 지역으로 분산되어 한대 기후가 나타난다고 썼으면 정답입니다.

09 세계의 기후는 해당 지역의 기온과 강수량을 기준으로 열대 기후, 건조 기후, 온대 기후, 냉대 기후, 한대 기후로 구분할 수 있습니다.

10 ㉠은 한대 기후, ㉡은 냉대 기후, ㉢은 건조 기후, ㉣은 온대 기후, ㉤은 열대 기후가 나타납니다.

11 ㉠ 한대 기후는 일 년 내내 평균 기온이 매우 낮아 대부분의 땅이 얼어 있습니다. ㉡ 냉대 기후는 온대 기후보다 겨울이 춥고 길며, 기온의 연교차가 큰 편입니다. ㉣ 온대 기후는 기온이 온화하며 비가 적당히 내려 사람들이 살기에 유리합니다. ㉤ 열대 기후는 일 년 내내 평균 기온이 높고, 연 강수량이 많습니다.

왜 틀린 답일까?
③ ㉢ 건조 기후는 일 년 내내 내리는 비의 양이 매우 적어 강수량보다 증발량이 많습니다.

12 ⑺는 건조 기후 지역의 게르, ⑴는 열대 기후 지역의 고상 가옥, ⑶는 건조 기후 지역의 흙집, ⑷는 한대 기후 지역의 이글루, ⑸는 냉대 기후 지역의 통나무집입니다.

13 ⑺ 이동식 집인 게르에 사는 사람들은 물과 풀이 있는 곳을 찾아 가축과 함께 이동하는 유목 생활을 합니다. ⑶ 사막 지대에서 구하기 쉬운 흙을 이용해 지은 흙집에 사는 사람들은 물을 쉽게 얻을 수 있는 오아시스나 하천 주변에서 농사를 지으며 살아갑니다.

왜 틀린 답일까?
② 열기나 습기, 병충해나 동물의 습격을 피하기 위해 고상 가옥을 짓고 생활합니다.
④ 주변에서 얼음이나 눈을 구하기 쉽기 때문입니다.
⑤ 주변에서 통나무를 쉽게 구할 수 있기 때문입니다.

14 ⑺ 게르는 건조 기후 지역의 초원 지대에서 볼 수 있고, ⑶ 흙집은 건조 기후 지역의 사막 지대에서 볼 수 있습니다.

15 일 년 내내 매우 추운 북극 지방은 한대 기후가 나타납니다.

16 세계 여러 나라는 자연환경과 인문환경이 서로 달라 사람들의 생활 모습도 다양하게 나타납니다.

> **채점 기준** 나라마다 자연환경과 인문환경이 다르기 때문이라고 썼으면 정답입니다.

17 세계 여러 나라에 사는 사람들의 서로 다른 생활 모습을 이해하고 존중하려는 마음가짐이 필요합니다.

18 러시아의 동부는 주로 고원과 산악 지대이며, 서부는 평원이 넓게 펼쳐져 있습니다.

> **왜 틀린 답일까?**
> ②, ④ 중국에 대한 설명입니다.
> ③, ⑤ 일본에 대한 설명입니다.

19 우리나라·중국·일본은 이웃 나라로, 오래전부터 활발하게 교류했기 때문에 언어·의식주·풍습 등에서 비슷한 점이 많습니다.

> **채점 기준** 우리나라와 이웃 나라가 비슷한 점이 많은 까닭을 바르게 썼으면 정답입니다.

20 우리나라·중국·일본은 난방 시설이 발달하였으나, 나라마다 전통 집 구조에 차이가 있습니다. 우리나라는 방바닥에 온돌을 깔아 방을 데우고, 중국은 침대 밑에 난방 시설을 설치하여 침대를 데우며, 일본은 방바닥에 다다미를 깔고 화로를 놓습니다.

21 코스 요리는 미리 짜인 순서에 따라 차례로 음식이 나옵니다. 러시아는 날씨가 춥기 때문에 따뜻한 음식이 식지 않도록 코스 요리 문화가 발달하였습니다.

22 점박이물범을 보호하려는 노력은 환경 분야에서 우리나라와 이웃 나라가 협력하는 모습입니다.

23 우리나라와 세계 여러 나라는 개인·기업·국가 간 교류를 통해 서로 도움을 주고받습니다.

단원 평가 2회

01 ㉠, ㉡　　**02** 예시 답안 스마트폰이나 컴퓨터 등의 기기가 필요하고, 인터넷을 연결해야 다양한 기능을 이용할 수 있다는　　**03** 위도, 경도
04 ㉠ 대서양　㉡ 오세아니아　　**05** ④
06 (가) ㉡　(나) ㉢　　**07** 이집트
08 ③　　**09** ③　　**10** 건조
11 (가) ㉠　(나) ㉢　　**12** 예시 답안 물과 풀이 있는 곳을 찾아 가축과 함께 이동하는 유목 생활을 하며 이동식 집에서 살아간다.　**13** ㉠, ㉢
14 예시 답안 송유관이나 집의 기둥을 땅에 박아 바닥을 약간 띄워 짓습니다.　　**15** 인도
16 ㉡, ㉢　　**17** 윤희　　**18** 지영
19 ⑤　　**20** ㉢　　**21** ㉠
22 ㉡　　**23** 현주　　**24** 예시 답안 자연환경과 생산 기술, 문화 등이 다르기

01 세계 지도의 장점은 가지고 다니며 사용하기에 편리하고, 세계 여러 나라의 위치나 영역을 한눈에 볼 수 있다는 것입니다.

> **왜 틀린 답일까?**
> ㉢은 디지털 공간 영상 정보, ㉣은 지구본의 장점입니다.

02 디지털 공간 영상 정보는 기기와 인터넷이 있어야 다양한 기능을 이용할 수 있습니다.

> **채점 기준** 디지털 공간 영상 정보의 단점을 바르게 썼으면 정답입니다.

03 위도와 경도를 이용하면 대륙이나 나라뿐만 아니라 도시나 개인의 위치까지도 알 수 있습니다.

04 세계의 주요 대양은 태평양, 대서양, 인도양, 북극해, 남극해입니다. 세계의 주요 대륙은 아시아, 유럽, 아프리카, 오세아니아, 북아메리카, 남아메리카입니다.

05 ㉠은 북반구에 위치한 유럽의 서쪽에 있는 영국, ㉡은 북반구에 위치한 아시아의 남쪽에 있는 인도, ㉢은 남반구에 위치한 남아메리카의 남쪽에 있는 아르헨티나입니다.

왜 틀린 답일까?

④ ㉡ 인도는 인도양과 접해 있고, ㉢ 아르헨티나는 대서양과 접해 있습니다.

06 ㈎ 북위 5°~38°, 동경 67°~99°에 위치한 나라는 인도입니다. ㈏ 남위 23°~55°, 서경 54°~74°에 위치한 나라는 아르헨티나입니다.

07 아프리카 북쪽에 있는 이집트는 동서남북 모든 방향에서 영토의 길이가 비슷합니다.

08 세계의 기후는 저위도에서 고위도로 갈수록 열대 기후, 건조 기후, 온대 기후, 냉대 기후, 한대 기후 순으로 나타납니다.

09 화전 농업을 하며 고상 가옥에 사는 사람들의 생활 모습은 열대 기후 지역에서 볼 수 있습니다.

10 ㈎에는 사막과 오아시스, 흙집이 나타나며, ㈏에는 유목 생활하는 사람과 이동식 집이 나타납니다. 이러한 생활 모습은 건조 기후 지역에서 볼 수 있습니다.

11 ㈎ 흙집은 비가 적게 내려 사막이 나타나는 곳에서 볼 수 있습니다. ㈏ 게르는 약간의 비나 눈이 내려 초원이 나타나는 곳에서 볼 수 있습니다.

왜 틀린 답일까?

㉡ 한대 기후 지역의 특징입니다.

㉣ 열대 기후 지역의 특징입니다.

12 ㈏는 사막 주변의 초원 지대로, 이곳에 사는 사람들은 유목 생활을 하며 이동식 집에서 삽니다.

채점 기준 유목과 이동식 집을 포함하여 바르게 썼으면 정답입니다.

13 냉대 기후 지역은 겨울이 매우 춥고 길기 때문에 농사짓기가 어려워 여름에 밀, 감자, 옥수수 등을 재배합니다. 또한 침엽수림을 이용한 목재와 펄프 공업이 발달했습니다.

왜 틀린 답일까?

㉡, ㉣ 한대 기후 지역의 생활 모습입니다.

14 한대 기후 지역 중 짧은 여름 동안 얼음이 녹는 곳에서는 고상 가옥을 볼 수 있습니다.

채점 기준 집의 바닥을 약간 띄워 짓는다고 썼으면 정답입니다.

15 힌두교를 믿는 인도 사람들은 길고 넓은 한 장의 천으로 몸을 휘감는 사리를 입습니다.

16 한대 기후가 나타나 일 년 내내 매우 추운 북극 지방에 사는 사람들은 눈과 얼음으로 만든 이글루에 살고, 신선한 채소를 구하기 어려워 고기나 생선을 말려서 저장해 놓기도 합니다.

왜 틀린 답일까?

㉠, ㉣ 건조 기후 지역의 생활 모습입니다.

17 조사 계획 세우기 단계에서는 예상한 내용을 확인할 수 있도록 조사할 내용과 방법을 정합니다.

왜 틀린 답일까?

윤희: 기후는 기후 분포도를 보거나, 인터넷에서 검색해 볼 수 있습니다.

18 세계 여러 나라에 사는 사람들의 생활 모습에는 자연환경과 인문환경에 적응한 그 나라 사람들의 지혜와 고유한 가치가 담겨 있습니다. 따라서 서로 다른 생활 모습을 이해하고 존중해야 합니다.

19 우리나라의 이웃 나라는 지리적으로 가까운 중국, 일본, 러시아입니다.

왜 틀린 답일까?

⑤ 러시아는 영토의 대부분이 아시아에 속하지만, 유럽

에 가까운 서부 지역에 사람들이 많이 모여 살기 때문에 생활 모습은 유럽과 비슷합니다.

20 우리나라와 중국, 일본은 한자를 공통으로 사용합니다. 또한 식사할 때는 젓가락을 사용하고, 전통 집에는 겨울 추위에 대비한 난방 시설이 발달하였습니다.

> **왜 틀린 답일까?**
> ⓒ 세 나라는 전통 옷이 다릅니다. 우리나라는 한복, 중국은 치파오, 일본은 기모노를 입습니다.

21 우리나라와 세계 여러 나라는 정치·경제·문화적으로 활발하게 교류하면서 함께 발전하고 있습니다.

> **왜 틀린 답일까?**
> ⓛ, ⓒ 경제적으로 교류하는 모습입니다.

22 우리나라는 세계 여러 나라와 교류하고 있습니다. 그래프를 보면, 베트남은 우리나라의 수출액 3위, 수입액 5위입니다.

> **왜 틀린 답일까?**
> ㉠ 우리나라는 중국에 수출을 가장 많이 합니다.
> ⓒ 우리나라의 무역 규모에서 가장 큰 비중을 차지하는 나라는 중국입니다.

23 미국은 정치·경제·문화 등 여러 방면에서 우리나라와 밀접한 관련을 맺고 있습니다.

> **왜 틀린 답일까?**
> 현주: 우리나라와 미국은 1882년에 공식적인 첫 외교를 맺은 이후, 상호 신뢰와 공통의 이해관계 등을 바탕으로 오랫동안 협력하였습니다.

24 세계 여러 나라는 나라마다 자연환경과 생산 기술, 문화 등이 다르기 때문에 서로에게 필요한 물건이나 서비스를 주고받으며 살아갑니다.

> **채점 기준** 세계 여러 나라가 교류하는 까닭을 바르게 썼으면 정답입니다.

2단원 통일 한국의 미래와 지구촌의 평화

1 한반도의 미래와 통일

문제로 개념 탄탄   99쪽

01 동쪽   **02** ⓛ   **03** ③

04 ②   **05** 천연기념물

01 우리나라에서 가장 동쪽에 있는 영토는 독도입니다.

02 독도는 동해에 자리 잡고 있어 해상 교통의 중심지로서 중요한 위치에 있습니다.

> **왜 틀린 답일까?**
> ㉠ 독도는 군사적으로 중요한 위치에 있습니다.
> ⓒ 독도는 작은 섬으로 우리나라의 전체 영토에서 차지하는 비율은 낮습니다.

03 ③ 독도는 우리나라 울릉도에서 87.4km 떨어져 있고, 일본 오키섬에서는 157.5km 떨어진 거리에 위치하고 있습니다. 이처럼 독도는 일본 오키섬보다 울릉도와 더 가까이 있습니다.

04 대부분 암석으로 이루어져 있는 독도에서는 탕건봉, 코끼리바위, 한반도바위, 독립문바위 등 다양한 모양과 이름을 가진 봉우리와 바위들을 찾아볼 수 있습니다.

05 독도는 다양한 동식물이 서식하는 생태계의 보고로, 우리나라는 독도를 천연기념물로 지정해 보호하고 있습니다.

문제로 개념 탄탄   101쪽

01 「팔도총도」   **02** (1) ⓛ (2) ㉠

03 ①, ④   **04** (1) ○   **05** ○

01 『신증동국여지승람』에 실린 「팔도총도」는 1531년에 만들어진 지도로, 현재 남아 있는 우리나라의 옛 지도 중에서 독도가 그려진 가장 오래된 지도입니다.

02 독도는 「팔도총도」에는 우산도로 표기되어 있으며, 「조선왕국전도」에는 천산도로 표기되어 있습니다.

03 「팔도총도」, 「조선왕국전도」에는 독도가 울릉도의 서쪽에 그려져 있습니다. 이는 당시 독도가 울릉도 근처의 섬이라는 것은 알았지만, 실제 위치를 정확하게 알지 못했기 때문인 것으로 보입니다.

04 『세종실록지리지』에는 울릉도와 독도가 강원도 울진현에 속한 두 섬이라고 기록되어 있습니다.

05 옛 지도와 옛 기록에는 독도가 옛날부터 우리나라의 영토였다는 사실이 분명하게 나타나 있습니다.

문제로 개념 탄탄 · 103쪽

01 ③	**02** ○	**03** ④
04 반크	**05** ○	

01 조선 숙종 때, 안용복은 울릉도와 독도 근처에서 고기잡이를 하는 일본 어부들을 꾸짖다 일본으로 끌려갔지만 울릉도와 독도가 조선의 땅임을 당당하게 주장하고 다시 조선으로 돌아왔습니다.

02 1696년 일본은 울릉도와 독도가 조선의 땅임을 인정하고, 울릉도와 독도에 일본 어부들이 드나들지 못하도록 하는 「도해 금지령」을 내렸습니다.

03 ④ 독도를 지키기 위한 노력으로 볼 수 없습니다.

04 사이버 외교 사절단 반크는 인터넷에서 독도가 우리나라의 영토라는 것을 널리 알리는 활동을 하고 있습니다.

05 오늘날 정부와 민간단체는 독도의 역사를 올바르게 소개하고, 독도의 생태계를 보호하기 위해 꾸준히 노력하고 있습니다.

문제로 개념 탄탄 · 105쪽

01 6·25	**02** ④	**03** 남북통일
04 국방비	**05** ×	

01 우리나라는 6·25 전쟁을 겪으면서 분단이 더욱 고착화되었습니다.

02 남한과 북한은 분단 이후 과도한 국방비 지출로 인한 경제적 손실, 이산가족의 고통, 전쟁에 대한 두려움, 언어와 문화 차이로 인한 혼란 등 여러 가지 어려움을 겪고 있습니다.

왜 틀린 답일까?

④ 남북 분단으로 남한과 북한은 막대한 국방비를 지출하고 있습니다.

03 남북 분단으로 겪는 여러 가지 어려움을 해결하고, 새로운 민족 공동체를 건설하기 위해 남북통일은 필요합니다.

04 남북통일이 이루어지면 과도한 국방비를 줄여 남는 비용을 복지, 문화, 경제 분야에 사용할 수 있어 국민의 삶의 질을 높일 수 있습니다.

05 남북통일이 이루어지면 남한의 우수한 기술력과 북한의 풍부한 지하자원을 이용하여 경쟁력 있는 제품을 만들 수 있습니다.

문제로 개념 탄탄 · 107쪽

01 「7·4 남북 공동 성명」	**02** (1) ○	
03 ④	**04** ○	**05** ⑤

01 1972년 남북은 '자주, 평화, 민족 대단결'이라는 통일 원칙에 합의하여 「7·4 남북 공동 성명」을 발표하였습니다.

02 1991년에 남북은 「남북 기본 합의서」를 채택하여 평화 통일을 위해 함께 노력하기로 했습니다.

> **왜 틀린 답일까?**
>
> (2) 「7·4 남북 공동 성명」은 1972년에 발표했습니다.
>
> (3) 「6·15 남북 공동 선언」은 2000년에 발표했습니다.

03 2000년대에는 개성 공단 가동, 개성 만월대 남북 공동 발굴 사업, 시드니 올림픽 남북 선수 공동 입장 등 남북 교류를 더욱 확대하였습니다.

04 통일이 되면 남과 북을 자유롭게 다닐 수 있게 되어 지금보다 삶의 터전이 넓어지고, 물류와 교통의 중심지로 성장하는 등 여러 분야에서 발전하여 더욱 살기 좋은 나라가 될 것입니다.

05 ⑤ 통일이 되면 비무장 지대를 포함하여 남과 북을 자유롭게 다닐 수 있게 될 것입니다.

문제로 실력 쏙쏙

112~114쪽

01 ㉠ 동쪽 ㉡ 동도	**02** ①

03 ⑤   **04** <u>예시 답안</u> 독도가 다양한 동식물이 서식하는 생태계의 보고이기 때문입니다.

05 ①, ④   **06** 가스 하이드레이트

07 ⑤   **08** ⑤   **09** ⑤

10 대한 제국   **11** ㉢   **12** <u>예시 답안</u> 독도가 우리나라의 영토였다는 사실을 분명하게 알 수 있습니다.   **13** 안용복   **14** (1) <u>예시 답안</u> 울릉도와 독도가 조선의 땅임을 분명히 하는 문서를 일본에 보냈습니다.   (2) <u>예시 답안</u> 일본 어부들이 울릉도와 독도에 드나들지 못하도록 하는 울릉도·독도 「도해 금지령」을 내렸습니다.   **15** ④

16 ④   **17** ①   **18** 찬성

---

01 독도는 우리나라에서 가장 동쪽에 있는 영토로, 서도와 동도인 두 개의 큰 섬과 주위에 89개의 바위섬으로 이루어져 있습니다.

02 독도는 동해에 자리 잡고 있기 때문에 국가 안보라는 군사적인 측면에서 매우 중요한 위치에 있습니다.

03 독도에는 물을 얻을 수 있는 물골, 접안 시설, 등대, 주민 숙소 등 주민 생활 시설이 있습니다.

> **왜 틀린 답일까?**
>
> ⑤ 독도에는 기차역이 없습니다.

04 독도는 괭이갈매기, 섬기린초, 해국, 독도 사철나무 등 다양한 동식물이 서식하는 생태계의 보고이기 때문에 우리나라는 독도를 천연기념물로 지정해 보호하고 있습니다.

채점 기준	
상	핵심 단어 세 가지를 모두 포함하여 바르게 쓴 경우
중	핵심 단어 세 가지 중 두 가지만 포함하여 바르게 쓴 경우
하	핵심 단어 세 가지 중 한 가지만 포함하여 바르게 쓴 경우

05 독도는 동해의 영향으로 기온이 온화하고, 겨울에 눈이 많이 내립니다.

06 독도 주변 바다 밑에는 미래 에너지로 주목받는 가스 하이드레이트가 묻혀 있습니다. 가스 하이드레이트는 천연가스와 물이 결합된 고체 상태의 물질로, 불을 붙이면 타는 성질을 갖고 있습니다.

07 독도에서 집단으로 번식하는 새는 괭이갈매기입니다.

08 「조선왕국전도」는 프랑스인이 1737년에 만든 우리나라 지도로 우(于)를 천(千)으로 잘못 읽어 우산도가 천산도로 표기되어 있습니다.

09 1454년에 펴낸 『세종실록지리지』에는 울릉도와 독도가 강원도 울진현에 속한 두 섬이라고 기록되어 있습니다.

10 대한 제국 당시 고종이 내린 칙령인 「대한 제국 칙령 제41호」에는 "울릉도를 울도라고 이름을 고쳐 강원도에 부속하고 …… 구역은 울릉전도와 죽도(지금의 대섬), 석도(지금의 독도)를 관할할 것."이라고 기록하여 독도가 강원도에 속하는 우리의 영토임을 분명히 하였습니다.

11 1946년에 쓰여진 「SCAPIN(연합국 최고 사령관 각서) 제677호」에는 "(일본의 영역에서) 제외되는 것은 울릉도, 리앙쿠르암(지금의 독도), 제주도 등이다."라는 내용과 함께 지도에 독도가 한국의 영토로 표시되어 있습니다.

12 18세기에 만들어진 「동국대지도」는 우리나라의 옛 지도 중 하나로 우산도를 찾아볼 수 있습니다. 또한 「대한 제국 칙령 제41호」는 1900년에 고종이 내린 것으로 "울릉도를 울도라고 이름을 고쳐 강원도에 부속하고 …… 구역은 울릉전도와 죽도(지금의 대섬), 석도(지금의 독도)를 관할할 것."이라는 기록이 있습니다. 이러한 옛 지도와 옛 기록을 통해 독도가 옛날부터 우리나라의 영토였다는 사실을 분명하게 알 수 있습니다.

채점 기준	
상	핵심 단어 두 가지를 모두 포함하여 바르게 쓴 경우
중	핵심 단어 두 가지 중 한 가지만 포함하여 바르게 쓴 경우
하	답을 쓰지 않거나 관련이 없는 내용을 쓴 경우

13 조선 숙종 때, 안용복은 울릉도와 독도 근처에서 고기잡이를 하는 일본 어부들을 꾸짖다가 일본으로 끌려갔지만, 울릉도와 독도가 조선의 땅임을 당당하게 주장하였습니다.

14 안용복이 풀려나 조선으로 돌아온 일이 알려지자 조선 조정은 울릉도와 독도가 조선의 땅임을 분명히 하는 문서를 일본에 보냈습니다. 이에 일본은 울릉도와 독도가 조선의 땅임을 인정하고, 일본 어부들이 울릉도와 독도에 드나들지 못하도록 하는 울릉도·독도 「도해 금지령」을 내렸습니다.

> **채점 기준** '조선 조정은 울릉도와 독도가 조선의 땅임을 분명히 하는 문서를 일본에 보냈다.', '일본은 일본 어부들이 울릉도와 독도를 드나들지 못하도록 울릉도·독도 「도해 금지령」을 내렸다.'라는 두 가지 내용을 바르게 썼으면 정답입니다.

15 ④ 남북이 분단되었어도 다른 나라를 자유롭게 여행할 수 있습니다.

16 남북통일이 필요한 까닭은, 남북이 통일되면 남북 분단으로 겪는 여러 가지 어려움을 해결할 수 있고, 새로운 민족 공동체를 건설할 수 있기 때문입니다. 또한 과도한 국방비를 줄여 남는 비용으로 복지, 문화, 경제 분야에 사용할 수 있고, 남한의 기술과 북한의 지하자원을 이용하여 경쟁력 있는 제품을 만들어 수출하면 많은 이익을 얻을 수도 있기 때문입니다.

> **왜 틀린 답일까?**
> ④ 우리나라는 천연가스나 원유를 생산해 수출하지 않습니다.

17 남북이 통일 원칙에 합의하여 「7·4 남북 공동 성명」을 발표한 것은 1972년의 일입니다.

18 통일이 되면 비무장 지대, 백두산, 금강산, 제주도 등 남과 북을 자유롭게 다닐 수 있게 되고, 반도 국가의 장점이 살아나 대륙과 해양을 연결하는 물류와 교통의 중심지로 성장할 것입니다.

> **왜 틀린 답일까?**
> 찬성: 통일이 되면 새로운 직업과 일자리가 늘어나 경제가 발전할 것입니다.

특별한 서술/논술

01 비무장 지대   **02** 생태

03 **예시 답안** 백두산과 금강산으로 여행을 갈 수 있습니다. / 육로로 유럽이나 아시아의 다른 나라와 활발하게 교류할 수 있습니다.

제시된 자료 살펴보기

이곳은 6·25 전쟁 이후 정전 협정으로 만들어졌으
(비무장 지대)   (일시적으로 전투를 중단하는 일)
며, 남한과 북한의 경계가 되는 곳이다. 이곳의 폭
                                    (비무장 지대)
은 휴전선으로부터 남북으로 각각 2km씩 총 4km
이며, 길이는 약 248km이다. 이곳은 사람들의 발
                        (비무장 지대)
길이 닿지 않으면서 자연 상태의 생태계로 되살아
                              (생태의 공간)
났다. …… 또한 국내외 많은 사람이 …… 평화의
소중함을 느껴 보고자 이곳을 찾는다.
     (평화의 공간)   (비무장 지대)

01 비무장 지대는 남한과 북한의 경계가 되는 곳으로 6·25 전쟁 이후 정전 협정으로 만들어졌으며, 군사 활동이 금지되는 지역입니다.

02 제시된 자료를 통해 비무장 지대가 자연 상태의 생태계로 되살아난 생태의 공간이자 6·25 전쟁과 관련된 유물과 기념물 등을 통해 평화의 소중함을 되새기는 평화의 공간임을 알 수 있습니다.

03 통일이 되면 비무장 지대뿐만 아니라 백두산과 금강산으로 여행을 갈 수 있고, 육로로 북한 땅과 연결되어 있는 유럽이나 아시아 다른 나라와도 활발하게 교류할 수 있게 될 것입니다.

만점 꿀팁 02번의 ㉠에서 북한을 자유롭게 다닐 수 있게 되었을 때 어떤 점이 달라질지 생각해 봅니다.

채점 기준 '백두산과 금강산으로 여행을 갈 수 있다.', '육로로 유럽이나 아시아의 다른 나라와 교류할 수 있다.'라는 내용을 바르게 썼으면 정답입니다.

2 지구촌의 평화와 발전

문제로 개념 탄탄

01 ○   **02** ②, ⑤   **03** ○
04 ㉠ 영토   ㉡ 종교   **05** 시리아

01 지구촌 갈등의 원인은 영토, 자원, 종교, 인종, 민족, 정치 등 다양하며, 한 가지의 원인으로 나타나기보다 여러 가지 원인이 복잡하게 얽혀 나타나기도 합니다.

02 인도와 파키스탄 간 갈등은 종교 분쟁에서 시작해 점차 영토 분쟁으로 확대되었습니다.

03 최근 북극의 빙하가 녹으면서 매장되어 있던 엄청난 양의 원유와 천연가스의 개발 가능성이 커지면서 북극해 주변국들이 북극해의 자원을 차지하기 위해 갈등을 겪고 있습니다.

04 1948년 팔레스타인 지역에 유대인들이 다시 돌아와 이스라엘을 세우면서 주변국 간에 전쟁이 일어났습니다. 이러한 아랍 민족과 유대 민족 두 민족의 다툼은 영토 분쟁에서 종교 분쟁으로까지 확대되어 지금도 계속되고 있습니다.

05 제시된 내용은 시리아의 내전에 관한 것입니다. 2011년에 독재에 반대하는 사람들의 시위를 시리아 정부가 무력으로 진압하자 이에 반대하는 정부군 군인과 시민이 반정부군을 만들어 정부군에 맞서면서 시리아는 내전에 빠져들었습니다. 여기에 강대국과 주변국이 가세하고 종파 간 갈등이 겹치면서 내전은 더욱 확대되었습니다.

문제로 개념 탄탄

01 ×   **02** (1) ○   (2) ○
03 ○   **04** ○   **05** ①

바른답·알찬풀이

01 국가 간에 지켜야 할 국제법이 있지만 강제성이 없기 때문에 국제법을 따르기보다 자국의 이익을 먼저 앞세우므로 지구촌 갈등은 쉽게 해결하기 어렵습니다.

02 지구촌 갈등을 해결해야 하는 이유는 난민의 사례에서 알 수 있듯이 지구촌 갈등이 특정 국가만의 문제가 아니라 다른 나라에도 영향을 끼치기 때문입니다.

03 지구촌 갈등은 세계 여러 나라 사람에게 영향을 미칠 수 있는 국가 간, 지역 간, 민족 간의 갈등으로 나타납니다.

04 지구촌 갈등을 해결하기 위해서는 국제기구, 국가, 개인 등 지구촌 구성원 모두가 지구촌 갈등에 지속적인 관심을 기울여야 합니다.

05 ① 지구촌 갈등을 평화롭게 해결하기 위해 우리가 실천할 수 있는 방법과 거리가 멀다.

문제로 개념 탄탄
123쪽

01 국제기구   **02** 국제연합(UN)
03 ④   **04** (1) ○ (2) ○ (3) ○ (4) ✕
05 ○

01 두 개 이상의 나라가 모여 지구촌 갈등을 함께 해결하려고 만든 국제 조직을 국제기구라고 합니다.

02 국제연합(UN)은 1945년에 설립된 국제기구로서 지구촌 평화 유지, 전쟁 방지, 국제 협력 증진 등의 활동을 합니다.

03 난민을 보호하고 난민의 정착을 돕는 일을 하는 국제기구는 국제연합난민기구입니다.

왜 틀린 답일까?

①, ③ 국제연합아동기금(유니세프)은 어려움과 위험에

처한 전 세계 어린이의 생활과 교육을 돕고, 어린이의 권리를 보장하기 위한 활동을 합니다.

②, ⑤ 국제연합교육과학문화기구(유네스코)는 교육, 과학, 문화 분야의 국제 협력을 통해 세계 평화를 추구하며, 세계 유산을 지정하여 보호하는 일도 합니다.

04 한국국제협력단은 봉사단 파견, 국제기구와의 협력, 국가 간 협력 사업 참여, 재난 복구 지원 사업 등 다양한 활동을 하고 있습니다.

왜 틀린 답일까?

(4) 세계 유산 지정 및 보호는 국제연합교육과학문화기구(유네스코)가 하는 일입니다.

05 우리나라는 한국국제협력단을 통한 국가 간 협력 사업 참여, 국제연합에 평화 유지군 파견, 평화를 위한 외교 활동 등 세계 평화를 지키고 지구촌 갈등을 해결하기 위해 다양한 활동을 하고 있습니다.

문제로 개념 탄탄
125쪽

01 (1) ㉡ (2) ㉠ (3) ㉢   **02** ○
03 비정부 기구 **04** ✕   **05** ②

01 (1) 이태석은 남수단에 학교와 병원을 짓고 의료 봉사를 하였습니다. (2) 넬슨 만델라는 남아프리카 공화국 흑인들의 인권을 위해 싸웠습니다. (3) 말랄라 유사프자이는 탈레반 점령 지역의 여학생 교육 문제를 세상에 알렸습니다.

02 말랄라 유사프자이는 탈레반의 공격을 받았지만 다행히 목숨을 건졌고, 그 후 교육은 테러와 싸워 이길 수 있는 가장 훌륭한 무기라는 신념을 갖고 활동을 하였습니다.

03 비정부 기구는 지구촌의 인권, 환경, 보건, 빈곤 퇴치 등 여러 문제를 해결하려고 뜻을 같이하는 사람들이 모여 활동하는 조직입니다.

04 지구 환경과 평화를 지키고자 평화적인 방법으로 핵 실험 반대, 자연 보호 운동을 하는 비정부 기구는 그린피스입니다. 국경없는의사회는 분쟁 발생 지역, 재난과 전염병으로 고통을 겪는 지역에 의료 서비스를 제공하고 있습니다.

05 국제앰네스티는 전 세계에서 인권과 관련된 시민 활동을 하는 비정부 기구로 세계 각국의 인권 침해 상황을 알리고, 인권이 보장되는 사회를 만들고자 많은 노력을 하고 있습니다.

문제로 개념 탄탄
127쪽

01 ○　　**02** ⑤　　**03** ✕
04 활동 계획서　　**05** 하준

01 지구촌 평화와 발전을 위해서는 우리 모두가 지구촌 갈등에 관심을 갖고 문제를 해결하기 위해 노력하는 자세를 가져야 합니다.

02 어린이 비정부 기구를 만들어 실천하는 과정은 '지구촌 문제 관심 분야 정하기 → 비정부 기구 조직하기 → 비정부 기구 활동 계획 세우기 → 비정부 기구 활동하기'의 순서로 이루어집니다.

03 어린이 비정부 기구를 만들어 실천하는 활동을 할 때에는 비슷한 분야에 관심을 가진 학생들끼리 모둠을 이루어 비정부 기구를 만들어야 합니다.

04 비정부 기구 활동 계획서에 작성한 활동 방법에 따라 모둠별로 비정부 기구 활동을 실천합니다.

05 비정부 기구 활동 계획서에는 비정부 기구의 이름, 모둠원의 역할, 모둠 활동 등의 내용이 들어가야 합니다. 그리고 이러한 활동 계획서에 따라 활동을 한 후에 느낀 점을 써 보고 발표합니다.

문제로 실력 쑥쑥

01 ①　　**02** [예시 답안] 북극해에 엄청난 양의 원유와 천연가스가 매장되어 있고, 항로 이용의 가능성도 커졌기 때문입니다.
03 유대교, 이슬람교　　**04** ④
05 ㉡, ㉢　　**06** (1) ㉠　(2) ㉡
07 ⑤　　**08** 국제연합(UN)
09 ⑤　　**10** 한국국제협력단(KOICA)
11 [예시 답안] 국제연합에 평화 유지군을 파견합니다. / 각국 대표 회의에 참여하는 등 평화를 위한 외교 활동을 합니다.　　**12** ⑤　　**13** 이태석
14 ①　　**15** (3) ○　　**16** 국경없는의사회
17 ㉢, ㉡, ㉣, ㉠　　**18** [예시 답안] 너무 많은 준비가 필요하거나 너무 많은 돈이나 시간이 들어가는 내용으로 구성하지 않도록 합니다.

01 1947년 영국으로부터 인도가 독립할 당시에 카슈미르 지역은 주민의 70 % 이상이 이슬람교를 믿고 있어서 파키스탄에 속하기를 원했습니다. 하지만 힌두교도인 카슈미르의 지도자가 인도에 속하기로 결정하면서 주민들 간에 종교가 서로 달라 갈등이 발생했습니다.

02 최근 지구 온난화로 북극의 빙하가 녹으면서 북극해에 매장되어 있는 엄청난 양의 원유와 천연가스의 개발 및 항로 이용 가능성이 커졌습니다. 이 때문에 북극해를 둘러싼 나라들 간에 갈등이 일어났습니다.

채점 기준	
상	핵심 단어 네 가지를 모두 포함하여 바르게 쓴 경우
중	핵심 단어 네 가지 중 두세 가지만 포함하여 바르게 쓴 경우
하	핵심 단어 네 가지 중 한 가지만 포함하여 바르게 쓴 경우

03 팔레스타인과 이스라엘의 다툼은 영토 분쟁으로 시작해 유대교와 이슬람교 간 종교 분쟁으로 확대되어 지금까지 계속되고 있습니다.

04 시리아 내전은 독재에 반대하는 학생들의 시위를 시리아 정부가 무력으로 진압했고, 가혹한 진압에 반대하는 정부군 군인과 시민이 반정부군을 만들어 맞서면서 시작되었습니다. 여기에 강대국과 주변국이 내전에 가세하고, 종파 간의 갈등으로까지 번지면서 내전이 확대되었습니다.

왜 틀린 답일까?

④ 시리아 내전은 지금도 계속되고 있습니다.

05 지구촌 갈등은 갈등을 겪는 지역에 많은 피해를 줄 뿐만 아니라 지구촌은 모두 연결되어 있기 때문에 세계 여러 나라에도 영향을 끼치므로 해결이 필요합니다.

왜 틀린 답일까?

㉠ 지구촌 갈등의 원인이 복잡하기 때문에 해결이 필요한 것은 아닙니다.

06 (1) 바루아니 은두메는 콩고 민주 공화국의 난민 어린이로「아이들을 위한 아이들」이라는 방송을 통해 세계 곳곳에 난민촌의 힘든 삶을 알렸습니다. (2) 산드라 릴리아나 산체스는 콜롬비아를 떠나 다른 나라의 빈민가로 피란을 간 난민으로 '오아시스'라는 공동 회관을 만들어 혼자 사는 어르신들과 고아들을 연결해 주는 봉사 활동을 했습니다.

07 지구촌 갈등을 평화롭게 해결하기 위한 실천 방법에는 지구촌 갈등으로 어려움을 겪는 난민들을 돕기 위해 서명 운동 벌이기, 지구촌 갈등에 관심을 갖고 관련 정보 검색하기, 지구촌 갈등을 평화적으로 해결하는 홍보 동영상 만들기, 지구촌 갈등의 심각성을 알리는 글 올리기 등이 있습니다.

왜 틀린 답일까?

⑤ 국가뿐만 아니라 개인도 지구촌 갈등의 평화로운 해결을 위해 노력해야 합니다.

08 1945년에 설립되었고, 지구촌 갈등을 해결하기 위한 다양한 전문 기구로 구성되어 있으며, 지구촌의 평화 유지, 전쟁 방지, 국제 협력 증진 등의 활동을 하는 국제기구는 국제연합(UN)입니다.

09 교육, 과학, 문화 분야의 국제 협력을 통해 세계 평화를 추구하고, 세계 유산을 지정하여 보호하는 일도 하는 국제기구는 국제연합교육과학문화기구(UNESCO)입니다.

10 한국국제협력단(KOICA)은 우리나라와 경제 발전이 뒤떨어진 나라와의 협력 관계 및 교류를 늘리고 이 나라들의 경제·사회 발전을 지원하는 국제 협력 기구입니다. 이 기구는 국가 간 협력 사업, 봉사단 파견, 국제기구와의 협력 등 다양한 활동을 하고 있습니다.

11 제시된 사진은 분쟁 지역을 감시하고 있는 우리나라 평화 유지군의 모습과 국제연합 총회에 참석한 모습입니다. 이처럼 우리나라는 지구촌 평화를 지키기 위해 국제연합에 평화 유지군 파견, 각국 대표 회의에 참여하는 등 평화를 위한 외교 활동을 하고 있습니다.

채점 기준	
상	'국제연합에 평화 유지군 파견', '각국 대표 회의에 참여하는 등 평화를 위한 외교 활동'이라는 내용을 모두 포함하여 바르게 쓴 경우
중	'국제연합에 평화 유지군 파견', '각국 대표 회의에 참여하는 등 평화를 위한 외교 활동'이라는 내용 중 한 가지만 포함하여 바르게 쓴 경우
하	답을 쓰지 않거나 관련이 없는 내용을 쓴 경우

12 탈레반 점령 지역의 여학생 교육 문제를 세상에 알린 인물은 말랄라 유사프자이입니다.

13 남수단에서 의료 봉사를 하며 전쟁으로 부상과 질병에 시달리고 있는 사람들을 도운 인물은 이태석입니다.

14 지구촌의 인권, 환경, 보건, 빈곤 퇴치 등 여러 문제를 해결하려고 뜻을 같이하는 사람들이 모여 활동하는 조직인 비정부 기구에는 국제앰네스티, 국경없는의사회, 세이브더칠드런, 국제지뢰금지 운동 등이 있습니다.

왜 틀린 답일까?

① 국제연합은 비정부 기구가 아니라 국가 간의 합의에 의해 만들어진 국제기구입니다.

15 세이브더칠드런은 전 세계 분쟁 지역이나 가난으로 어려움을 겪는 빈곤 지역의 어린이들을 돕는 것을 목표로 만들어진 비정부 기구입니다. 세이브더칠드런은 어린이의 생명과 생활을 보호하고 놀이 환경을 개선하기 위해 노력합니다.

왜 틀린 답일까?

(1) 지구 환경과 평화를 지키고자 평화적인 방법으로 핵실험 반대, 자연 보호 운동을 하는 비정부 기구는 그린피스입니다.

(2) '모든 사람에게 안락한 집이 있는 세상'이라는 목표를 갖고 가난한 지역과 전쟁, 자연재해 등으로 집을 잃었거나 열악한 주거 환경으로 고통받는 사람들을 위해 집과 마을을 지어 주기 위해 설립된 비정부 기구는 해비타트입니다.

16 제시된 사진과 같이 분쟁 발생 지역, 재난과 전염병으로 어려움을 겪는 지역에 의료 지원을 제공하는 비정부 기구는 국경없는의사회입니다.

17 평화로운 지구촌을 이루기 위해 어린이 비정부 기구를 만들어 실천하는 과정은 ⓒ 지구촌 문제 관심 분야 정하기 → ⓛ 비정부 기구 조직하기 → ⓔ 비정부 기구 활동 계획 세우기 → ⓝ 비정부 기구 활동하기의 순서로 이루어집니다.

18 어린이 비정부 기구를 만들어 실천할 때 너무 많은 준비가 필요하거나 너무 많은 돈이나 시간이 들어가는 경우에는 실제로 실천하기가 어려울 수 있으므로 이 점에 유의하여 내용을 구성해야 합니다.

채점 기준	
상	핵심 단어 세 가지를 모두 포함하여 바르게 쓴 경우
중	핵심 단어 세 가지 중 두 가지만 포함하여 바르게 쓴 경우
하	핵심 단어 세 가지 중 한 가지만 포함하여 바르게 쓴 경우

특별한 서술/논술 135쪽

01 ⓝ 넬슨 만델라   ⓛ 말랄라 유사프자이

02 ① 인종 차별   ② 교육

03 **예시 답안** 넬슨 만델라와 같이 인권 침해 문제에 관심을 갖고 인권 보호를 위해 노력합니다. / 말랄라 유사프자이와 같이 누리 소통망 서비스 등을 이용해 지구촌 갈등의 심각성을 알립니다.

제시된 자료 살펴보기

(1) 나는 (넬슨 만델라)입니다. 나는 남아프리카 공화국에서 흑인 인권을 위해 싸우다 감옥에 27년이나 갇혔습니다. 하지만 끝까지 저항하여 인종 차별 정책의 폐지를 이끌어 내었고, 대
 넬슨 만델라가 지구촌 갈등을 해결하기 위해 한 노력
통령이 된 후 여러 인종이 평화롭게 공존하는 나라를 만들려고 노력하였습니다.

(2) 나는 (말랄라 유사프자이)입니다. 나는 탈레반 점령 지역에서 여학생들의 인권을 위해 애쓰다 총에 맞았지만 다행히 목숨을 건졌고, 그 후 교육은 테러와 싸워 이길 수 있는 가장 훌륭한 무기라는 신념을 가지고 총과 무기 대신에 책과 선생님을 보내야 한다고 전 세계에 알리고
 말랄라 유사프자이가 지구촌 갈등을 해결하기 위해 한 노력
있습니다.

바른답·알찬풀이

01 (1) 남아프리카 공화국에서 흑인 인권을 위해 싸웠고, 후에 대통령이 되어 여러 인종이 평화롭게 공존하는 나라를 만들려고 노력한 인물은 넬슨 만델라입니다. (2) 탈레반 점령 지역의 생활과 여학생들의 인권을 위해 애쓰다 총에 맞았지만 다행히 목숨을 건졌고, 그 후 교육이 테러를 이길 수 있는 가장 훌륭한 무기라는 것을 강조한 인물은 말랄라 유사프자이입니다.

02 (1) 넬슨 만델라는 남아프리카 공화국에서 흑인 인권을 위해 인종 차별 정책에 반대하며 백인 정부와 싸웠고, 대통령이 된 후에는 여러 인종이 평화롭게 공존하는 나라를 만들려고 노력했습니다. (2) 말랄라 유사프자이는 탈레반 점령 지역에서 여학생들의 교육받을 권리를 주장하다 탈레반의 총격을 받았지만 굴복하지 않고 교육의 중요성을 전 세계에 알렸습니다.

03 지구촌 갈등을 해결하기 위해서는 넬슨 만델라와 같이 인권 침해 문제에 관심을 갖고 인권 보호 노력을 해야 합니다. 또한 말랄라 유사프자이와 같이 누리 소통망 서비스 등을 이용해 지구촌 갈등의 심각성을 알리는 노력을 해야 합니다.

> **만점 꿀팁** 02번에서 넬슨 만델라와 말랄라 유사프자이가 한 일을 바탕으로 지구촌 갈등을 해결하기 위해 할 수 있는 노력을 생각해 봅니다.

채점 기준

상	'인권 침해 문제에 관심을 갖고 인권 보호 노력을 한다.', '누리 소통망 서비스 등을 이용해 지구촌 갈등의 심각성을 알린다.'라는 내용을 모두 포함하여 바르게 쓴 경우
중	'인권 침해 문제에 관심을 갖고 인권 보호 노력을 한다.', '누리 소통망 서비스 등을 이용해 지구촌 갈등의 심각성을 알린다.'라는 내용 중 한 가지를 포함하여 바르게 쓴 경우
하	답을 쓰지 않거나 관련이 없는 내용을 쓴 경우

3 지속 가능한 지구촌

문제로 개념 탄탄
139쪽

01 환경 문제	**02** ○	**03** 사막화
04 ③	**05** ©	

01 무분별하게 개발이 이루어지면서 공기, 물, 흙 등이 오염되는 환경 문제가 발생합니다.

02 경제 개발을 위해 열대림의 나무를 무분별하게 베면서 동물과 식물의 생활 터전이 줄어들고 있습니다.

03 이상 기후로 가뭄이 지속되고 지나친 삼림 훼손으로 사막 주변의 초원 지대가 점점 사막으로 변하는 것을 사막화라고 합니다.

04 극지방의 빙하가 녹아내려 그곳에 사는 동물이 피해를 보는 것은 지구 온난화 때문입니다.

05 산호 백화 현상은 지구가 더워지면서 바닷물 온도가 높아져 바닷속 산호가 색깔이 점점 하얗게 변하며 죽어 가는 것입니다.

문제로 개념 탄탄
141쪽

01 ○	**02** ①	**03** 국가
04 쓰레기	**05** ©	

01 지구촌 사람들은 세계의 다양한 환경 문제를 해결하기 위해 국가 간 협정을 체결하거나 다양한 캠페인을 벌이며 서로 협력합니다.

02 '파리 협정'은 지구촌 환경 문제를 해결하기 위해 온실가스 배출량을 줄이기로 한 약속입니다.

03 다양한 법과 제도를 만들어 환경 문제를 해결하려고 힘쓰는 주체는 국가입니다.

04 기업은 쓰레기가 덜 나오는 제품을 만들고 친환

경 소재를 개발하는 등 사회적 책임을 다하려고 노력합니다.

05 지구촌 환경 문제를 해결하기 위한 포스터를 만들 때 가장 먼저 할 일은 해결하고 싶은 환경 문제를 선택하는 것입니다.

문제로 개념 탄탄   **143쪽**

01 지속 가능한 미래	**02** ✕
03 ②	**04** (1) ㉠ (2) ㉡
05 존중	

01 지속 가능한 미래란 오늘날 우리의 건강한 환경과 인류의 발전이 미래 세대까지 이어지는 것입니다.

02 물건을 생산하고 소비하는 과정에서도 지구촌의 지속 가능한 미래를 위협하는 환경 문제가 일어나고 있습니다.

03 햄버거에 들어가는 쇠고기를 얻으려고 숲을 태우고 나무를 베면서 열대림이 파괴되고 있습니다.

04 (1) 빈곤은 가난하여 살기 어려운 상태입니다. (2) 기아는 먹을 것이 없어 굶주리는 것입니다.

05 종교나 옷차림 등 서로 다른 문화를 존중하지 못해 일어나는 문화적 편견과 차별 문제는 사람들의 지속 가능한 미래를 위협하는 문제입니다.

문제로 개념 탄탄   **145쪽**

01 환경 오염	**02** (1) ○ (2) ✕ (3) ○	
03 ✕	**04** ②	**05** 공존

01 친환경적으로 생산하고 소비하려는 노력을 통해 환경 오염을 줄일 수 있습니다.

02 (2) 일회용 용기를 많이 사용하면 플라스틱 쓰레기 문제가 발생합니다. 따라서 친환경 용기를 개발해 플라스틱 쓰레기 문제를 해결해 나갑니다.

03 오늘날에도 기아와 빈곤으로 어려움을 겪는 어린이들이 있습니다. 지구촌 사람들은 기아와 빈곤 문제를 해결하기 위해 함께 노력해야 합니다.

04 ② 지구촌의 다양한 문화를 배우는 것은 문화적 편견과 차별을 극복하기 위한 노력입니다.

05 세계 곳곳에는 문화가 다르다는 이유로 편견과 차별에 고통받는 사람들이 있습니다. 문화적 편견과 차별을 극복하기 위해서는 다양한 문화가 공존하는 사회를 만들어야 합니다.

문제로 개념 탄탄   **147쪽**

01 세계 시민	**02** ○	**03** ③
04 (1) ○ (3) ○		**05** 김순권

01 세계 시민은 지구촌 문제가 우리의 문제임을 알고 이를 해결하려고 협력하는 자세를 지닌 사람입니다.

02 지구촌에서 일어나고 있는 문제를 해결하기 위해서는 일상생활에서 세계 시민의 자세를 지니고 행동해야 합니다.

03 세계 시민은 지구촌에서 일어나는 문제를 해결하기 위해 협력하는 사람을 말하므로, ③ 자기가 사용한 물건을 스스로 정리하는 것은 세계 시민으로서가 아니라 사람으로서 생활하는 데 필요한 바람직한 생활 습관입니다.

04 (2) 세계의 모든 사람은 똑같이 중요하다고 생각하는 것이 지속 가능한 미래를 만드는 세계 시민의 모습입니다.

05 김순권은 지속 가능한 미래를 만들기 위해 노력한 자랑스러운 우리나라의 세계 시민입니다.

바른답·알찬풀이

01 ③　　　　**02** 온실가스　　**03** 지구 온난화

04 예시 답안 바닷물을 오염하여 바다 생태계가 파괴되고 있습니다.　　**05** ⓒ　　**06** ②

07 ③　　　　**08** 예시 답안 에너지 효율이 높은 제품을 생산하여 소비자들이 사용하도록 함으로써 에너지를 절약하기 위해서입니다.

09 (1) ⓒ　(2) ㉠　(3) ⓒ　　**10** ⓒ

11 ⓒ　　　**12** ③　　　**13** 예시 답안 서로 다른 문화를 존중하지 않기 때문입니다.

14 (1) ◯　(2) ◯　(3) ✕　　**15** ①

16 관심

---

01 공기가 오염되어 발생하는 환경 문제는 대기 오염입니다. 공장과 자동차 등에서 배출되는 매연으로 공기가 오염되고 있습니다.

02 지구 대기를 오염하여 온실 효과를 일으키는 기체는 온실가스입니다. 석유, 석탄 등의 화석 연료를 사용하면서 온실가스 배출량이 늘어나 지구의 평균 기온이 점점 올라가고 있습니다.

03 온실가스 배출량이 늘어나 지구의 평균 기온이 점점 올라가는 현상은 지구 온난화입니다.

04 사람들이 버린 쓰레기가 바다에 쌓여 바닷물이 오염되는 해양 쓰레기 문제로 바다 생태계가 파괴되고 있습니다.

> 채점 기준 '바닷물을 오염하여 바다 생태계가 파괴된다.'라는 내용을 포함하여 바르게 썼으면 정답입니다.

05 그림은 산호 백화 현상을 나타냅니다. 바닷속 산호가 색깔이 점점 하얗게 변하며 죽어 가는 것으로 산호 백화 현상이 일어나는 까닭은 지구가 더워지면서 바닷물 온도가 높아졌기 때문입니다.

06 '파리 협정'은 지구촌 환경 문제를 해결하기 위해 전 세계 195개 나라가 프랑스 파리에 모여 온실가스 배출량을 줄이기로 한 약속입니다.

07 세계 차 없는 날은 자가용 이용을 줄여 나가면서 대기 오염으로부터 지구촌 환경을 개선하자는 캠페인으로, 일부 지역에서는 차 없는 일주일로 발전하고 있습니다. 이처럼 지구촌 사람들은 세계의 환경 문제를 해결하기 위해 서로 협력하며 많은 노력을 기울이고 있습니다.

08 에너지 소비 효율 등급 표시제는 법과 제도를 마련해 환경 문제를 해결하려고 힘쓰는 국가의 노력입니다.

> 채점 기준 '에너지 효율이 높은 제품을 생산하여 에너지를 절약하기 위해서'라는 내용을 포함하여 바르게 썼으면 정답입니다.

09 (1) 개인은 에너지를 절약하고 쓰레기를 줄입니다. (2) 기업은 쓰레기가 덜 나오는 제품을 만들고 친환경 소재를 개발합니다. (3) 국가는 다양한 법과 제도를 마련합니다.

10 '용기 내 캠페인'의 목적은 용기 내 포장을 하는 생활 습관을 길러 낭비하는 비닐과 플라스틱 등을 줄여 지구촌 환경 문제를 해결하는 것입니다.

11 햄버거에 들어가는 쇠고기를 얻으려고 숲을 태우고 나무를 베면서 열대림이 파괴되고 있습니다.

12 가족의 생계를 책임지기 위해 어린이가 일하는 것은 빈곤과 관련 있습니다. 빈곤은 지속 가능한 미래를 위협하는 문제 중 하나입니다.

13 종교에 따라 특정 음식을 먹지 않는 사람에게 그 음식을 먹어 보라고 강요하는 것은 상대방의 음식 문화를 이해하지 못한 행동입니다. 이러한 행동은 상대방의 문화를 존중하지 않기 때문에 일어나는 것입니다.

'다른 문화를 존중하지 않기 때문'이라는 내용을 포함하여 바르게 썼으면 정답입니다.

14 친환경적 생산과 소비를 위해 친환경 용기를 개발하고 재활용할 수 있는 물건을 사용합니다.

(3) 농약을 많이 사용하면 벌레는 없앨 수 있지만 땅과 지하수가 오염되므로 친환경적인 생산 방법이 아닙니다.

15 ① 환경을 생각하여 생산한 식재료를 사는 것은 친환경적 생산과 소비를 위한 노력입니다.

16 문화적 편견과 차별을 극복하려면 지구촌 사람들이 서로 관심을 가지고 이해해야 합니다.

특별한 서술/논술
155쪽

01 지속 가능한 미래

02 ① 예시 답안 필요한 도움을 줍니다.

② 예시 답안 문화적 편견과 차별을 극복하고 다양성을 존중하는 교육을 합니다.

03 예시 답안 지구촌의 다양한 문화와 역사를 배울 수 있는 행사에 참여합니다. / 다양한 문화가 공존하는 사회를 만드는 캠페인 활동을 합니다.

제시된 자료 살펴보기

······ 다양한 민족이 모여 사는 나라에서 사람들이 서로를 이해하지 못해 의견 충돌이 일어나고 있다. 어떤 나라에서는 <u>공공장소에서 얼굴을 가리는 이슬람 전통 복장을 입지 못하게 하는 법안이 논</u>
<small>오랫동안 이어져 온 이슬람의 문화를 존중하지 않기 때문이에요.</small>
의 중이다. 이를 두고 "<u>최근 일어나는 각종 범죄를 방지하는 데 필요한 조치</u>"라는 의견과 "<u>문화 다양</u>
<small>문화적 편견과 차별이 있는 태도</small>
<u>성을 해치는 결정</u>"이라는 의견이 엇갈린다.
<small>다른 나라의 문화에 편견과 차별이 없는 태도</small>

01 생산과 소비 과정에서 일어나는 환경 문제, 빈곤과 기아 문제, 문화적 편견과 차별 문제 등은 사람들의 지속 가능한 미래를 위협하는 문제들입니다. 지속 가능한 미래란 오늘날 우리의 건강한 환경과 인류의 발전이 미래 세대까지 이어지는 것입니다.

02 문화적 편견과 차별 문제를 극복하려면 편견과 차별로 어려움을 겪는 사람들에게 필요한 도움을 주어야 합니다. 또한 교육을 통해 문화적 편견과 차별을 하는 것이 잘못된 태도임을 깨달을 수 있도록 해야 합니다.

03 서로 다른 문화에 관심을 가지고 이해할 수 있는 방법을 생각해 봅니다.

02번을 통해 문화적 편견과 차별을 극복하기 위해 우리가 할 수 있는 노력을 생각해 볼 수 있습니다.

채점 기준	
상	문화적 편견과 차별을 극복하기 위한 노력을 두 가지 모두 바르게 쓴 경우
중	문화적 편견과 차별을 극복하기 위한 노력을 한 가지만 바르게 쓴 경우
하	답을 쓰지 않거나 관련이 없는 내용을 쓴 경우

바른답·알찬풀이

단원 평가 1회 160~163쪽

01 독도 **02** ③ **03** ⓒ

04 예시답안 독도가 옛날부터 우리나라의 영토였다는 사실을 분명하게 알 수 있습니다. **05** ④, ⑤

06 사이버 외교 사절단 반크 **07** ⑤

08 예시답안 국방비를 줄여 남는 비용을 복지, 문화, 경제 분야에 사용할 수 있습니다. / 남한의 기술력과 북한의 지하자원을 이용하면 경쟁력 있는 제품을 만들수 있습니다. **09** ⑤ **10** 제니

11 ②, ⑤ **12** 내전 **13** ⑤

14 ① **15** ④ **16** ①

17 비정부 기구 **18** (1) ⓒ (2) ⓒ (3) ⓒ

19 ④ **20** 예시답안 동물과 식물의 생활 터전이 줄어듭니다. **21** ⓒ

22 ⓒ **23** 예시답안 환경을 생각하여 생산한 식재료를 삽니다. / 친환경 인증 제품을 생산합니다. / 재활용할 수 있는 물건을 삽니다. / 친환경 용기를 개발하여 플라스틱 쓰레기 문제를 해결합니다.

24 ④ **25** ③

---

01 우리나라에서 가장 동쪽에 있는 영토는 독도로 울릉도에서 동남쪽으로 약 87.4km 떨어져 있습니다. 독도는 서도와 동도, 바위섬 등으로 이루어져 있습니다.

02 독도는 다양한 동식물이 서식하는 생태계의 보고이자 군사 및 해상 교통의 중심지로서 중요한 위치에 있습니다.

왜 틀린 답일까?

③ 독도 바다 밑에는 미래 에너지로 주목받는 가스 하이드레이트가 묻혀 있습니다.

03 『세종실록지리지』에는 "우산(지금의 독도)과 무릉(지금의 울릉도), 두 섬이 울진현의 정동쪽 바다에 있다. 두 섬은 거리가 멀지 않아 날씨가 맑으면 서로 바라볼 수 있다."라는 기록이 있습니다.

왜 틀린 답일까?

㉠, ㉢ 「SCAPIN(연합국 최고 사령관 각서) 제677호」에 나타나 있습니다.

04 역사적 자료를 통해 독도가 옛날부터 우리나라의 영토였다는 사실을 분명하게 알 수 있습니다.

채점 기준 '독도는 우리나라의 영토이다.'라는 내용을 포함하여 바르게 썼으면 정답입니다.

05 안용복이 풀려나 조선으로 돌아오면서, 이 일이 조정에 알려졌습니다. 조정에서는 울릉도와 독도가 조선의 땅임을 분명히 하는 문서를 일본에 보냈습니다. 일본은 울릉도와 독도가 조선의 땅임을 인정하고, 울릉도와 독도에 일본 어부들이 드나들지 못하도록 하는 「도해 금지령」을 내렸습니다.

06 사이버 외교 사절단 반크는 우리나라와 관련된 잘못된 사실을 찾아 바르게 알리는 활동을 하는 민간단체입니다.

07 남한과 북한은 분단 이후 전쟁에 대한 두려움, 이산가족의 고통, 언어와 문화 차이로 발생하는 혼란, 과도한 국방비 지출 등 여러 가지 어려움을 겪고 있습니다.

08 통일이 이루어지면 과도한 국방비를 줄여 복지, 문화, 경제 분야에 사용할 수 있고, 남한의 기술과 북한의 자원을 이용하여 경쟁력 있는 제품을 만들어 많은 이익을 얻을 수도 있습니다.

채점 기준	
상	제시된 자료와 관련된 내용으로 두 가지 모두 바르게 쓴 경우
중	제시된 자료와 관련된 내용 중 한 가지만 바르게 쓴 경우
하	답을 쓰지 않거나 관련이 없는 내용을 쓴 경우

09 2010년 이후 정치, 경제, 문화 등 다양한 분야에

서 남북 간 교류와 협력이 계속되고 있습니다.

10 통일 한국은 지금보다 삶의 터전이 넓어지고, 여러 분야에서 발전하여 살기 좋은 나라가 될 것입니다.

제니: 통일이 이루어지면 전쟁 가능성이 없어지고 국내외 관광객이 증가할 것입니다.

11 ② 종교가 서로 달라 갈등이 나타난 카슈미르 지역은 종교적 갈등이 영토 분쟁으로 확대되었습니다. ⑤ 팔레스타인과 이스라엘의 갈등은 역사적 문제에서 시작하여 영토 문제와 종교 문제로 확대되었습니다.

①, ③, ④ 자원을 둘러싼 갈등입니다.

12 내전은 한 나라 안에서 서로 대립하는 세력이 무력으로 싸우는 상태입니다.

13 지구촌 갈등은 갈등을 겪는 지역뿐만 아니라 다른 나라에도 영향을 미칠 수 있으므로 구성원 모두가 지구촌 갈등을 해결하기 위해 노력해야 합니다.

14 국제연합은 지구촌 평화 유지, 전쟁 방지, 국제 협력 증진 등의 활동을 하는 국제기구입니다.

① 국제연합은 두 개 이상의 나라가 모여 만든 국제기구입니다.

15 국제연합아동기금(UNICEF)에서는 아동 구조 활동뿐만 아니라 어려움과 위험에 처한 전 세계 어린이의 생활과 교육을 돕고, 어린이의 권리를 보장하기 위한 활동을 합니다.

① 국제연합 평화 유지군은 국제연합에서 평화 유지 활동을 맡은 군대입니다.
② 한국국제협력단(KOICA)은 국가 간 협력 사업, 봉사

단 파견, 국제기구와의 협력 등 다양한 활동을 하고 있습니다.
③ 국제연합난민기구(UNHCR)는 난민을 보호하고 난민들이 고향으로 돌아가거나 다른 나라에 정착할 수 있도록 도와줍니다.
⑤ 국제연합교육과학문화기구(UNESCO)는 교육, 과학, 문화 분야의 국제 협력을 통해 세계 평화를 추구하고, 세계 유산을 지정하여 보호하는 일을 합니다.

16 이태석은 의료 봉사로 아프리카의 수단을 방문했을 때 수단이 남과 북으로 갈라져 전쟁을 치르고, 많은 사람이 부상과 질병에 시달리고 있는 것을 보면서 수단에서 봉사하는 삶을 살기로 하였습니다.

17 지구촌의 인권, 환경, 보건, 빈곤 퇴치 등 여러 문제를 해결하려고 뜻을 같이하는 사람들이 모여 활동하는 조직은 비정부 기구입니다. 대표적으로 국경없는의사회, 세이브더칠드런, 국제앰네스티, 국제지뢰금지운동 등이 있습니다.

18 (1) 국제앰네스티는 세계 각국의 인권 침해 상황을 알리는 등 인권과 관련된 시민 활동을 합니다. (2) 국경없는의사회는 인종, 종교, 성별 등과 관계없이 도움이 필요한 사람들에게 의료 지원을 제공합니다. (3) 국제지뢰금지운동은 지뢰의 위험성을 알려 지뢰를 제거하고, 지뢰로 다친 사람들의 인권을 보호하는 활동을 합니다.

19 지구의 평균 기온이 점점 올라가는 지구 온난화의 결과 극지방의 빙하가 녹아내리고 홍수, 가뭄 등 자연재해가 발생하기도 합니다.

20 경제 개발을 위해 열대림의 나무를 무분별하게 베는 것 때문에 열대림이 파괴되어, 동물과 식물의 생활 터전이 줄어들고 있습니다.

> **채점 기준** '동물과 식물의 생활 터전이 줄어들었다.'라는 내용을 포함하여 바르게 썼으면 정답입니다.

바른답·알찬풀이

21 지구촌 환경 문제를 해결하기 위해 다양한 법과 제도를 마련하는 주체는 국가입니다.

22 가족의 생계를 책임져야 해서 학교에 가지 못하고 일을 하는 것은 빈곤, 영양을 제대로 공급받지 못하는 것은 기아와 관련 있습니다.

23 생산과 소비 과정에서 일어나는 환경 문제를 해결하기 위해 사람들은 친환경적으로 생산하고 소비하려고 노력하고 있습니다.

채점 기준	
상	친환경적 생산과 소비를 위한 노력을 두 가지 모두 바르게 쓴 경우
중	친환경적 생산과 소비를 위한 노력 중 한 가지만 바르게 쓴 경우
하	답을 쓰지 않거나 관련이 없는 내용을 쓴 경우

24 문화적 편견과 차별을 극복하기 위해서는 문화적 편견과 차별로 어려움을 겪는 사람들에게 필요한 도움을 주거나 문화적 편견과 차별을 극복하고 다양성을 존중하는 교육을 합니다.

왜 틀린 답일까?

① 친환경적 생산과 소비를 위한 노력입니다.

②, ③, ⑤ 빈곤과 기아 문제를 해결하기 위한 노력입니다.

25 세계 시민이란 지구촌 문제가 우리의 문제임을 알고 이를 해결하려고 협력하는 자세를 지닌 사람을 말합니다.

왜 틀린 답일까?

③ 내 생각이 잘못되었다고 느끼면 바꿀 수 있어야 세계 시민으로서 바람직한 모습입니다.

단원 평가 2회 164~167쪽

01 ③　　　　**02** ㉠, ㉢

03 (1) ㉠　(2) ㉢　　　　**04** ③

05 [예시 답안] 우리나라가 공식적으로 파견한 독도 경비대가 독도 해안 경계를 합니다. / 정부와 민간단체는 독도의 역사를 바르게 소개하기 위해 노력합니다.

06 6·25 전쟁　**07** [예시 답안] 남한과 북한의 갈등으로 다시 전쟁이 일어날 수 있다는 두려움이 있습니다. / 이산가족들이 고향에 못 가거나 가족을 만날 수 없는 아픔이 있습니다. / 같은 언어를 사용하고 같은 문화를 공유했지만 분단으로 언어와 문화가 달라져 혼란을 겪고 있습니다. / 남한과 북한이 사용하는 국방비가 많아 경제적으로 큰 손실이 있습니다.

08 ④　　　　**09** ④　　　　**10** [예시 답안] 남한과 북한의 전쟁 가능성이 없어지고 동아시아의 긴장감을 해소할 수 있습니다. / 통일의 과정을 전 세계에 보여 주어 많은 사람에게 지구촌 평화의 중요성을 알릴 수 있습니다.　**11** ⑤　　　　**12** ②

13 현준　　　　**14** [예시 답안] 지구촌 갈등의 심각성을 널리 알립니다. / 지구촌 갈등으로 어려움을 겪는 사람들을 돕기 위한 서명 운동을 합니다. / 평화적으로 지구촌 갈등을 해결하는 홍보 동영상을 만듭니다. / 지구촌 갈등에 지속적으로 관심을 갖습니다.

15 (1) ㉠　(2) ㉢　(3) ㉡　　　　**16** ④

17 ②　　　　**18** ㉡　　　　**19** ①

20 (1) ㉡　(2) ㉢　(3) ㉠　　　　**21** ②

22 ①, ②　　　　**23** ㉢　　　　**24** [예시 답안] 문화적 편견과 차별로 어려움을 겪는 사람들에게 필요한 도움을 제공합니다. / 문화적 편견과 차별을 극복하고 다양성을 존중하는 교육을 합니다. / 지구촌의 다양한 문화와 역사를 배울 수 있는 행사를 개최합니다. / 다양한 문화를 존중하고 다양한 문화가 공존하는 사회를 만드는 캠페인 활동을 합니다.

25 세계 시민

01 독도는 군사 및 해상 교통의 중심지로서 중요한 위치에 있습니다.

02 「팔도총도」, 「조선왕국전도」에는 독도가 울릉도의 서쪽에 그려져 있습니다.

03 (1) 『세종실록지리지』에는 "우산(지금의 독도)과 무릉(지금의 울릉도), 두 섬이 울진현의 정동쪽 바다에 있다. 두 섬은 거리가 멀지 않아 날씨가 맑으면 서로 바라볼 수 있다."라는 기록이 있습니다. (2) 「SCAPIN(연합국 최고 사령관 각서) 제677호」 및 관련 지도에는 "(일본의 영역에서) 제외되는 것은 울릉도, 리앙쿠르암(지금의 독도), 제주도 등이다."라는 기록이 있습니다.

04 조선 숙종 때 인물인 안용복은 일본이 울릉도와 독도가 조선의 영토임을 인정하는 데 이바지하였습니다.

05 독도 경비대원, 정부와 민간단체 등은 우리나라의 영토인 독도를 지키기 위해 노력하고 있습니다.

채점 기준	
상	제시된 자료와 관련된 내용으로 두 가지 모두 바르게 쓴 경우
중	제시된 자료와 관련된 내용 중 한 가지만 바르게 쓴 경우
하	답을 쓰지 않거나 관련이 없는 내용을 쓴 경우

06 남북 분단 이후 6·25 전쟁을 겪으면서 분단이 더욱 굳어졌습니다.

07 남한과 북한은 분단 이후 전쟁에 대한 두려움, 이산가족의 고통, 언어와 문화 차이로 발생하는 혼란, 과도한 국방비 지출 등 여러 가지 어려움을 겪고 있습니다.

08 남북 분단으로 겪는 여러 가지 어려움을 해결하고 새로운 민족 공동체를 건설하기 위해 남북통일은 필요합니다.

④ 분단 상황인 지금도 세계 여러 나라를 여행하면서 다양한 경험을 쌓을 수 있습니다.

09 2000년, 2007년에는 남북 정상이 만나 남북 관계 발전을 위해 노력할 것을 선언하였습니다. 2004년부터는 개성 공단 운영 등 민간 교류도 더욱 확대되었습니다.

10 남북통일이 이루어지면 남한과 북한의 전쟁 가능성이 없어지고, 동아시아의 긴장감을 해소하여 세계 평화와 인류 발전에 이바지할 수 있습니다. 또한 전 세계에 통일 과정을 보여 주어 지구촌 평화의 중요성을 알릴 수 있습니다.

채점 기준	
상	남북통일이 지구촌 평화에 기여하는 까닭을 두 가지 모두 바르게 쓴 경우
중	남북통일이 지구촌 평화에 기여하는 까닭을 한 가지만 바르게 쓴 경우
하	답을 쓰지 않거나 관련이 없는 내용을 쓴 경우

11 지구촌 갈등은 영토, 자원, 종교, 인종, 민족, 정치 등 그 원인이 매우 다양하며, 여러 가지 원인이 복잡하게 얽혀 나타나기도 합니다.

12 북극해를 둘러싸고 자원 문제로 갈등을 겪고 있는 나라들은 미국, 캐나다, 러시아, 덴마크, 노르웨이 등입니다.

13 지구촌 갈등이 쉽게 해결되지 않고 계속되는 가장 큰 까닭은 자기 나라의 이익을 먼저 생각하기 때문입니다. 게다가 국가 간에 지켜야 할 국제법에 강제성이 없기 때문입니다.

14 국제기구, 국가, 개인 등 지구촌 구성원 모두가 지구촌 갈등에 지속적인 관심을 기울여야 하며 평화로운 지구촌을 만들기 위해 서로 노력해야 합니다.

바른답 · 알찬풀이

채점 기준	
상	제시된 자료와 관련된 내용으로 두 가지 모두 바르게 쓴 경우
중	제시된 자료와 관련된 내용 중 한 가지만 바르게 쓴 경우
하	답을 쓰지 않거나 관련이 없는 내용을 쓴 경우

15 (1) 어려움과 위험에 처한 전 세계 어린이의 생활과 교육을 돕는 일을 하는 곳은 국제연합아동기금(UNICEF)입니다. (2) 교육, 과학, 문화 분야의 국제 협력을 통해 세계 평화를 추구하는 활동을 하는 곳은 국제연합교육과학문화기구(UNESCO)입니다. (3) 난민을 보호하고 난민들이 고향으로 돌아가거나 다른 나라에 정착할 수 있도록 도와주는 일을 하는 곳은 국제연합난민기구(UNHCR)입니다.

16 한국국제협력단은 우리나라와 경제 발전이 뒤떨어진 나라와의 협력 관계 및 교류를 늘리고 이 나라들의 경제·사회 발전을 지원하는 국제 협력 기구입니다.

17 남아프리카 공화국에서 흑인 인권을 위해 싸우고, 인종 차별에 반대하다가 감옥에 갇혔지만 포기하지 않고 대화와 타협을 통해 새로운 변화를 만들어 낸 인물은 넬슨 만델라입니다.

18 그림은 비슷한 분야에 관심을 가진 학생들끼리 모둠을 이루어 비정부 기구를 만들고, 비정부 기구에서 다룰 주제를 토의를 통해 정하는 모습입니다.

19 농경지가 감소하여 식량이 부족해지는 피해를 일으키는 환경 문제는 사막화입니다.

20 (1) 사막화는 사막 주변의 초원 지대가 점점 사막으로 변하는 것입니다. (2) 대기 오염은 공기가 오염되는 것입니다. (3) 지구 온난화는 지구의 평균 기온이 점점 올라가는 현상입니다.

21 세계 차 없는 날은 자가용 이용을 줄여 나가면서 대기 오염으로부터 지구촌 환경을 개선하자는 캠페인입니다. 세계는 지구촌 환경 문제를 해결하기 위해 전 인류가 함께 참여할 수 있는 다양한 캠페인을 벌이고 있습니다.

22 환경 문제를 해결하기 위해 개인은 재활용 쓰레기 분리배출하기, 대중교통 이용하기, 냉난방기를 사용할 때 실내 적정 온도 지키기, 가까운 거리는 걸어 다니거나 자전거 타기 등을 실천할 수 있습니다.

왜 틀린 답일까?

③ 다양한 법과 제도를 마련하는 것은 국가의 노력입니다.
④ 쓰레기가 덜 나오는 제품을 만드는 것은 기업의 노력입니다.
⑤ 여러 나라와 기후 변화에 대응하는 협정을 맺는 것은 세계의 노력입니다.

23 그림은 생산하고 소비하는 과정에서 일어나는 환경 문제를 나타냅니다.

24 세계 곳곳에는 문화가 다르다는 이유로 편견과 차별에 고통받는 사람들이 있습니다. 지구촌 사람들은 문화적 편견과 차별을 극복하기 위해 서로 관심을 가지고 이해해야 합니다.

채점 기준	
상	문화적 편견과 차별을 극복하기 위한 노력을 두 가지 모두 바르게 쓴 경우
중	문화적 편견과 차별을 극복하기 위한 노력을 한 가지만 바르게 쓴 경우
하	답을 쓰지 않거나 관련이 없는 내용을 쓴 경우

25 지구촌 문제가 우리의 문제임을 알고 이를 해결하려고 협력하는 자세를 지닌 사람을 세계 시민이라고 합니다. 지속 가능한 미래를 만들기 위해서는 세계 시민의 자세를 지니고 행동해야 합니다.

FUN!
PUZZLE!
LEARN!

퍼즐런

사자성어, 속담, 맞춤법(총3책)

초등 필수 어휘를 퍼즐 학습으로 재미있게 배우자!

- 하루에 4개씩 25일 완성으로 집중력 UP!
- 다양한 게임 퍼즐과 쓰기 퍼즐로 기억력 UP!
- 생활 속 상황과 예문으로 문해력의 바탕 어휘력 UP!

www.mirae-n.com

학습하다가 이해되지 않는 부분이나 정오표 등의 궁금한 사항이 있나요?
미래엔 홈페이지에서 해결해 드립니다.

교재 내용 문의
나의 교재 문의 | 수학 과외쌤 | 자주하는 질문 | 기타 문의

교재 자료 및 정답
동영상 강의 | 쌍둥이 문제 | 정답과 해설 | 정오표

No.1　New　Network
http://cafe.naver.com/mathmap

함께해요!
바른 공부법 캠페인

궁금해요!
교재 질문 & 학습 고민 타파

공부해요!
미래엔 에듀 초·중등 교재

참여해요!
선물이 마구 쏟아지는 이벤트

초등학교

| 학년 | 반 | 이름 |

초등학교에서 탄탄하게 닦아 놓은
공부력이 중·고등 학습의 실력을 가릅니다.

하루한장 쏙셈

쏙셈 시작편
초등학교 입학 전 연산 시작하기
[2책] 수 세기, 셈하기

쏙셈
교과서에 따른 수·연산·도형·측정까지 계산력 향상하기
[12책] 1~6학년 학기별

쏙셈+플러스
문장제 문제부터 창의·사고력 문제까지 수학 역량 키우기
[12책] 1~6학년 학기별

쏙셈 분수·소수
3~6학년 분수·소수의 개념과 연산 원리를 집중 훈련하기
[분수 2책, 소수 2책] 3~6학년 학년군별

하루한장 한국사

큰별★쌤 최태성의 한국사
최태성 선생님의 재미있는 강의와 시각 자료로
역사의 흐름과 사건을 이해하기
[3책] 3~6학년 시대별

하루한장 한자

그림 연상 한자로 교과서 어휘를 익히고 급수 시험까지 대비하기
[4책] 1~2학년 학기별

하루한장 급수 한자

하루한장 한자 학습법으로 한자 급수 시험 완벽하게 대비하기
[3책] 8급, 7급, 6급

하루한장 ENGLISH BITE

ENGLISH BITE 알파벳 쓰기
알파벳을 보고 듣고 따라쓰며 읽기·쓰기 한 번에 끝내기
[1책]

ENGLISH BITE 파닉스
자음과 모음 결합 과정의 발음 규칙 학습으로
영어 단어 읽기 완성
[2책] 자음과 모음, 이중자음과 이중모음

ENGLISH BITE 사이트 워드
192개 사이트 워드 학습으로 리딩 자신감 키우기
[2책] 단계별

ENGLISH BITE 영문법
문법 개념 확인 영상과 함께 영문법 기초 실력 다지기
[Starter 2책, Basic 2책] 3~6학년 단계별

ENGLISH BITE 영단어
초등 영어 교육과정의 학년별 필수 영단어를
다양한 활동으로 익히기
[4책] 3~6학년 단계별

초등 교과서 발행사 미래엔의
교재로 초등 시기에 길러야 하는
공부력을 강화해 주세요.

교과 학습의 기본인 문해력을 탄탄하게 키우는

문해력 향상 프로젝트

초등 독해서 최고의 스테디셀러

사회편 미리보기

과학편 미리보기

● 1~6학년 단계별 각 6책

이럴 때 !

기본 독해 후에 좀더 **난이도 높은**
독해 교재를 찾고 있다면!

비문학 지문으로 문해력을
업그레이드해야 한다면!

단기간에 **관심 분야**의
독해에 집중하고 싶다면!

이런 아이 !

사회·과학 탐구 분야에
호기심과 관심이 많은 아이

사회·과학의 낯선 용어를
어려워하는 아이

교과서 속 사회·과학 이야기를
알고 싶은 아이